Prix : 1 fr. 25 cent. le volume.

EUGÈNE SUE

— ŒUVRES —

PAULA MONTI

NOUVELLE ÉDITION

PARIS

LIBRAIRIE INTERNATIONALE
A. LACROIX ET Cⁱᵉ, ÉDITEURS
13, RUE DU FAUBOURG MONTMARTRE, 13
—
1875

Tous droits de traduction et de reproduction réservés.

PAULA MONTI

EN VENTE CHEZ LES MÊMES ÉDITEURS

OUVRAGES DU MÊME AUTEUR

1º Éditions en format grand in-18 jésus à 1 fr. 25 le volume.

Le Juif-Errant............	4 vol.	Arthur..................	2 vol.
Les Mystères de Paris.....	4 vol.	Le Fils de Famille.......	2 vol.
Mathilde ou Mémoires d'une jeune femme..............	4 vol.	Plick et Plock. — Atar-Gull.	1 vol.
		La Salamandre...........	1 vol.
Les Sept péchés capitaux :		La Cacouratcha..........	1 vol.
— L'Orgueil. — Cornélia d'Alfi...................	2 vol.	Latréaumont.............	1 vol.
		Paula Monti.............	1 vol.
— La Paresse. — L'Avarice. — La Gourmandise.....	1 vol.	Le Commandeur de Malte.	1 vol.
		Thérèse Dunoyer.........	1 vol.
— La Colère. — La Luxure.	1 vol.	Le Morne au diable.......	1 vol.
— L'Envie...............	1 vol.	Miss Mary ou Mémoires d'une institutrice........	1 vol.
Les Mémoires d'un Mari..	2 vol.		
La Vigie de Koat-Ven.....	2 vol.	Deux histoires...........	1 vol.
La Famille Jouffroy.......	3 vol.	Les Enfants de l'amour...	1 vol.

2º Éditions en format grand in-18 jésus à 2 fr. le volume.

Mlle de Plouernel........	1 vol.	La Faucille d'or. — La croix d'argent............	1 vol.
Jeanne d'Arc ou la Pucelle d'Orléans..............	1 vol.	La Clochette d'airain. — Le Collier de fer...........	1 vol.
L'Alouette du Casque ou Victoria, la mère des camps.................	1 vol.	Héna, la Vierge de l'Ile-de Sem (sous presse)......	1 vol.

3º Édition de luxe, en format grand in-18 jésus à 3 fr. 50 le volume.

Les Mystères de Paris. 4 beaux volumes illustrés de 48 vignettes.

4º Éditions en format in-32.

Martin l'Enfant trouvé. 8 volumes.....................	5 fr.
Deleytar. 2 volumes................................	1 fr.

Eugène Sue. — Les Mystères du Peuple ou histoire d'une famille de prolétaires à travers les âges. 12 forts et beaux volumes in-8 compactes à 5 fr. le volume.

— Album de 60 gravures sur acier pour illustrer les Mystères du Peuple.. 12 fr.

Imprimerie Eugène HEUTTE et Cⁱᵉ, à Saint-Germain.

EUGÈNE SUE

— ŒUVRES —

PAULA MONTI

NOUVELLE ÉDITION

PARIS
LIBRAIRIE INTERNATIONALE
A. LACROIX ET Cⁱᵉ, ÉDITEURS
13, RUE DU FAUBOURG MONTMARTRE, 13
—
1875
Tous droits de traduction et de reproduction réservés.

PAULA MONTI

PREMIÈRE PARTIE

CHAPITRE PREMIER

LE BAL DE L'OPÉRA

En 1837, le bal de l'Opéra n'était pas encore tout à fait envahi par cette cohue de danseurs frénétiques et échevelés, *chicards* et *chicandards* (cela se dit ainsi), qui, de nos jours, ont presque entièrement banni de ces réunions les anciennes traditions de l'*intrigue* et ce ton de bonne compagnie qui n'ôtait rien au piquant des aventures.

Alors, comme aujourd'hui, les gens du monde se rassemblaient autour d'un *grand coffre* placé dans le corridor des premières loges, entre les deux portes du foyer de l'Opéra.

Les privilégiés se faisaient un siége de ce coffre et le partageaient souvent avec quelques dominos égrillards qui n'étaient pas toujours du *monde*, mais qui le connaissaient assez par ouï-dire pour faire assaut de médisance avec les plus médisants.

Au dernier bal du mois de janvier 1837, vers deux heures du matin, un assez grand nombre d'hommes se pressaient autour d'un domino féminin assis sur le coffre dont nous avons parlé.

De bruyants éclats de rire accueillaient les paroles de cette femme. Elle ne manquait pas d'esprit; mais certaines expressions vulgaires et la mode de *tutoiement* qu'elle employait prouvaient qu'elle n'appartenait pas à la très-bonne compagnie, quoiqu'elle parût parfaitement instruite de ce qui se passait dans la société la plus choisie, la plus exclusive.

On riait encore d'une des dernières saillies de ce domino, lorsque, avisant un jeune homme qui traversait le corridor d'un air affairé pour entrer dans le foyer, cette femme lui dit :

— Bonsoir, Fierval... où vas-tu donc? Tu parais bien occupé; est-ce que tu cherches la belle princesse de Hansfeld, à qui tu fais une cour si assidue? Tu perdras ton temps, je t'en préviens; elle n'est pas femme à aller au bal de l'Opéra... C'est une rude vertu; vous vous brûlerez tous à la chandelle, beaux papillons!

M. de Fierval s'arrêta et répondit en souriant :

— Beau masque, j'admire en effet beaucoup madame la princesse de Hansfeld; mais j'ai trop peu de mérite pour prétendre le moins du monde d'être distingué par elle.

— Ah! mon Dieu! quel ton formaliste et respectueux! on dirait que tu espères être entendu par la princesse!

— Je n'ai jamais parlé de madame de Hansfeld qu'avec le respect qu'elle inspire à tout le monde, — dit M. de Fierval.

— Tu crois peut-être que la princesse... c'est moi?

— Il faudrait pour cela, beau masque, que vous eussiez au moins sa taille, et il s'en faut de beaucoup.

— Madame de Hansfeld au bal de l'Opéra! — dit un des hommes du groupe qui entourait le domino, — le fait est que ce serait curieux.

— Pourquoi donc? — demanda le domino.

— Elle demeure trop loin... hôtel Lambert... en face de l'île Louviers. Autant venir de Londres.

— Cette plaisanterie sur les quartiers perdus est bien usée... — reprit le domino. — Ce qui est vrai, c'est que madame de Hansfeld est trop prude pour commettre une telle légèreté, elle que l'on voit chaque jour à l'église...

— Mais le bal de l'Opéra n'a été inventé que pour favoriser, au moins une fois par an, les légèretés des prudes, — dit un nouvel arrivant, qui s'était mêlé au cercle sans qu'on le remarquât.

Ce personnage fut accueilli par de grandes exclamations de surprise.

— Eh! c'est Brévannes; d'où sors-tu donc?

— Il arrive sans doute de Lorraine.

— Te voilà, mauvais sujet?

— Sa première visite est pour le bal de l'Opéra, c'est de règle.

— Il vient revoir ses anciennes mauvaises connaissances.

— Ou en faire de nouvelles.

— Il est allé se mettre au vert dans ses terres.

— Comme ça lui a profité!

— On ne le reconnaîtra plus au foyer de la danse.

— Je parie qu'il a laissé sa femme à la campagne, afin de mener plus à son aise la vie de garçon.

— Voilà toujours comme finissent les mariages d'inclination.

— Nous avons arrangé un souper pour ce soir... Brévannes.

— Tu y viendras, ça te remettra au fait de Paris.

M. de Brévannes était un homme de trente-cinq ans environ, d'un teint fort brun, presque olivâtre; sa figure, assez régulière, avait une rare expression d'énergie. Ses cheveux, ses sourcils et sa barbe très-noirs lui donnaient l'air dur; ses manières étaient distinguées, sa mise simple et de bon goût.

Après avoir écouté les nombreuses interpellations qu'on lui adressait, M. de Brévannes dit en riant :

— Maintenant j'essayerai de répondre, puisqu'on m'en laisse le loisir; mes réponses ne seront pas longues. Je suis arrivé hier de Lorraine. Je suis meilleur mari que vous ne le pensez, car j'ai ramené ma femme à Paris.

— Madame de Brévannes t'aurait peut-être trouvé encore meilleur mari si tu l'avais laissée en Lorraine, — dit le domino; — mais tu es trop jaloux pour cela.

— Vraiment? — reprit M. de Brévannes en regardant le masque avec curiosité, — je suis jaloux?

— Aussi jaloux qu'opiniâtre... c'est tout dire.

— Le fait est, — reprit M. de Fierval, — que lorsque ce diable de Brévannes a mis quelque chose dans sa tête...

— Cela y reste, — dit en riant M. de Brévannes ; — je méritais d'être Breton. Aussi, beau masque, puisque tu me connais si bien, tu dois savoir ma devise : *Vouloir c'est pouvoir*.

— Et comme tu crains qu'à son tour ta femme ne te prouve aussi que... *vouloir c'est pouvoir*, tu es jaloux comme un tigre.

— Jaloux?... moi? Allons donc... tu me vantes... Je ne mérite pas cet éloge...

— Ce n'est pas un éloge, car tu es aussi infidèle que jaloux, ou, si tu le préfères, aussi orgueilleux que volage. C'était bien la peine de faire un mariage d'amour et d'épouser une fille du peuple... Pauvre Berthe Raimond! je suis sûre qu'elle paye cher ce que les sots appellent son élévation, — dit le domino avec ironie.

M. de Brévannes fronça imperceptiblement le sourcil; ce nuage passé, il reprit gaiement :

— Beau masque, tu te trompes ; ma femme est la plus heureuse des femmes, je suis le plus heureux des hommes; ainsi notre *ménage* n'offre aucune prise à la médisance... ne parlons donc plus de moi. Je suis une mode de l'an passé.

— Tu es trop modeste... tu es toujours, sous le rapport de la médisance, très à la mode. Préfères-tu que nous causions de ton voyage d'Italie?

M. de Brévannes dissimula un nouveau mouvement d'impatience; le domino semblait connaître à merveille les endroits vulnérables de l'homme qu'il intriguait.

— Sois donc généreux, méchant masque, — répondit M. de Brévannes; — immole maintenant d'autres victimes... Tu me sembles très-bien instruit; mets-moi un peu au fait des histoires du jour... Quelles sont les femmes à la mode? Leurs adorateurs de l'autre hiver durent-ils encore cette saison? Ont-ils impunément traversé l'épreuve de l'absence, de l'été, des voyages?

— Allons, j'ai pitié de toi... ou plutôt je te réserve pour une meilleure occasion, — reprit le domino. — Tu parles de nouvelles beautés? Justement nous nous entretenions tout à l'heure de la femme la plus à la mode de cet hiver... une belle étrangère... la princesse de Hansfeld...

— Rien qu'à ce nom, — dit M. de Brévannes, — on voit qu'il s'agit d'une Allemande... blonde et vaporeuse comme une mélodie de Schubert, j'en suis sûr.

— Tu te trompes, — dit le domino, — elle est brune et sauvage comme la jalouse passion d'Othello... pour suivre ta comparaison musicale et ampoulée.

— Est-ce qu'il y a aussi un prince de Hansfeld? — demanda M. de Brévannes.

— Certainement...

— Et ce cher prince, à quelle école appartient-il? A l'école allemande, italienne?... ou à l'école... des maris?

— Tu en demandes plus qu'on n'en sait.

— Comment! cette belle princesse serait mariée à un prince *in partibus?*

— Pas du tout, — reprit M. de Fierval; — le prince est ici, mais personne ne l'a encore vu; il ne va jamais dans le monde. On en parle comme d'un être bizarre, excentrique... on fait sur lui les récits les plus extravagants.

— On assure qu'il est complétement idiot, — dit l'un.

— J'ai entendu soutenir que c'était un homme de génie, — reprit un autre.

— Pour vous mettre d'accord, messieurs, il faut avouer que cela se ressemble quelquefois beaucoup, — dit M. de Brévannes, — surtout quand l'homme de génie est *au repos*. Et le prince est-il jeune, ou vieux?

— On ne le connaît pas, — dit M. de Fierval; — ceux-ci

prétendent qu'on le tient en chartre privée, de crainte que ses étrangetés ne donnent à rire... ceux-là, au contraire, affirment qu'il a un si souverain mépris pour le monde, ou tant d'amour pour la science, qu'il ne sort jamais de chez lui.

— Diable! — dit M. de Brévannes, — c'est un personnage très-mystérieux que cet Allemand; comme mari, il doit être fort commode. Sait-on qui s'occupe de la princesse?

— Personne, — dit M. de Fierval.

— Tout le monde! — s'écria le domino.

— C'est la même chose, — reprit M. de Brévannes. — Mais cette madame de Hansfeld est donc bien séduisante?

— Je suis femme... et je suis obligée d'avouer que l'on ne peut rien voir de plus remarquablement beau, — dit le domino.

— Elle a surtout des yeux... des yeux... oh!... on n'a jamais vu des yeux pareils, — dit M. de Fierval.

— Quant à sa taille, — ajouta le domino, — c'est une perfection... de contrastes... imposante comme une reine, svelte et souple comme une bayadère.

— Ces louanges-là sont bien près de devenir des méchancetés, beau masque, — dit M. de Brévannes.

— Vraiment, — reprit M. de Fierval, — il n'y a personne à comparer à la princesse pour la taille, pour la dignité, pour la grâce, pour la distinction des traits. Et puis son regard a quelque chose de sombre, d'ardent et de fier, qui contraste avec le calme habituel de sa physionomie.

— Moi, je l'avoue, il me semble que madame de Hansfeld a quelque chose de sinistre dans la figure... si beaux que soient ses yeux, on dirait des yeux... diaboliques.

— Peste! cela devient intéressant, — s'écria M. de Brévannes; — la princesse est une véritable héroïne de roman moderne. Après tout ce que je viens d'entendre dire sur sa figure, je n'ose vous parler de son esprit. Ordinairement on n'exalte certaines miraculeuses perfections qu'aux dépens des imperfections les plus prononcées.

— Tu te trompes, — dit le domino. — Ceux qui ont entendu parler madame de Hansfeld, et ceux-là sont rares, la disent aussi spirituelle que belle.

— C'est vrai, — reprit M. de Fierval; — on peut seulement lui reprocher sa sauvagerie, qui s'effarouche des plaisanteries les plus innocentes.

— Il faut que la princesse y prenne garde, — dit le domino. — Si ses affectations de pruderie durent encore quelque temps, elle se verra aussi abandonnée des hommes que recherchée des femmes, qui à cette heure la redoutent encore, ne sachant pas si son rigorisme est réel ou affecté.

— Mais, — dit M. de Brévannes, — qui peut faire supposer la princesse capable d'hypocrisie?

— Rien. Elle est très-pieuse, — reprit M. de Fierval.

— Dis donc dévote, — reprit le domino; — ça n'est pas la même chose.

— Quand on aime si passionnément l'église, — dit un autre, — on aime moins les salons et on donne moins de soin à sa toilette.

— Voilà qui est injuste, — dit M. de Fierval en souriant. — La princesse s'habille toujours de la même manière et avec la plus grande simplicité : le soir une robe de velours noir ou grenat foncé, avec ses cheveux en bandeaux.

— Oui; mais ces robes, admirablement coupées, laissent admirer des épaules ravissantes, des bras d'une perfection rare, une taille de créole, un pied de Cendrillon, et quel luxe de pierreries!

— Autre injustice! — s'écria M. de Fierval; — elle ne porte qu'un simple ruban de velours noir ou grenat autour du cou, assorti à la couleur de sa robe...

— Oui, — reprit le domino, — et ce pauvre petit ruban est attaché par un modeste fermoir composé d'une seule pierre... Il est vrai que c'est un diamant, un rubis ou un saphir de vingt ou trente mille francs... La princesse possède, entre autres merveilles, une émeraude grosse comme une noix.

— Ça n'est toujours que l'accessoire du ruban de velours, — dit gaiement M. de Fierval.

— Mais le prince, le prince m'inquiète... moi, — reprit M. de Brévannes. — Sérieusement, est-il aussi mystérieux qu'on le dit?

— Sérieusement, — reprit M. de Fierval. — Après avoir demeuré quelque temps rue Saint-Guillaume, il est allé se loger sur le quai d'Anjou, au diable Vauvert, dans cet ancien et immense hôtel Lambert. Une femme de ma connaissance, madame de Lormoy, est allée rendre visite à la princesse; elle n'a pas vu le prince, on l'a dit souffrant. Il paraît que rien n'est plus triste que ce palais énorme, où l'on est comme perdu, où l'on n'entend pas plus de bruit qu'au milieu d'une plaine, tant ces rues et ces quais sont déserts.

— Puisque vous connaissez des personnes qui ont pénétré dans cette habitation mystérieuse, mon cher Fierval, — dit un autre, — est-il vrai que la princesse a toujours à côté d'elle une espèce de nain ou de naine, nègre ou négresse, mais difforme?

— Quelle exagération! — dit M. de Fierval en riant. — Et *voilà justement comme on écrit l'histoire!*

— Le nain ou la naine n'existe pas?

— Je suis désolé, messieurs, de détruire vos illusions. Madame de Lormoy, qui, je vous le répète, va souvent à l'hôtel Lambert, a seulement remarqué la fille de compagnie de madame de Hansfeld; c'est une très-jeune personne qui n'est pas négresse, mais dont le teint est cuivré, et dont les traits ont le caractère arabe. Voilà nécessairement la source d'où est sortie la naine noire et difforme.

— C'est dommage, je regrette le nain nègre et hideux; c'était furieusement moyen âge! — dit M. de Brévannes.

CHAPITRE II

UNE INTRIGUE

Un assez grand attroupement de curieux, formé autour du coffre où trônait le domino dont nous avons parlé, écoutait avidement les bizarres versions qui circulaient sur la vie mystérieuse du prince et de la princesse de Hansfeld.

Heureusement pour les curieux, ces récits n'étaient pas à leur fin.

— Il est à remarquer, — reprit M. de Fierval, — que madame de Lormoy, la seule personne qui voie assez intimement madame de Hansfeld, en dit un bien infini.

— C'est tout simple, — reprit M. de Brévannes, — le moindre petit rocher est toujours une Amérique pour les modernes Colombs... Madame de Lormoy a *découvert* l'hôtel Lambert, elle doit raconter des merveilles de la princesse... Mais, à propos de madame de Lormoy, que devient son neveu, le beau des beaux, Léon de Morville? Quelle heureuse femme adore maintenant sa figure d'archange, depuis qu'il a été obligé de se séparer de lady Melford?

— Il est toujours fidèle au souvenir de sa belle *insulaire*, — répondit M. de Fierval.

— A la grande colère de plusieurs femmes à la mode, — ajouta le domino, — entre autres de la petite marquise de Luceval, qui affecte l'originalité comme si elle n'était pas assez jolie pour être naturelle; n'ayant pu enlever Léon de Morville à sa lady du *vivant* de cet amour, elle espérait au moins en hériter.

— Une liaison de cinq ans, c'est si rare...

— Ce qui est plus rare encore, c'est qu'on soit fidèle... à un souvenir... Je n'en reviens pas. — dit M. de Brévannes.

— Surtout lorsque le *fidèle* est aussi recherché que l'est Morville...

— Quant à moi, je n'ai jamais pu souffrir M. de Morville, — dit M. de Brévannes. — J'ai toujours évité de le rencontrer.

— Je vous assure, mon cher, — dit M. de Fierval, — qu'il est le meilleur garçon du monde...

— Cela se peut, mais il a l'air si vain de sa jolie figure!...

— Lui?... allons donc!...

— Heureusement que cet Adonis est aussi bête qu'il est beau, — dit le domino.

— Beau masque, prenez garde, — dit un nouvel arrivant qui s'était fait jour jusqu'au premier rang des auditeurs; — en vous entendant parler ainsi de Léon de Morville, on pourrait croire que vos séductions ont échoué contre sa fidélité à lady Melford... vous dites trop de mal de lui pour ne pas lui avoir voulu... trop de bien.

— Vraiment, Gercourt, — reprit gaiement le domino, — tu me parais très-bienveillant aujourd'hui... Est-ce qu'on joue ta comédie demain?

— Comment, beau masque! vous me croyez intéressé à ce point?

— Sans doute... Un homme du monde comme toi... à la mode comme toi... d'esprit comme toi... qui ose se permettre d'avoir plus d'esprit que les autres... hommes d'esprit, bien entendu, est condamné à toutes sortes de fâcheux ménagements... Malgré cela, si ta comédie tombe... n'en accuse que tes amis.

— Je ne serai pas si injuste, beau masque; si ma comédie tombe, je n'accuserai que moi... Quand on a des amis comme Léon de Morville, dont vous dites un mal si flatteur, on croit à l'amitié.

— Tu vas recommencer notre querelle?

— Sans doute.

— Soutenir que Léon de Morville a de l'esprit?

— Malheureusement pour lui, il est très-beau; aussi les envieux aiment-ils à supposer qu'il est très-bête... S'il était louche, bègue ou bossu... peste!... on ne s'aviserait pas de contester son esprit. De nos jours, il est inouï combien la laideur a d'avantages.

— Tu dis cela pour la plupart de nos hommes d'État, — reprit le domino. — Le fait est qu'on pourrait dire maintenant : *Laid comme un ministre.*

— Et puis, dans ce siècle *sérieux*, rien n'est plus sérieux que la laideur.

— Sans compter, — reprit le domino, — qu'une figure patibulaire est toujours une sorte d'introduction, de préparation à une vilenie : sous ce rapport, il est très-adroit à certains hommes d'État d'être hideux.

— Pour en revenir à M. de Morville, je n'ai jamais entendu vanter son esprit, — dit sèchement M. de Brévannes.

— Tant mieux pour lui, — reprit M. de Gercourt; — je me défie des gens dont on cite les bons mots... Je douterais de M. de Talleyrand si je ne l'avais pas entendu causer... Avouez du moins, mon cher Brévannes, que Morville n'a pas un ennemi, malgré l'envie que ses succès devraient exciter.

— Parce qu'il est niais, — reprit opiniâtrement le domino; — les gens vraiment supérieurs ont toujours des ennemis.

— Il me semble alors, beau masque, — reprit M. de Gercourt, — que votre hostilité acharnée constate fort la supériorité de Léon de Morville.

— Bah! bah! — reprit le domino sans répondre à cette attaque; — la preuve que M. de Morville est un pauvre sire... c'est qu'il cherche toujours à produire de l'effet, à se faire remarquer... Ridicule ou non, peu lui importe le moyen.

— Comment cela? — dit M. de Gercourt.

— Nous parlions tout à l'heure de l'admiration générale qu'inspirait la princesse de Hansfeld, — dit le domino. — Eh bien, M. de Morville affecte de faire le contraire de tout le monde. Qu'il soit indifférent à la beauté de madame de Hansfeld, soit; mais de l'indifférence à l'aversion, il y a loin...

— A l'aversion! Que voulez-vous dire? — demanda M. de Brévannes.

— Voilà un nouveau crime dont mon pauvre Morville est bien innocent, j'en suis sûr, — dit M. de Gercourt.

— Tout le monde sait, — repartit le domino, — qu'il feint l'aversion la plus prononcée pour madame de Hansfeld.

— Morville?

— Certainement; quoiqu'il aille assez peu dans le monde, maintenant il affecte de fuir les endroits où il peut rencontrer la princesse. C'est à ce point, qu'on ne le voit plus que très-rarement chez sa tante, madame de Lormoy, sans doute par crainte d'y trouver madame de Hansfeld. Voyons, Fierval, vous qui connaissez madame de Lormoy, est-ce vrai?

— Le fait est que je rencontre maintenant rarement Morville chez elle.

— Tu l'entends? — dit le domino triomphant en s'adressant à M. de Gercourt. — L'antipathie de Morville pour la princesse se remarque; on en jase... on s'en étonne... Voilà tout ce que voulait cet Apollon sans cervelle.

— Cela est impossible, — dit M. de Gercourt; — personne n'est moins affecté que Morville; c'est un des hommes les plus aimables, les plus naturellement aimables que je connaisse; de sa vie, je crois, il n'a jamais haï, feint ou menti; il pousse même le respect de la foi jurée jusqu'à l'exagération.

— Je suis de l'avis de Gercourt, — dit M. de Fierval. — Seulement, depuis longtemps de Morville, profondément triste, va fort peu dans le monde.

— Cela s'explique, — dit un des auditeurs de cet entretien. — Depuis dix-huit mois que lady Melford est partie, il ne cesse de la regretter.

— Et puis, — dit un autre, — la mère de M. de Morville est

dans un état très-alarmant, et personne n'ignore combien il adore sa mère.

— Son attachement pour sa mère ne fait rien à l'affaire, — répondit le domino. — Quant à sa fidélité au souvenir de lady Melford... il a changé de ridicule et d'exagération; c'est généreux à lui, il varie nos plaisirs... il a reconnu le ridicule de cette exagération...

— Comment cela?

— Je ne suis pas dupe de son affectation à fuir madame de Hansfeld. Je parie qu'il est épris d'elle, et qu'il veut attirer son attention par cette originalité calculée...

— C'est impossible, — dit M. de Fierval.

— Ce moyen est trop vulgaire, — dit M. de Gercourt.

— C'est justement pour cela que M. de Morville l'emploie. Il est trop sot pour en inventer un autre...

— Comment!... il aurait attendu l'arrivée de madame de Hansfeld pour être infidèle... lorsque depuis près de deux ans,... il n'aurait eu qu'à choisir parmi les plus charmantes consolatrices?

— Rien de plus simple, — dit le domino. — La difficulté l'aura tenté... Personne n'a réussi auprès de madame de Hansfeld, et il serait jaloux de ce succès... Parce que de Morville est bête, il ne s'ensuit pas qu'il ne soit pas vaniteux...

— Et parce que vous avez de l'esprit, beau masque, — dit M. de Brévannes, — il ne s'ensuit pas que vous soyez équitable...

Un domino prit M. de Gercourt par le bras et mit fin à cette discussion sur M. de Morville, qui perdit ainsi son plus vaillant défenseur.

— Et depuis quand cette princesse enchanteresse est-elle à Paris? — demanda M. de Brévannes.

— Depuis trois ou quatre mois environ, — dit M. de Fierval.

— Et qui l'a présentée dans le monde?

— La femme du ministre de Saxe; mais en vérité le prince est Saxon.

— Prince ! — reprit M. de Brévannes ; — il est impossible qu'on ne sache rien de plus sur ce secret mystérieux ?

— Je puis vous dire, moi, — reprit M. de Fierval, — que, curieux comme tout le monde de pénétrer un coin de ce mystère, j'ai interrogé le ministre de Saxe.

— Eh bien ?

— Il m'a répondu d'une manière évasive. Le prince, d'une santé fort délicate, vivait dans une retraite absolue... on lui imposait les plus grands ménagements... son voyage l'avait beaucoup fatigué... Enfin, je vis que mes questions embarrassaient visiblement le ministre, je rompis la conversation ; depuis, je me suis abstenu de lui reparler de M. de Hansfeld.

— C'est très-bizarre, en effet, — dit M. de Brévannes, — et personne parmi les étrangers ne connaît ce prince ?

— Tout ce que j'ai pu savoir, c'est qu'il s'est marié en Italie... et qu'après un voyage en Angleterre, il est venu s'établir ici.

— Autant qu'on peut avoir une opinion sur des choses si obscures, — dit un autre, — je croirais décidément que le prince est imbécile, ou quelque chose d'approchant.

— Au fait, — dit le domino, — le soin qu'on met à le cacher à tous les yeux...

— L'embarras du ministre de Saxe à vous répondre.... — dit M. de Brévannes à M. de Fierval.

— L'air sombre et mélancolique de la princesse...

— Mais alors, — reprit M. de Brévannes, — pourquoi cette belle mélancolique va-t-elle dans le monde ?

— Ne voulez-vous pas qu'elle s'enterre avec son idiot... si idiot il y a ?

— Mais si elle a toujours l'air mélancolique et même sinistre dont vous parlez, quel plaisir trouve-t-elle dans le monde ?

— Ma foi, je n'en sais rien, — dit M. de Fierval ; — c'est justement cette espèce de mystère qui, joint à la beauté de madame de Hansfeld, la met si à la mode.

— Elle n'a pas d'amie intime qui puisse en raconter quelque chose? — demanda M. de Brévannes.

— J'ai entendu dire à madame de Lormoy qu'étant allée un matin voir madame de Hansfeld à l'hôtel Lambert, elle avait tout à coup entendu, assez près de l'appartement où elle se trouvait, une phrase musicale d'une ravissante harmonie jouée sur un buffet d'orgue avec un rare talent... La princesse ne put réprimer un léger mouvement d'impatience... Elle fit un signe à sa fille de compagnie au visage cuivré. Celle-ci sortit sur-le-champ. Peu d'instants après... *les chants avaient cessé!!*

— Et madame de Lormoy ne lui demanda pas d'où venait le son de cet orgue?

— Si fait.

— Et que répondit la princesse?

— Qu'elle n'en savait rien... que c'était sans doute dans le voisinage que l'on touchait de cet instrument, dont le son lui agaçait horriblement les nerfs... Madame de Lormoy lui fit observer que, l'hôtel Lambert étant parfaitement isolé, l'orgue dont on jouait devait être dans la maison... Madame de Hansfeld parla d'autre chose.

— D'où il faut conclure, — reprit le domino, — que personne ne saura le mot de cette énigme... Ah! si j'étais homme... demain je le saurais, moi!

Cette conversation fut interrompue par ces mots de M. de Fierval, qui absorbèrent l'attention:

— Quel est ce grand domino évidemment masculin qui cherche aventure? Ce nœud de rubans jaune et bleu à son camail lui sert sans doute de signe de ralliement et de reconnaissance.

— Oh! — dit le domino en descendant du coffre où il était assis, — c'est quelque grave rendez-vous. Je vais m'amuser à contrarier cette intrigue en m'attachant aux pas de ce mystérieux personnage...

Malheureusement pour ce malin désir, un flot de foule emporta le domino qui portait un nœud de rubans jaune et bleu, et il disparut.

Quelques moments après, ce même domino masculin, qui venait d'échapper à la curieuse poursuite du domino du coffre, monta l'escalier qui conduit aux secondes loges, et se promena quelques minutes dans le corridor.

Il fut bientôt rejoint par un domino féminin, portant aussi un nœud de rubans jaune et bleu.

Après un moment d'examen et d'hésitation, la femme s'approcha et dit à voix basse :

— *Childe-Harold.*

— *Faust,* — répondit le domino masculin.

Ces mots échangés, la femme prit le bras de l'homme, qui la conduisit dans le salon d'une des loges d'avant-scène.

CHAPITRE III

LE DOMINO

M. Léon de Morville (l'un des deux dominos qui venaient d'entrer dans ce salon) se démasqua.

Les louanges que l'on avait données à sa figure n'étaient pas exagérées; son visage, d'une pureté de lignes idéale, réalisait presque le divin type de l'*Antinoüs,* encore poétisé, si cela se peut dire, par une charmante expression de mélancolie, expression complétement étrangère à la beauté païenne. De longs cheveux noirs et bouclés encadraient cette noble et gracieuse physionomie.

Très-romanesque en amour, M. de Morville avait pour les femmes un culte religieux qui prenait sa source dans la vénération passionnée qu'il ressentait pour sa mère.

D'une bonté, d'une mansuétude adorables, on citait de lui mille traits de délicatesse et de dévouement. Lorsqu'il paraissait, les femmes n'avaient de regards, de sourires, de prévenances que pour lui ; il savait répondre à cette bienveillance générale avec tant de tact et de spirituelle modestie, qu'il ne blessait aucun amour-propre ; sans sa fidélité romanesque pour une femme qu'il avait éperdument aimée, et dont il ne s'était séparé que par la force des circonstances, il aurait eu les plus nombreux, les plus brillants succès.

M. de Morville était surtout doué d'un grand charme de manières ; son affabilité naturelle lui inspirait toujours des paroles aimables ou flatteuses ; la douce égalité de son caractère n'était même jamais altérée par les déceptions qui devaient blesser de temps à autre cette âme délicate et sensible.

Peut-être son caractère manquait-il un peu de virilité ; loin d'être hardiment agressif à ce qui était misérable et injuste, loin de rendre le mal pour le mal, loin de punir les perfidies que sa générosité encourageait souvent, M. de Morville avait une telle horreur ou plutôt un tel dégoût des hideurs humaines, qu'il détournait ses yeux des coupables au lieu de s'en venger.

Au lieu d'écraser un immonde reptile, il aurait cherché du regard quelque fleur parfumée, quelque nid de blanche tourterelle, quelque horizon riant et pur, pour reposer, pour consoler sa vue.

Ce système de commisération infinie vous expose souvent à être de nouveau mordu par le reptile, alors que vous regardez au ciel pour ne pas le voir ; les meilleures choses ont leurs inconvénients.

De ceci il ne faudrait pas conclure que M. de Morville fût sans courage. Il avait trop d'honneur, trop de loyauté, pour n'être pas très-brave, ses preuves étaient faites ; mais, sauf les griefs qu'un homme ne pardonne jamais, il se montrait d'une clémence tellement inépuisable que, s'il n'eût pas douloureusement ressenti certains torts, cette clémence eût passé pour de l'indifférence ou du dédain.

Ce crayon du caractère de M. de Morville était nécessaire pour l'intelligence de la scène qui va suivre.

Nous l'avons dit, une fois entré dans le salon qui précédait la loge, M. de Morville s'était démasqué; il attendait avec peut-être plus d'inquiétude que de plaisir l'issue de cette mystérieuse entrevue.

La femme qu'il avait accompagnée était masquée avec un soin extrême; son capuchon rabattu empêchait absolument de voir ses cheveux, son domino très-ample déguisait sa taille; des gants, des souliers très-larges empêchaient enfin de reconnaître les mains et les pieds, indices si certains, si révélateurs.

Cette femme semblait émue; plusieurs fois elle voulut parler, les mots expirèrent sur ses lèvres.

M. de Morville rompit le premier le silence, et lui dit :

— J'ai reçu, madame, la lettre que vous avez bien voulu m'écrire, en me priant de me rendre ici masqué, avec un signe et des mots de reconnaissance; votre lettre m'a paru si sérieuse que, malgré les inquiétudes que m'inspire l'état de ma mère, je me suis rendu à vos ordres...

M. de Morville ne put continuer.

D'une main tremblante d'émotion, le domino se démasqua violemment.

— Madame de Hansfeld! — s'écria M. de Morville, frappé de stupeur.

C'était la princesse.

CHAPITRE IV

PAULA MONTI

M. de Morville ne pouvait en croire ses yeux.

Ce n'était pas une illusion... il se trouvait en présence de madame de Hansfeld.

Il faudrait le talent d'un grand artiste pour rendre le caractère énergique, sévère de ce visage impérial, pâle et beau comme un masque de marbre antique, pour peindre ce regard noir, profond, impénétrable, que les traditions du Nord prêtent aux mauvais esprits.

Qu'on excuse notre ambitieuse comparaison, mais en évoquant la qualité poétique de Cléopâtre et de lady Macbeth, on se figurerait peut-être le mélange de séduction dominatrice et de grandeur sombre empreint sur la physionomie de la Vénitienne Paula Monti, princesse de Hansfeld.

Madame de Hansfeld avait arraché son masque.

Son capuchon abattu projetait une ombre vigoureuse sur son front, tandis que le reste de son visage était vivement éclairé; ses yeux brillaient d'un nouvel éclat au milieu du clair-obscur où se trouvait la partie supérieure de la figure.

A l'exception du rayonnement de ce regard scintillant comme une étoile dans les ténèbres, le reste de la physionomie de madame de Hansfeld était impassible.

La princesse dit à M. de Morville d'une voix mâle et grave :

— Je confie sans crainte le secret de cette entrevue à votre honneur, monsieur...

— Je serai digne de votre confiance, madame.

— Je le sais, j'ai eu besoin de cette certitude pour risquer une démarche... qu'à votre insu... vous avez provoquée...

— Moi, madame?...

— Vos procédés seuls me forcent de venir ici, monsieur.

— Madame, expliquez-vous, de grâce.

— Il y a environ deux mois, monsieur, vous aviez prié madame de Lormoy, votre tante, que je vois assez fréquemment, de vous présenter à moi; j'avais accédé à sa demande. Quelques jours après, vous avez annoncé à madame de Lormoy que vous ne pouviez plus vous résoudre à cette présentation.

M. de Morville baissa la tête et répondit :

— Cela est vrai, madame.

— De ce moment, monsieur, vous avez affecté de fuir tous les endroits où vous pouviez me rencontrer...

— Je ne le nie pas, madame, — répondit tristement M. de Morville.

Madame de Hansfeld reprit :

— Ainsi, il y a quelque temps, ignorant que madame de Senneterre m'avait donné une place dans sa loge, vous y êtes venu ; au bout d'un quart d'heure vous êtes sorti sous un vain prétexte qui n'a trompé personne...

— Cela est encore vrai, madame.

— Enfin, madame de Sémur vous ayant invité, ainsi qu'un très-petit nombre de personnes, à une lecture intéressante que vous désiriez beaucoup d'entendre, vous avez accepté avec un vif plaisir ; mais madame de Sémur ayant ajouté que j'assisterais à cette réunion, vous n'y avez pas paru.

— Cela est encore vrai, madame.

— Enfin, monsieur, vous avez mis à m'éviter une telle persistance, je devrais dire une telle affectation, qu'elle a été remarquée par bien d'autres que par moi.

— Madame... croyez...

— On vante, monsieur, la loyauté de votre caractère, on cite votre parfaite urbanité ; il vous faut donc de sérieux motifs pour afficher à mon égard des procédés si étranges... Je me hâte de vous dire qu'ils m'eussent été très-indifférents... sans une circonstance dont je dois vous entretenir...

— Madame, je sais combien ma conduite doit vous paraître bizarre, grossière, pourtant...

Madame de Hansfeld interrompit M. de Morville avec un sourire amer :

— Encore une fois, monsieur, je ne vous ai pas demandé ce rendez-vous pour me plaindre de votre éloignement... J'ai lieu de croire que votre résolution de m'éviter est dictée par des motifs si graves... que s'ils étaient pénétrés, le repos... la vie peut-être de deux personnes seraient compromis.

Et la princesse jeta un regard perçant sur M. de Morville.

Celui-ci répondit en rougissant :

— Je vous assure, madame, que si vous saviez...

— Je sais, monsieur, — dit vivement la princesse, — qu'il y a un secret entre vous et moi... Vous avez appris ce secret dans l'intervalle du jour où vous aviez demandé à m'être présenté et du jour fixé pour cette présentation... de ce moment a daté votre résolution de m'éviter... Vous êtes homme d'honneur... dites-moi si je me trompe... jurez-moi que vous n'avez eu aucun motif de manifester l'éloignement dont je vous parle, jurez-moi que cet éloignement a été causé par le hasard, le caprice... je vous croirai, monsieur... et dès lors, grâce à Dieu! cet entretien n'aura plus de but.

Après quelques moments d'hésitation pénible, M. de Morville parut prendre un parti violent et dit :

— Je ne puis pas mentir, madame; eh bien, oui... un secret des plus graves...

— Il suffit, monsieur, — s'écria madame de Hansfeld, interrompant M. de Morville : — je ne m'étais pas trompée, vous possédez un secret que je ne croyais connu que de deux personnes... je croyais l'une d'elles morte... l'autre avait le plus puissant intérêt à garder le silence, car il s'agissait de son déshonneur... Aussi me suis-je décidée à vous demander cette entrevue, ne pouvant vous recevoir... et n'ayant maintenant aucune chance de vous rencontrer dans le monde... Peu m'importe l'opinion que vous avez dû concevoir de moi après la révélation qu'on vous a faite; vos fréquents témoignages d'aversion me prouvent que cette opinion est horrible; cela doit être... Dieu sera mon juge... Mais il ne s'agit pas de cela, — reprit la princesse; — vous ignorez peut-être, monsieur, de quelle terrible importance est le secret que l'on vous a confié ou que vous avez surpris. Osorio... n'est donc pas mort? Il est donc vrai qu'il n'a pas péri à Alexandrie, ainsi qu'on l'avait cru d'abord? Répondez, monsieur, de grâce, répondez...

S'il en était ainsi, bien des mystères me seraient expliqués...

— Osorio?... je n'ai jamais entendu prononcer ce nom, madame...

— C'est donc M. de Brévannes?... — s'écria la princesse involontairement.

M. de Morville regarda madame de Hansfeld avec une surprise croissante, depuis quelques minutes il ne la comprenait plus.

— Je connais à peine M. de Brévannes, j'ignore s'il est à Paris en ce moment... madame.

Pour la première fois, depuis le commencement de cet entretien, madame de Hansfeld sortit de son calme feint ou naturel. Elle se leva brusquement, son pâle visage devint pourpre, elle s'écria :

— Il n'y a au monde qu'Osorio ou M. de Brévannes qui ait pu vous dire ce qui s'est passé à Venise, il y a trois ans, dans la nuit du 13 avril ! .

— Il y a trois ans?... à Venise?... dans la nuit du 13 avril? — répéta machinalement M. de Morville de plus en plus étonné. — Sur l'honneur, madame, il n'est pas question de cela... De grâce, pas un mot de plus... Je serais désolé de surprendre une grave confidence... Encore une fois, madame, je vous le jure sur l'honneur : le motif qui m'oblige à vous éviter n'a aucun rapport avec les noms, les dates et les lieux que vous venez de citer... Ce motif n'a rien qui puisse altérer la profonde, la sincère admiration que je porte à votre caractère... En évitant de vous voir, madame, j'accomplis une sainte promesse... j'obéis à un devoir sacré...

— Grand Dieu !... qu'ai-je dit !... — s'écria madame de Hansfeld en cachant sa tête dans ses mains et en songeant à la demi-révélation qu'elle avait involontairement faite à M. de Morville. — Non... non... ce n'est pas un piége indigne !

Puis, s'adressant à M. de Morville :

— Je vous crois, monsieur. Par un rapprochement, par un quiproquo étrange, lorsque j'ai su que vous aviez une puis-

sante raison de me fuir, j'ai cru qu'il s'agissait d'une triste...
bien triste circonstance dans laquelle, à des yeux prévenus, je
pourrais paraître avoir joué un rôle indigne de moi et mériter
même l'aversion que vous me témoigniez... Votre serment me
rassure... je m'étais trompée... Rien, sans doute, n'a transpiré de cette funeste aventure. Maintenant, monsieur, cet entretien n'a plus de but... J'étais venue ici pour vous faire connaître les suites funestes que pouvait avoir l'indiscrétion que
je redoutais... heureusement mes craintes étaient vaines.
Maintenant, peu m'importe que l'on remarque ou non que
vous évitez toutes les occasions de me rencontrer; quant à la
cause qui vous oblige à me fuir, elle m'est indifférente...
Adieu, monsieur... vous êtes homme d'honneur, je ne doute
pas de votre discrétion.

Et madame de Hansfeld fit un mouvement pour sortir.

M. de Morville l'arrêta respectueusement par la main :

— Un moment encore, madame... Jamais, sans doute, je ne
me retrouverai seul avec vous... sachez au moins une partie
de mon secret. Alors vous me plaindrez peut-être... oui... car
vous saurez qu'il me faut une grande résolution pour vous
fuir, madame... Lorsqu'un sentiment contraire à la haine...
Oh! ne prenez pas ceci pour une parole de galanterie... De
grâce, écoutez-moi.

Madame de Hansfeld, qui s'était levée, se rassit, et écouta en
silence M. de Morville.

CHAPITRE V

L'AVEU

— Lors de votre arrivée à Paris, madame, — dit M. de Morville à madame de Hansfeld, — avant d'aller occuper l'hôtel
Lambert, vous avez habité pendant quelque temps rue Saint-

Guillaume ; vous ignoriez sans doute que la maison de ma mère était voisine de la vôtre ?

— Je l'ignorais, monsieur.

— Permettez-moi d'entrer dans quelques détails, peut-être puérils, mais indispensables... Dans la maison de ma mère, une petite croisée, haute, étroite, presque entièrement cachée par les rameaux d'un lierre immense, s'ouvrait sur votre jardin... C'est de là que je vous aperçus par hasard et à votre insu, madame, car vous deviez croire que personne au monde ne pouvait voir dans l'allée couverte et reculée où vous vous promeniez habituellement.

Madame de Hansfeld parut rassembler ses souvenirs, et dit :

— En effet, monsieur, je me souviens de ce mur tapissé de lierre ; j'ignorais qu'une fenêtre y fût cachée.

— Pardonnez-moi l'indiscrétion que je commis alors, madame ; elle devait m'être funeste...

— Expliquez-vous, monsieur.

— Retenu auprès de ma mère souffrante, je sortais fort peu ; mon seul plaisir était de me mettre à cette croisée ; l'espérance de vous voir me retenait de longues heures derrière le rideau de lierre... Enfin arrivait le moment de votre promenade ; vous marchiez tantôt à pas lents... tantôt à pas précipités... souvent vous tombiez comme accablée sur un banc de marbre, où vous restiez longtemps le front caché dans vos mains... Hélas ! que de fois, lorsque vous releviez la tête après ces longues méditations, je vis votre visage baigné de larmes !

A ce souvenir, M. de Morville ne put vaincre l'émotion de sa voix.

Madame de Hansfeld lui dit sèchement :

— Il ne s'agit pas, monsieur, d'impressions plus ou moins fugitives que vous avez pu indiscrètement surprendre, mais d'un secret dont vous croyez devoir m'instruire.

M. de Morville regarda tristement madame de Hansfeld, et continua :

— Au bout de quelques jours... pardonnez ma présomption, madame, je crus deviner le motif... de votre chagrin...

— Vous êtes pénétrant, monsieur.

— Je souffrais alors d'une peine pareille à celle que vous me sembliez éprouver... je le pense du moins. Voilà le secret de ma pénétration.

— Monsieur, je ne puis croire que vous parliez sérieusement... et une plaisanterie serait déplacée...

— Je parle sérieusement, madame.

— Ainsi, monsieur, — dit madame de Hansfeld avec un sourire moqueur, — vous me supposez des chagrins, et vous prétendez en savoir la cause !

— Il est des symptômes qui ne trompent pas.

— L'expression de toutes les douleurs est la même, monsieur.

— Ah! madame, il n'y a qu'une manière de pleurer un objet aimé !...

— Est-ce une confidence, monsieur, une allusion à vos regrets amoureux?

— Hélas! madame, je n'ai plus de regrets, vous m'avez fait oublier le passé...

— Je ne vous comprends pas, monsieur... Il s'agit d'un secret dont vous jugiez à propos de m'instruire, et jusqu'à présent...

— Encore un mot, madame. Un sentiment profond, que j'avais cru inaltérable, un souvenir bien cher, s'effaçait peu à peu et malgré moi de mon cœur; en vain je maudissais ma faiblesse, en vain je prévoyais les peines que me causerait cet amour; le charme était trop puissant... j'y cédai... Je n'eus plus qu'une pensée, qu'un désir, qu'un bonheur... vous voir... A force de contempler vos traits, je crus lire sur votre physionomie, tantôt rêveuse, mélancolique ou désolée, ce désespoir tour à tour morne et violent que cause l'absence ou la perte de ceux que nous aimons...

Madame de Hansfeld tressaillit, mais resta muette.

— Hélas! madame, je vous le répète, j'avais moi-même trop souffert pour ne pas reconnaître les mêmes souffrances chez vous, à certains signes indéfinissables, et pourtant sensibles. Avec quelle triste curiosité je tâchais de surprendre vos moindres pensées sur votre visage! La partie du jardin qui vous plaisait davantage était séparée du reste de l'habitation par une grille que vous ouvriez et refermiez vous-même... vous seule entriez dans cette allée réservée; je risquai une folie... qui du moins ne pouvait être dangereuse : chaque jour je jetai au pied du banc où vous aviez coutume de vous asseoir une sorte de memento des pensées qui, selon moi, avaient dû vous agiter la veille. Comment vous exprimer mes angoisses la première fois que je vous vis prendre une de ces lettres. Jamais je n'oublierai l'expression de surprise qui se peignit sur vos traits après avoir lu... Pardonnez aux rêveries d'un fou... mais je ne vous crus pas irritée d'être ainsi devinée; car, au lieu de déchirer cette lettre, vous l'avez gardée. Un jour, votre agitation était si grande que vous ne vîtes pas ma lettre... Vous sembliez transportée de colère et de douleur... Mon instinct me dit que ce chagrin n'était pas nouveau. Il me sembla qu'on devait avoir réveillé en vous un funeste souvenir... Je vous écrivis en ce sens, et, le lendemain, en lisant ma lettre, vos larmes coulèrent.

Madame de Hansfeld fit un mouvement.

— Oh! madame, ne me reprochez pas de m'appesantir sur ces souvenirs; ils sont ma seule consolation... Ainsi encouragé par la curiosité avec laquelle vous sembliez attendre ces billets, j'écrivis chaque jour. Malheureusement l'état de ma mère devint alarmant; pendant deux nuits je ne quittai pas son chevet... je ne songeai qu'à elle. Son danger diminua, mes inquiétudes se calmèrent; ma première pensée fut de courir à ma précieuse fenêtre... Peu de temps après, vous entriez dans l'allée; j'en crus à peine mes yeux lorsque je vous vis courir

légèrement au banc de marbre... il n'y avait pas de lettre...
Un mouvement d'impatience vous échappa... j'osai l'interpréter favorablement...

M. de Morville regarda madame de Hansfeld avec inquiétude; ses yeux étaient baissés, ses bras croisés sur sa poitrine; sa figure restait impassible.

En parlant de la sorte, en instruisant madame de Hansfeld des circonstances qu'il avait surprises, M. de Morville *brûlait ses vaisseaux;* mais il ne devait pas revoir la princesse, il n'eût pas commis sans cela une pareille maladresse.

— Que vous dirai-je, madame? — reprit-il, — je jouissais depuis deux mois du bonheur ineffable de vous voir ainsi chaque jour, lorsque j'appris que vous quittiez la maison voisine de la nôtre pour aller habiter à l'île Saint-Louis l'ancien hôtel Lambert. Alors mon chagrin fut profond... oh! bien profond!... Peut-être alors seulement je sentis combien je vous aimais, madame...

A ces derniers mots, prononcés par M. de Morville d'une voix émue, madame de Hansfeld redressa vivement la tête; une légère rougeur colora son pâle visage, elle répondit d'un ton de raillerie glaciale :

— Ce singulier aveu est sans doute indispensable à la révélation du secret que vous avez à m'apprendre, monsieur?

— Oui, madame...

— Je vous écoute.

— Jusqu'au moment où vous quittâtes la maison voisine de celle de ma mère, je vous avais souvent rencontrée chez quelques personnes de ma connaissance; je n'avais voulu faire aucune démarche pour avoir l'honneur de vous être présenté. Je trouvais un grand charme au mystère qui entourait mon amour; je vous étais absolument inconnu, moi qui vous connaissais si bien, moi témoin invisible de toutes les émotions qui se révélaient sur votre physionomie; et puis vous parler de banalités au milieu de la contrainte du monde, qu'eût été cela pour moi auprès de mes longues heures de contemplation silencieuse et passionnée ! Mais lorsque votre départ me priva de ce bonheur de chaque jour, je reconnus le prix de ces relations mondaines que j'avais d'abord dédaignées, je résolus de vous être présenté ; vous vous étiez tout récemment liée avec une de mes tantes, madame de Lormoy, qui professe pour vous la plus haute estime. Ainsi que tout le monde, elle ignorait l'heureux hasard qui m'avait rapproché de vous ; je lui demandai de vous être présenté. Malheureusement, le lendemain du jour où elle m'avait promis cette grâce, on me fit une révélation telle... que loin de chercher à me rapprocher de vous, madame, je dus vous fuir... Sans la déplorable santé de ma mère, j'aurais quitté Paris pour éviter toutes les occasions de vous voir et d'aviver ainsi ma funeste passion... oh ! bien funeste ; car si votre indifférence m'accable, votre amour me mettrait au désespoir... Vous me regardez avec surprise... vous ne me comprenez pas... Eh bien, sachez-le donc, madame... et pardonnez cette supposition insensée... vous m'aimeriez aussi éperdument que je vous aime, que je serais le plus malheureux des hommes... car je ne pourrais répondre à cet amour inespéré sans porter un coup mortel à ma mère... sans fouler aux pieds le devoir le plus saint... le serment le plus sacré, sans être enfin parjure et criminel !...

— Criminel ! — s'écria madame de Hansfeld en se levant à demi, les traits bouleversés par la crainte et par la douleur.

Ce cri involontaire était un aveu ; il trahissait l'amour de la princesse, amour jusqu'alors profondément caché.

Si M. de Morville eût été indifférent à madame de Hansfeld, aurait-elle manifesté ce désespoir, cette épouvante ? Non, sans doute. Mais elle voyait une barrière infranchissable s'élever entre elle et M. de Morville ; n'avait-il pas dit : *Si vous m'aimiez, je serais le plus malheureux des hommes, car je ne pourrais vous aimer sans parjure, sans crime, sans porter un coup mortel à ma mère ?*

Et M. de Morville était cité pour sa loyauté, et il ne vivait que pour sa mère...

Madame de Hansfeld comprit la portée du mot qui lui était échappé. Un éclair de bonheur rayonnait sur les traits de M. de Morville... son instinct ne le trompa pas... il se crut aimé; mais ce premier enivrement passé, il frémit en songeant à l'abîme de maux et de douleurs que l'involontaire aveu de madame de Hansfeld ouvrait devant lui.

La princesse se possédait trop pour ne pas vaincre l'émotion qui l'avait un moment trahie. Espérant donner le change à M. de Morville, elle lui dit en souriant avec un ton de légèreté qui le confondit et renversa ses idées :

— Vous avouerez, monsieur, que ma surprise... je dirai même ma frayeur, était assez naturelle... en vous entendant dire que mon amour pouvait entraîner à sa suite de si épouvantables résultats... le parjure... le crime... Mon Dieu!... j'en frissonne encore... Jugez donc quel bonheur pour vous... surtout, que je sois parfaitement indifférente à cette passion... éperdue... que vous croyez ressentir... En vérité, monsieur, vous êtes trop heureux... vous avez pour vous sauvegarder de la tentation de m'aimer désormais, non-seulement mon indifférence, mais encore les plus graves motifs qui puissent déterminer un homme comme vous... Seulement, il me semble que, parmi ces obstacles formidables qui devaient si mortellement contrarier mon amour pour vous, monsieur, vous auriez pu dire un mot de mon mariage avec M. de Hansfeld. Vous me permettrez de vous signaler cet oubli, et de vous avouer qu'à mes yeux cet obstacle est le plus sérieux de tous... Il me reste, monsieur, à vous parler des lettres que j'ai reçues de vous parce que je ne pouvais pas faire autrement, et que j'ai lues... et quelquefois gardées, parce qu'un recueil de pensées très-spirituellement écrites et attribuées, comme elles l'étaient, à un être imaginaire, ne peut passer pour une correspondance. Vous avez trop de mérite, monsieur, pour être vain; je ne blesserai donc pas votre amour-propre d'*auteur*, — ajouta la princesse en souriant, — en vous avouant encore que si j'ai lu ces *œuvres* distinguées toujours avec curiosité, souvent avec une vive émotion, c'est un peu grâce au mystère qui entourait cette correspondance dont vous faisiez seul les frais, et aussi parce que le hasard vous inspirait parfois des pensées fort touchantes dont j'étais émue jusqu'aux larmes... car j'ai le malheur... ou plutôt le bonheur de pleurer à la lecture du moindre roman sentimental...

— Ah! madame, vous raillez cruellement.

— Je voudrais du moins, monsieur, que cette entrevue, commencée sous de si sombres auspices, se terminât un peu plus gaiement; car, après tout, nous sommes au bal de l'Opéra... Pourquoi, d'ailleurs, monsieur, nous quitter si tristement? Je vous avais cru instruit d'un secret assez maussade... Il n'en est rien, je suis complétement rassurée... J'ai pour me défendre de vos séductions mon respect pour mes devoirs, mon indifférence et la révélation qu'on vous a faite... Notre position est parfaitement tranchée, que pouvons-nous désirer de plus? Adieu, monsieur... Cette entrevue m'a confirmé tout le bien qu'on dit de vous... Je sais qu'il est inutile de vous recommander le secret... sur ma démarche, qui pourrait être indignement calomniée... Pour plus de prudence... je sortirai d'ici la première... Vous voudrez bien attendre quelque temps avant de quitter cette loge.

Et madame de Hansfeld, se levant, remit son masque et se dirigea vers la porte.

— Ah! madame, de grâce... un mot, un dernier mot, — s'écria M. de Morville, à peine revenu de sa surprise, et en se précipitant vers la porte.

Mais madame de Hansfeld fit un geste si fier, si impérieux, que M. de Morville n'insista pas pour prolonger cet entretien.

La princesse ouvrit la porte et sortit.

Peu d'instants après, M. de Morville l'imita.

En passant auprès du coffre dont nous avons parlé, il vit un assez grand tumulte : la foule était compacte; obligé d'attendre pour s'y frayer un passage, M. de Morville entendit ces mots :

— Peste!... Brévannes, — disait le malin domino qui, depuis le commencement de la soirée, était assis sur le coffre, — quel effet tu produis! quel cri a jeté ce domino à nœud de rubans jaune et bleu en t'apercevant!

— Je nie le fait, — répondit gaiement M. de Brévannes ; — je ne suis pas plus que Fierval ou qu'Hérouville, responsable du cri étouffé qu'a fait ce beau masque en passant près de nous tous.

— Ce domino aurait vu le diable en personne qu'il n'aurait pas paru plus épouvanté... — dit M. de Fierval.

M. de Morville écouta très-attentivement, remarquant que l'on parlait de la princesse. (Elle portait, on s'en souvient, un nœud de rubans jaune et bleu qu'elle n'avait pas songé à ôter après avoir retrouvé M. de Morville, précaution que celui-ci avait eue.)

— C'est peut-être une de vos victimes, monstre! — dit en riant M. de Fierval à M. de Brévannes.

— La malheureuse l'aura subitement reconnu, — dit un autre.

— Infidèle!

— Monstre de perfidie!

— Qui sait? — dit le malin domino, — c'est peut-être ta femme, Brévannes.

Un éclat de rire universel accueillit cette plaisanterie.

— Ça serait très-piquant, au moins... Tu lui as peut-être caché que tu venais au bal de l'Opéra... dans sa candeur, elle l'aura cru... et dans sa candeur... elle sera venue de son côté.

M. de Brévannes endurait à merveille toutes les plaisanteries, sauf celles qui concernaient sa femme. Il ne put dissimuler sa mauvaise humeur, et tâcha de rompre la conversation, en disant à M. de Fierval :

— Venez-vous souper, Fierval? il est assez tard.

— Oh! affreux jaloux! — s'écria le domino, — il est capable de faire, en rentrant chez lui, une scène horrible à sa malheureuse femme, le tout à cause de la plaisanterie stupide d'un domino... Pauvre Berthe!

— La preuve que je ne suis pas piqué, beau masque, — dit M. de Brévannes en riant d'un air contraint, — et que je ne te garde pas rancune, c'est que je m'estimerais très-heureux si tu voulais venir souper avec nous.

— Je suis trop généreuse pour cela... Je ne pourrais m'empêcher de te dire de dures vérités... ce qui serait fastidieux pour les convives... Leur seule compensation serait de te voir sous un nouveau et très-vilain jour... Et puis, enfin, il ne me convient pas encore de faire une *exécution* publique... Si tu n'es pas *sage*... si tu reviens ici... je te retrouverai à l'un des prochains samedis, et alors... prends bien garde... ce coffre me servira de tribunal... et tu entendras de singulières choses si tu oses t'y présenter... mais tu n'oseras pas.

— Lui... Brévannes?... ne pas oser? — dit M. de Fierval en riant.

— Tu ne le connais donc pas, beau masque?

— Tu ne sais donc pas... qu'il peut tout ce qu'il veut?... — dit un autre.

— J'espère que vous ne reculez pas, Brévannes, et que vous reviendrez samedi, — reprit M. de Fierval, — *sage ou non*.

— Je n'ai rien de mieux à te dire, beau masque, — ajouta M. de Brévannes. — Ces messieurs sont ma caution... A samedi... Si c'est un défi, je l'accepte.

— A samedi, — reprit le domino; — mais, je te le répète, le cri de surprise, presque d'effroi, jeté par le domino à nœud jaune et bleu s'adressait à toi...

— Allons... tu es folle. Puisque tu ne veux pas venir souper avec nous, je te laisse.

— Oui,.. mais à samedi.

— A samedi, — reprit M. de Brévannes en s'éloignant.

M. de Morville avait attentivement écouté cette conversation ; il ne doutait pas que la vue de M. de Brévannes n'eût, en effet, causé la surprise et l'effroi de la princesse.

Dans l'entrevue qu'il venait d'avoir avec madame de Hansfeld, celle-ci lui avait nommé M. de Brévannes comme étant une des deux personnes qui possédaient le secret dont elle redoutait si fort la révélation.

Quelles circonstances avaient pu rapprocher M. de Brévannes de madame de Hansfeld ?

Où l'avait-il connue ?

Quel était ce secret qu'il possédait ?

Le sang-froid railleur de madame de Hansfeld, à la fin de l'entretien qu'elle avait eu avec M. de Morville, était-il réel ou affecté ?

Telles furent les questions que se posa M. de Morville, en revenant tristement chez lui.

CHAPITRE VI

M. DE BRÉVANNES

Quelques mots sur M. de Brévannes, acteur important à cette histoire, sont ici nécessaires.

Le père de M. de Brévannes s'appelait Joseph Burdin. Originaire de Lyon, il était venu chercher fortune à Paris sous le Directoire. A force de finesse, de persévérance et d'entente des affaires, en peu d'années il réalisa, dans les fournitures des armées, une de ces fortunes scandaleuses si fréquentes à cette époque.

Riche, le nom de Burdin lui parut vulgaire ; il acheta la terre de *Brévannes* en Lorraine, s'appela pendant quelque temps Burdin de Brévannes, puis enfin seulement *de Brévannes*. Sa femme, fille d'un notaire fort riche, qui s'était ruiné par des spéculations hasardeuses, mourut peu de temps avant la restauration.

M. de Brévannes ne lui survécut pas longtemps. La tutelle de son fils, Charles de Brévannes, fut confiée à l'un de ses anciens associés. Soit incurie, soit infidélité, cet homme ne géra pas avantageusement les intérêts de son pupille, qui, majeur en 1825, ne se trouva en possession que de quarante mille livres de rentes environ.

M. de Brévannes, retrouvant dans le monde plusieurs de ses camarades de collége, mena durant quelques années une joyeuse vie de jeune homme, sans pousser néanmoins ses dépenses jusqu'à la prodigalité ; il était égoïste et ordonné.

Vers la fin de 1831, il épousa Berthe Raimond.

Pour expliquer ce mariage, il est nécessaire de poser le caractère de M. de Brévannes. Assez mal élevé, n'ayant reçu qu'une banale éducation de collége, rien n'avait adouci, tempéré sa fougue naturelle. Le trait culminant, primordial de ce caractère singulièrement énergique et orgueilleux était une incroyable opiniâtreté de volonté.

Pour parvenir à son but, M. de Brévannes ne reculait devant aucun sacrifice, devant aucun excès, devant aucun empêchement.

Ce qu'il souhaitait, il voulait le posséder, autant pour satisfaire son goût, son caprice du moment, que pour satisfaire l'espèce d'orgueil tenace qu'il mettait à réussir, bon gré mal gré, coûte que coûte, dans tout ce qu'il entreprenait.

M. de Brévannes poussait l'économie jusqu'aux limites de l'avarice, la personnalité jusqu'à l'égoïsme, la sécheresse d'âme jusqu'à la dureté. Fallait-il triompher d'un obstacle, il devenait dévoué, généreux, délicat, si cela servait ses projets; mais, l'obstacle surmonté, ces qualités éphémères disparaissaient avec la cause qui les avait produites, son caractère normal reprenait son cours, et ses mauvais penchants se dédommageaient d'une contrainte passagère en redoublant de violence.

Malheureusement les gens de cette trempe vigoureuse, résolue, prouvent souvent que pour eux — *vouloir c'est pouvoir*, — comme disait M. de Brévannes.

Maintenant parlons de son mariage.

M. de Brévannes occupait à Paris le premier étage d'une maison qui lui appartenait. De nouveaux locataires vinrent habiter deux petites chambres du quatrième : c'était Berthe Raimond et son père. (Madame Raimond était morte depuis longtemps.)

D'abord graveur en taille-douce, Pierre Raimond avait la vue tellement affaiblie, qu'il ne gravait plus que la musique. Berthe, excellente artiste, donnait des leçons de piano ; grâce à ces ressources, le père et la fille vivaient à peu près dans l'aisance.

Berthe était remarquablement jolie. M. de Brévannes la rencontra souvent, ressentit pour elle un goût assez vif, et s'introduisit chez Pierre Raimond sous un prétexte de *propriétaire*.

M. de Brévannes avait une détestable idée de l'humanité, il espérait, à l'aide de quelques cajoleries, de quelques libéralités, triompher de la vertu de Berthe et des scrupules de Pierre Raimond. Il se trompa : en payant le premier terme du modeste loyer de ses deux chambres, le graveur donna congé à M. de Brévannes pour le terme suivant, et le pria très-nettement de cesser ses visites, qui avaient d'ailleurs été très-bornées.

M. de Brévannes fut piqué de cet insuccès ; cette résistance inattendue irrita son désir, blessa son orgueil ; son caprice devint de l'amour, du moins il en eut l'ardeur impatiente.

S'étant ménagé quelques entretiens avec mademoiselle Raimond, soit en la suivant dans la rue lorsqu'elle allait donner ses leçons, soit en la rencontrant chez une de ses écolières, M. de Brévannes parvint à nouer une correspondance avec

Berthe et fut bientôt aimé d'elle. Il était jeune, il avait de l'esprit et de l'usage, une figure sinon belle, du moins mâle et expressive. Berthe ne résista pas à ces avantages; mais son amour était aussi chaste que son âme, et les mauvaises espérances de M. de Brévannes furent déçues. En lui avouant naïvement une affection dont elle n'avait pas à rougir, Berthe lui dit qu'il était trop riche pour l'épouser; il fallait donc rompre des relations vaines pour lui, douloureuses pour elle.

La fin du terme arriva; Berthe et son père allèrent s'établir dans un des quartiers les plus solitaires de Paris, rue Poultier, île Saint-Louis.

Ce départ blessa de nouveau l'orgueil et le cœur de M. de Brévannes. Il découvrit le lieu de la retraite de la jeune fille, prétexta un voyage de quelques mois, et alla secrètement s'établir à l'île Saint-Louis, dans un hôtel garni du quai d'Orléans, tout auprès de la rue où demeurait Pierre Raimond.

La première fois que Berthe revit M. de Brévannes, elle trahit par son émotion la constance de ses sentiments pour lui; elle ne lui cacha rien, ni la joie que lui causait son retour, ni les larmes cruelles et pourtant chéries qu'elle avait versées pendant son absence.

Malgré ces aveux, M. de Brévannes ne fut pas plus heureux; séductions, ruses, promesses, emportement, désespoir, tout vint échouer devant la vertu de Berthe, vertu simple et forte comme son amour.

Ceux qui connaissent le cœur de l'homme, et surtout des hommes orgueilleux et opiniâtres comme M. de Brévannes, comprendront ses ressentiments amers contre cette jeune fille, aussi inflexible dans sa pureté que lui dans sa corruption.

Un homme ne pardonne jamais à une femme d'avoir échappé, par adresse, par instinct ou par vertu, au piége déshonorant qu'il lui tendait.

Il serait impossible de nombrer les imprécations *mentales* dont M. de Brévannes accablait Berthe; il alla jusqu'à supposer cette énormité, que, « par ses refus calculés, cette petite fille avait l'audacieuse visée de l'amener un jour à l'épouser. »

Abominable machination, tramée sans doute avec le vieux graveur !

M. de Brévannes haussa les épaules de pitié en songeant à une manœuvre aussi odieuse qu'absurde, et résolut de quitter Paris. Avant de partir, il eut un dernier entretien avec Berthe. Il s'attendait à une scène de désespoir : il trouva la jeune fille triste, calme, résignée. Jamais elle ne s'était fait illusion sur son amour pour M. de Brévannes; elle s'était toujours attendue aux pénibles conséquences de ce malheureux attachement.

Et puis encore, chose singulière, Pierre Raimond, artiste probe, austère, d'un rigorisme stoïque, avait élevé sa fille dans de telles idées sur la richesse, que la disproportion de fortune qui existait entre M. de Brévannes et Berthe semblait à celle-ci aussi infranchissable que la distance qui sépare un roi d'une fille du peuple.

Ainsi, loin de lui demander pourquoi, étant libre, il ne l'épousait pas, moyen fort simple de mettre d'accord l'amour et le devoir, Berthe avait ingénument avoué à M. de Brévannes que leur amour était d'autant plus désespéré que Pierre Raimond, dans sa fière pauvreté, ne consentirait jamais à marier sa fille à un homme riche.

Au moment de se séparer de M. de Brévannes, Berthe lui promit de faire tout au monde pour l'oublier, afin d'épouser un homme pauvre comme elle; sinon, elle ne se marierait jamais.

Ces paroles, exemptes de toute exagération, simples, vraies comme la pauvre fille qui les prononçait, ne firent aucune impression sur M. de Brévannes; dans l'angélique résignation de Berthe, il vit une flagrante et dernière preuve du complot que l'on tramait contre lui afin de l'amener à un mariage absurde.

M. de Brévannes partit pour les bains de mer de Dieppe, se croyant parfaitement délivré de son amour; fier d'avoir échappé à un piége indigne, il attendait avec une haineuse impatience une humble prière de retour, qu'il se préparait à accueillir avec le dernier mépris. A son grand étonnement, il ne reçut aucune nouvelle de Berthe.

A Dieppe, M. de Brévannes rencontra une madame Beauvoisis (le domino du coffre), fort jolie, fort à la mode dans un certain monde, fort coquette, et fort aimée d'un homme des plus agréables.

Pour se venger du silence de Berthe et de quelques souvenirs importuns, et aussi pour se relever à ses propres yeux de son échec auprès de la fille du graveur, M. de Brévannes entreprit de plaire à madame Beauvoisis et de supplanter l'amant aimé. Il réussit.

M. de Brévannes fut d'autant plus irrité, d'autant plus humilié de n'avoir rien pu obtenir de Berthe, que la *conquête* de madame Beauvoisis lui sembla plus flatteuse. Son amour-propre se révolta de ce qu'une malheureuse petite fille, pauvre, inconnue, eût osé résister à l'homme qu'une femme très-désirable avait choisi.

Nous sommes loin de prétendre que M. de Brévannes n'eût pas d'amour pour Berthe; mais chez lui les tendres espérances de l'amour, ses charmantes impatiences, ses craintes mélancoliques, s'étaient transformées en désirs effrénés, en orgueilleuse irritation.

Il résumait amèrement et brutalement la question en disant:

« J'ai mis dans ma tête que cette fille serait à moi... coûte que coûte, elle sera à moi. »

Courroucé de ne pas recevoir de lettres de Berthe depuis six semaines qu'il l'avait quittée, M. de Brévannes rompit brusquement avec madame Beauvoisis, l'idole de la saison des eaux de Dieppe, et revint s'enterrer dans l'île Saint-Louis.

Lorsqu'il arriva, Berthe se mourait ; elle n'avait pu résister à tant de chagrins...

Presque touché de cette preuve d'amour, voulant d'ailleurs à tout prix que cette jeune fille fût à lui, M. de Brévannes, malgré ses résolutions de ne jamais faire un mariage *de dupe*, comme il disait, alla trouver Pierre Raimond, et lui demanda formellement la main de sa fille, s'attendant à une explosion de reconnaissance de la part du vieux graveur.

Chose incroyable, inouïe, exorbitante, qui renversa toutes les idées de M. de Brévannes, Pierre Raimond ne voulut pas consentir à cette union.

« M. de Brévannes était né riche, Berthe était née pauvre, il n'y avait entre eux aucune sympathie de classe, aucune convenance de position, aucun rapport d'habitude, d'éducation, de principes, partant, aucune garantie de bonheur pour l'avenir. »

Tel fut le thème invariable de Pierre Raimond.

Il y avait dans la manière absolue dont cet homme austère envisageait la distance qui sépare les riches des pauvres, plus de fierté que d'humilité. Il établissait entre ces deux conditions, qu'il regardait comme hétérogènes et inconciliables, une ligne aussi tranchée, aussi infranchissable, que celle que les républicains tracent entre eux et les aristocraties.

L'énergique opiniâtreté de M. de Brévannes eût échoué devant la fière pauvreté de Pierre Raimond, si la vie de Berthe n'eût pas été compromise.

L'instinct d'un père est presque toujours d'une admirable perspicacité ; lorsque cet instinct s'allie à un rare bon sens, il atteint à la divination.

Pierre Raimond pressentait le sort de sa fille. Néanmoins, obligé d'opter entre la mort de cette enfant chérie et un avenir redoutable, qu'il serait peut-être possible de conjurer, le graveur consentit enfin au mariage, qui se fit peu de temps après le retour de M. de Brévannes

Berthe n'avait pas un moment douté de l'amour de son mari.

Ce cœur simple et bon, noble et confiant, n'avait pu se défendre contre le vouloir implacable de cet homme dont l'emportement l'avait flatté; dans sa vanité naïve, la jeune fille se demandait avec une certaine fierté s'il ne fallait pas que M. de Brévannes l'aimât beaucoup pour avoir poursuivi ses desseins sur elle avec une ténacité si énergique.

La pauvre Berthe confondait, hélas! l'entêtement orgueilleux d'un esprit impatient de toute résistance avec l'abnégation, avec l'opiniâtre dévouement de la passion.

M. de Brévannes était capable d'employer tous les moyens possibles, même les voies en apparence les plus honorables, pour parvenir à ses fins; mais, le but atteint, il était capable aussi de se venger cruellement des sacrifices qu'il s'était imposés lui-même pour triompher dans une lutte où son orgueil était aussi vivement intéressé que son amour.

Pour ce caractère intraitable, le lendemain de la victoire était rarement heureux; plus l'attaque avait été rude, plus la résistance avait duré, plus sa vanité souffrait. Dans la chaleur de l'action, il oubliait les blessures de son amour-propre; mais, après le succès, il ressentait douloureusement ces plaies saignantes, et son caractère véritable reprenait le dessus.

Lorsque la fièvre de vouloir acharné qui avait contraint M. de Brévannes à épouser Berthe eut cessé, il eut des regrets extrêmes de ce mariage... Oui... il eut honte de son alliance avec une fille obscure et pauvre; en songeant aux riches partis auxquels il aurait pu prétendre, les qualités charmantes, la beauté, l'âme angélique de Berthe lui parurent à peine une consolation. Il se crut en butte à tous les sarcasmes; il ne devait pas y avoir de railleries assez piquantes pour qualifier son ridicule mariage d'inclination.

M. de Brévannes se trompait : beaucoup de gens, en le voyant épouser une fille belle, vertueuse et pauvre, lui supposèrent un caractère généreux, élevé; on prôna, on vanta son admirable désintéressement, et il fut absous d'avance de tous les tourments qu'il pourrait faire endurer à une femme pour laquelle il *avait tant fait.*

Les uns regardaient la conduite de Berthe comme un chef-d'œuvre de ruse et d'habileté ; les autres se moquèrent de M. de Brévannes et de son mariage d'inclination, parce qu'ils se moquaient généralement de tout le monde.

Personne ne soupçonna le véritable motif de ce mariage, et que l'entêtement de M. de Brévannes y avait eu au moins autant de part que son amour...

Dernier trait du caractère de M. de Brévannes :

Depuis quatre ans il était marié. Berthe, plus aimante, plus résignée que jamais, ne lui avait pas donné le moindre sujet de plainte. Quoiqu'il lui eût fait ouvertement des infidélités fréquentes, quelquefois donné des rivales du plus bas étage... la malheureuse femme avait secrètement versé des larmes amères, mais ne s'était jamais plainte.

Malgré cette patience, malgré cette douceur parfaite, M. de Brévannes se livrait quelquefois à d'inconcevables soupçons de jalousie, et cela sous le prétexte le plus frivole.

Cette violente jalousie n'était pas une preuve de l'amour de M. de Brévannes. S'il entrait en fureur à la seule pensée (complétement fausse et injuste) que sa femme pouvait lui être infidèle, c'était surtout parce que la faute de Berthe aurait couvert (pensait-il) d'un ridicule ineffaçable ce *mariage d'inclination* auquel il avait tant sacrifié. M. de Brévannes voulait au moins pouvoir se vanter de la conduite irréprochable, exemplaire, de la femme pauvre et obscure qu'il avait choisie.

Après dix-huit mois de mariage, M. de Brévannes, s'ennuyant beaucoup de son bonheur, avait été faire en Italie un voyage de quelques mois, laissant sa femme sous la protection de Pierre Raimond, dont il reconnaissait d'ailleurs l'austère moralité. Le vieux graveur n'avait jamais voulu consentir à venir habiter avec sa fille chez M. de Brévannes pendant l'absence de son mari. Berthe alla s'établir auprès de son père dans l'île. Saint-Louis, et reprendre, rue Poultier, sa petite chambre de jeune fille.

Depuis ce voyage d'Italie, où il avait connu madame de Hansfeld, ainsi qu'on le verra plus tard, l'humeur de M. de Brévannes s'était beaucoup aigrie; son caractère était devenu sombre, irascible, souvent même d'une dureté cruelle, et Berthe en avait quelquefois douloureusement souffert. Ces préliminaires établis, nous suivrons M. de Brévannes chez lui à son retour du bal de l'Opéra, où il avait été si malignement *intrigué* par madame Beauvoisis (le domino du coffre).

CHAPITRE VII

MADAME DE BRÉVANNES

La maison dont M. de Brévannes occupait le premier étage était située rue Saint-Florentin. Fort indifférent aux jouissances et aux recherches délicates du *chez soi*, il avait chargé un tapissier de le *meubler* richement; grâce à cette latitude laissée au marchand, ce logis avait complétement l'aspect de ce qu'on appelle un *bel appartement garni*, c'est-à-dire l'aspect le plus banal, le plus triste, le plus froid qu'on puisse imaginer. Rien de particulier, rien de personnel, rien qui trahît un goût, une passion : pas un portrait, pas un tableau, pas un objet d'art. La seule pièce de ce vaste appartement qui n'eût pas un aspect vulgaire et glacial, était un petit salon où Berthe se tenait habituellement.

Malgré l'heure avancée de la nuit (quatre heures du matin), c'est dans cette pièce que nous conduirons le lecteur.

Madame de Brévannes, toujours inquiète des absences prolongées de son mari, quoiqu'elle dût y être habituée, se couchait rarement avant d'être assurée de son retour.

Il est donc quatre heures du matin. Berthe, assise dans un fauteuil, les mains jointes sur ses genoux, regarde machinalement le foyer qui s'éteint; une lampe, placée auprès d'elle sur une petite table où l'on voit un livre entr'ouvert, éclaire vivement la figure de la jeune femme, et brille doucement sur ses bandeaux de cheveux châtains qui, ne laissant voir que le lobe de sa petite oreille rose, vont se perdre dans la natte épaisse qui se tord derrière sa tête.

Ce qui frappait tout d'abord dans le gracieux visage de Berthe, c'était son expression d'angélique bonté; lorsqu'elle levait ses grands yeux bleus si beaux et si doux, le charme devenait irrésistible; sa bouche, un peu sérieuse, semblait plutôt faite pour le sourire bienveillant et affectueux que pour le rire bruyant de gaieté; son col blanc arrondi, un peu long, se courbait avec une grâce indicible lorsqu'elle penchait sa tête sur son sein.

Berthe portait une robe de soie gris clair, dont la pâle nuance s'harmoniait à merveille avec la délicate blancheur de son teint; d'un côté de la cheminée on voyait un piano ouvert et chargé de musique; au-dessus, deux portraits de grandeur inégale représentaient la mère et le père de Berthe. Un grand nombre de modestes cadres de bois noir, renfermant des gravures en taille-douce qui formaient l'*œuvre* de Pierre Raimond, ornaient ce petit salon tendu de papier rouge velouté, et lui donnaient une apparence très-différente du reste de l'habitation; enfin, sur la cheminée, on voyait une vieille pendule de marqueterie et deux petits flambeaux blancs et bleus, en émail de Limoges, qui avaient appartenu à la mère de Berthe, et avaient été le cadeau de noce du graveur.

Une larme longtemps suspendue au bout des longs cils de la jeune femme roula sur sa joue comme une goutte de rosée; son sein se souleva à plusieurs reprises, elle tressaillit. Une rougeur subite colora son front, puis Berthe retomba dans sa morne apathie.

En deux mots nous dirons la cause de la tristesse et de l'abattement de Berthe.

Pendant son dernier séjour en Lorraine, M. de Brévannes avait accordé une protection très-particulière à une des femmes de Berthe. L'insolence de cette fille ouvrit les yeux de madame de Brévannes, ou du moins lui donna des soupçons assez violents pour exiger le départ de cette créature.

Cette scène cruelle s'était passée quelques jours avant le retour de M. de Brévannes à Paris, et avait laissé un douloureux ressentiment dans le cœur de Berthe. Elle avait jusqu'alors souvent souffert des infidélités de son mari, mais elle n'avait jamais subi une humiliation pareille.

Quatre heures du matin sonnèrent ; absorbée dans une profonde rêverie, madame de Brévannes n'avait pas cru la nuit si avancée ; une voiture s'arrêta à la porte. Berthe regretta d'avoir veillé si tard ; une fois pour toutes son mari lui avait expressément défendu de l'attendre ; ses gens même se couchaient. Il rentrait habituellement par une petite porte bâtarde de sa maison dont il avait la clef ; il lui fallait passer par le petit salon de Berthe pour entrer dans une des deux chambres à coucher qui communiquaient à cette pièce.

Lorsque son mari parut, Berthe se leva et alla à sa rencontre en tâchant de sourire afin de conjurer l'orage qu'elle redoutait.

Les traits contractés de M. de Brévannes témoignaient de sa mauvaise humeur. Les quelques mots dits au hasard par madame de Beauvoisis sur son voyage d'Italie avaient éveillé en lui une foule d'idées pénibles, forcément contraintes pendant le bal et le souper. Il fut presque satisfait de trouver sa femme encore levée ; en la querellant il espérait épancher l'amertume qui le dévorait.

— Comment ! — s'écria-t-il, — vous n'êtes pas encore couchée ! à quatre heures du matin ! A quoi pensez-vous donc ? Suis-je ou non maître de mes actions ? A peine arrivés ici, votre système d'inquisition va-t-il recommencer? Aussi bien, puisque nous voilà sur ce chapitre, épuisons-le une bonne fois, afin de n'y plus revenir de tout l'hiver.

Et il s'assit brusquement dans le fauteuil de Berthe, qui resta debout près du piano, stupéfaite de ce brusque débordement de reproches.

— Mon ami, — dit-elle timidement, — vous savez que votre volonté est toujours la mienne. Donnez-moi vos ordres, je les suivrai. Ce n'est pas pour épier vos actions que j'ai veillé si tard... Je m'étais amusée à mettre ce petit salon en ordre, cela m'a occupée jusqu'à une heure du matin. Alors, supposant que vous ne tarderiez pas à rentrer, j'ai voulu vous attendre. J'ai sommeillé un peu... Quatre heures sont arrivées sans que je m'en aperçusse. Voilà mon crime, Charles, me le pardonnerez-vous? — dit-elle en souriant et en levant son angélique regard sur son mari.

M. de Brévannes ne parut pas désarmé.

— Mon Dieu! — reprit-il, — ce n'est pas un *crime* que je vous reproche; il est inutile de prêter un sens ridicule à mes paroles. Je ne suis pas dupe de cette veillée... Vous avez voulu vous assurer par vous-même de l'heure à laquelle je rentrais... Mais vous m'obligerez de ne pas prendre cette habitude. Je n'entends pas que les scènes de l'an passé se renouvellent, et que par vos bouderies et vos airs de victime vous me reprochiez ou ceci ou cela.

— Charles, ai-je jamais dit un mot... excepté...

— Mon Dieu! — s'écria M. de Brévannes en interrompant sa femme, — certains silences, certaines physionomies sont aussi significatifs que des paroles.

— Mais enfin, Charles, puis-je m'empêcher d'être triste?

— Et pourquoi seriez-vous triste? Que vous manque-t-il? N'êtes-vous pas dans une position inespérée? N'ai-je pas humainement fait tout ce que je pouvais faire pour vous?

— Charles, vous savez si je suis ingrate; mon seul regret

est de ne pouvoir vous mieux prouver ma reconnaissance.

— Tout ce que je vous demande, c'est de me rendre ma maison agréable, c'est d'avoir toujours l'air riant et heureux, au lieu de censurer ma conduite par vos affectations mélancoliques... Si j'ai suivi mon inclination en me mariant avec vous, ç'a été d'abord parce que je vous aimais... et ensuite pour...

— Pour avoir une femme soumise à toutes vos volontés, mon ami, je le sais ; vous m'avez préférée à un parti riche, parce que la reconnaissance du sacrifice que vous m'avez fait m'impose des devoirs plus grands encore... J'aurais été désolée que vous eussiez calculé autrement, Charles, car je n'aurais pu m'acquitter envers vous. Seulement, vous vous trompez, si vous croyez que ma tristesse, souvent involontaire, est une critique de vos actions : il ne m'appartient pas de les juger.

— Mais que signifie donc alors cette tristesse ?

Après un moment d'hésitation, Berthe reprit en baissant les yeux :

— Quelques-unes de vos actions peuvent m'attrister sans que je me plaigne.

— Ceci est trop subtil pour moi. Je vais être plus clair, et vous révéler à vous-même ce que vous pensez et ce que vous n'osez pas dire... Au lieu d'avoir recours à toutes ces circonlocutions hypocrites, pourquoi ne pas avouer franchement que vous êtes jalouse?

— Mon ami, ne parlons pas de cela, je vous en prie.

— Et pourquoi donc ? Je trouve, moi, qu'il est au contraire excellent de poser nettement notre position... Que j'aie ou non des maîtresses, voilà le grand mot lâché... c'est ce que vous devez complétement ignorer ou feindre d'ignorer... Telle est la conduite que doit tenir une femme de bon sens, au lieu de passer sa vie dans les ennuis de la jalousie.

— Charles... franchement... est-ce bien à vous à dire qu'on peut raisonner... vaincre la jalousie, si peu fondée qu'elle soit, ou si indignes qu'en soient les objets?

— Fort bien, madame, vous me reprochez d'être jaloux.

— Je ne vous en fais pas un reproche, mon ami... Je suis indulgente pour ce sentiment, dont j'ai éprouvé toutes les angoisses.

— Vous vous trompez complétement, madame, si vous nous croyez dans une position pareille à cet égard... Que j'aie ou non des maîtresses, votre considération n'en sera nullement altérée ; mais moi qui ai tout sacrifié pour vous... que je sois encore couvert de ridicule... Tenez, — ajouta M. de Brévannes en se levant, les dents serrées, et en fermant les poings avec rage, — à cette seule pensée je ne me possède pas.

Et il se mit à marcher à grands pas.

— Vous avez raison, Charles, — dit tristement Berthe, — notre jalousie n'est pas pareille : la mienne intéresse mon cœur, la vôtre votre orgueil ; mais il n'importe, je la respecte. M'avez-vous jamais entendue me plaindre de l'isolement où je vis ? Excepté mon père, que vous me permettez d'aller voir deux fois par semaine, et quelques personnes de votre famille que vous désirez que je reçoive, je vis seule... heureuse de vivre seule, je me hâte de vous le dire.

— Ce qui ne vous empêche pas de trouver le temps long, n'est-ce pas ? Et tout le monde sait l'effet de la solitude et du désœuvrement chez les femmes...

— Je ne suis pas désœuvrée, mon ami ; j'aime passionnément la musique... je dessine, je lis. Quant à la solitude, il ne dépend pas de moi que vous restiez davantage chez vous.

Pendant que madame de Brévannes parlait, son mari s'était machinalement approché de la croisée, dont il avait entr'ouvert les rideaux.

Il vit de l'autre côté de la rue, au premier étage d'une maison située en face de la sienne, une fenêtre aussi éclairée, et derrière les vitres la silhouette d'un homme qui regardait par cette fenêtre.

Il était près de cinq heures du matin, la nuit était profonde, la rue déserte, que pouvait regarder cet homme, sinon la fenêtre du salon de madame de Brévannes, seule fenêtre qui fût sans doute encore éclairée dans la maison?

Un de ces soupçons absurdes qui ne tombent que dans la cervelle des jaloux trompeurs (classe essentiellement distincte de celle des jaloux trompés), un de ces soupçons absurdes, disons-nous, traversa l'esprit de M. de Brévannes; il se retourna vers sa femme, le regard irrité, le front menaçant.

— Madame, pourquoi y a-t-il de la lumière dans cette maison en face? — s'écria-t-il.

Puis, s'interrompant pour céder à une inspiration non moins ridicule que sa jalousie, il tira brusquement les rideaux, ouvrit la croisée, et s'avança sur le balcon, où il se campa fièrement.

A cette brusque apparition, les rideaux de la fenêtre de la maison d'en face se refermèrent subitement, l'ombre s'effaça, et un moment après la lumière disparut.

Madame de Brévannes, ne comprenant rien au courroux de son mari, et encore moins à sa fantaisie d'ouvrir les croisées par une nuit de janvier, s'avançait vers le balcon, lorsque M. de Brévannes se retourna, ferma violemment les rideaux, et s'écria :

— Ah! c'est ainsi que vous occupiez vos loisirs en m'attendant, madame!...

— En vérité, Charles, je ne vous comprends pas...

— Vous ne comprenez pas? Pourquoi cette fenêtre du premier étage de la maison d'en face était-elle encore éclairée il n'y a qu'un moment?

— Il n'y a qu'un moment?... une fenêtre?... dans la maison d'en face? — demanda Berthe avec une surprise croissante.

— Faites donc l'étonnée, madame! Tout à l'heure quelqu'un regardait attentivement votre fenêtre. On a disparu dès que je me suis montré.

— Cela peut être, Charles, je n'en sais rien... Mais pourquoi me dites-vous cela?

— Pourquoi!

— Pourquoi?

— Parce que vous êtes sans doute d'intelligence avec cette personne... et qu'il y a là-dessous quelque intrigue... Je ne m'étonne plus de votre veillée.

A cette accusation si brusque, si stupide, si inconcevable, Berthe ne put trouver un mot à répondre; elle joignit les mains en levant les yeux au ciel.

— Ce n'est pas répondre, madame, — s'écria M. de Brévannes exaspéré. — Je vous demande pourquoi il y avait de la lumière dans cette chambre en face, pourquoi un homme regardait ici.

— Mais, mon Dieu! le sais-je? — s'écria Berthe.

— Encore une fois, cela n'est pas répondre, madame.

— Mais que voulez-vous que je vous réponde?

— Prenez garde! — s'écria M. de Brévannes hors de lui. — Ne me croyez pas assez sot pour être dupe de votre hypocrisie... J'ai vu ce que j'ai vu; je ne suis pas aveugle. Quelle est la personne qui habite en face?

— Mais, Charles, je n'en sais rien; nous sommes arrivés depuis hier matin.

M. de Brévannes interrompit sa femme, se frappa le front et s'écria :

— C'est cela... je me le rappelle maintenant... une voiture de poste est arrivée peu de temps après nous et est entrée dans cette maison; on nous suivait... peut-être même en Lorraine... Oh! j'en suis sûr, il y a là-dessous quelque indigne mystère... mais je le découvrirai... malheureuse que vous êtes!

Cette injure, cette dureté, ce reproche, si peu mérités, touchèrent Berthe jusqu'au vif. Malgré sa douceur, malgré sa résignation habituelle, sa dignité, sa conscience se révoltèrent; elle dit d'un ton ferme à son mari :

— Vous avez tort de me parler de la sorte, Charles; vous pourriez pousser ma patience à bout, et me faire dire des choses... que, pour votre propre dignité, je voudrais taire.

— Des menaces!...

— Ce ne sont point des menaces, Charles; seulement... il n'est pas généreux à vous, qui m'avez donné tant de fois des sujets de plainte et de chagrin, de m'accuser, et de me traiter avec ce mépris à propos d'un soupçon insensé.

— Voilà, pardieu! un nouveau langage.

— Charles, je me lasse de subir en silence d'injustes reproches, tandis que je pourrais moi-même vous en adresser de malheureusement trop fondés.

— De mieux en mieux...

— Vous dites, Charles, que je dois fermer les yeux sur votre conduite; je l'ai toujours fait; est-ce de ma faute si le bruit de vos aventures est venu jusqu'à moi, à moi qui vis seule loin du monde?... N'est-ce pas encore le bruit public et les insolences de la misérable créature que j'ai chassée de chez moi il y a huit jours qui...

— Madame, pas un mot de plus.

— Pardonnez-moi, Charles, je parlerai; je ne veux pas abuser de la position que mon dévouement à mes devoirs m'a faite; mais je veux que vous la respectiez... Je consens à fermer les yeux sur des erreurs si basses, qu'elles ne méritent pas même mon indignation... mais je ne souffrirai pas que vous m'écrasiez injustement...

— Sur ma parole, madame, votre audace me confond. Et vous voulez, sans doute, me faire entendre que quatre ans de fidélité et de respect pour vos devoirs vous ont acquittée envers moi, et que vous êtes maintenant libre d'agir comme bon vous semblera? Mais c'est incroyable! mais vous oubliez donc que je vous ai tirée de la misère, que votre père vit de mes bienfaits, et que j'avais été assez bon pour lui offrir autrefois d'habiter chez moi?...

— Je n'ai jamais oublié que vous m'avez tirée de la misère, comme vous le dites, Charles, et cela a été d'autant plus méritoire de ma part, que j'étais parfaitement indifférente à cette misère; il m'a fallu, pour vous aimer, *quoique riche,* surmonter peut-être autant de répugnance qu'il vous a fallu en surmonter pour m'aimer, *quoique pauvre!*

— Vraiment! vous m'avez fait cette grâce-là, de m'aimer malgré mes quarante mille livres de rentes?

— Quant à ce reproche, Charles, que mon père vit de vos bienfaits... c'est la première fois que vous me le faites... ce sera la dernière... Depuis bientôt un an la vue de mon père est si affaiblie qu'il a été obligé de renoncer au travail qui jusque-là lui avait suffi pour vivre... A force d'instances, je suis parvenue à lui faire accepter une modique pension... il a consenti à la recevoir.

— Afin de n'être pas au-dessous de vous en fait de condescendance, M. Raimond m'a fait aussi la grâce d'accepter de quoi vivre à l'aise au lieu d'aller à l'hospice.

— Oui, mon père a fait grâce à votre vanité en n'allant pas à l'hospice. Dans ses principes, il n'y avait là rien de déshonorant; vieux, infirme, hors d'état de vivre de son travail, ainsi qu'il l'avait toujours fait, il aurait usé sans honte de l'asile que la charité publique offre à l'infortune honnête... Mais puisque...

— Mais puisque je reconnais si mal, n'est-ce pas, les bontés de monsieur votre père pour moi, il n'aura pas l'obligeance de me permettre de le soutenir plus longtemps; il me fera la mauvaise plaisanterie d'aller s'établir à l'hôpital.

— Cela est certain, Charles, car je ne puis pas lui laisser ignorer vos reproches...

En prononçant ces dernières paroles, la voix de Berthe, jusqu'alors ferme, s'émut beaucoup; ses forces étaient à bout; elle avait depuis longtemps contraint les larmes qui l'oppressaient, mais elle ne put conserver davantage cet empire sur elle-même : elle cacha sa tête dans ses mains, retomba dans un fauteuil, et se prit à pleurer avec amertume.

M. de Brévannes était égoïste, dur, orgueilleux; mais il

était fort intelligent. Malgré ses sarcasmes sur les étranges principes du père de Berthe à l'endroit des bienfaits des riches, il savait parfaitement que, raisonnable ou absurde, la conviction de sa femme et de Pierre Raimond était à ce sujet sincère et profonde. Ses plaisanteries n'avaient été qu'un jeu cruel...

La douleur de Berthe le toucha d'autant plus qu'il se rappela ses derniers torts envers elle; il réfléchit enfin à tout ce qu'il lui avait dit d'humiliant. Plus elle semblait dépendre de lui, plus il devait ménager sa délicatesse et ne pas l'accabler de reproches si cruels.

Et puis il faut tout dire : pourrions-nous dévoiler un de ces mille replis du cœur humain, ou plutôt de l'organisation humaine? pourrions-nous faire croire à l'un de ces revirements soudains, brutaux, dont les hommes seuls sont capables, après les plus aigres, les plus basses, les plus injurieuses récriminations?

Berthe était retombée assise sur son fauteuil, accablée sous l'impression que lui avait causée cette scène cruelle. La jeune femme baissait la tête; son joli cou, ses charmantes épaules blanches et polies comme de l'ivoire, que l'émotion couvrait d'un léger incarnat, frappèrent la vue de M. de Brévannes.

Selon que cela arrive toujours, vingt fois il avait oublié sa femme pour des créatures indignes de lui être comparées, même sous le rapport de la beauté... Depuis la scène à laquelle Berthe avait fait allusion en parlant d'une femme de chambre qu'elle avait chassée, les deux époux étaient restés l'un envers l'autre sous une profonde impression de froideur et de contrainte. L'amour de Berthe pour son mari avait reçu un mortel et dernier coup.

M. de Brévannes, voyant le chagrin de sa femme, se figura, par une de ces imaginations grossières naturelles à l'homme, qu'en flattant Berthe sur la puissance et sur l'éclat de sa beauté, il se ferait pardonner les outrages dont il venait de l'accabler; il s'approcha donc silencieusement de Berthe, puis, entourant sa taille, lui dit :

— Voyons, ma bonne petite Berthe, sois gentille... faisons la paix.

Il est impossible de rendre l'expression de répugnance, de honte, de douleur profonde qui éclata sur les traits de la jeune femme. Elle se dégagea brusquement des bras de M. de Brévannes, se leva et s'écria :

— Ah! monsieur, il me manquait cette dernière insulte... Celle-là, du moins, jamais je ne la supporterai...

Et Berthe se précipita dans sa chambre, dont elle ferma la porte sur elle.

Nous renonçons à peindre la rage de M. de Brévannes et le regard de courroux et de haine dont il poursuivit sa femme.

CHAPITRE VIII

LE RETOUR

L'ancien et immense hôtel Lambert, occupé par le prince et par la princesse de Hansfeld, était situé rue Saint-Louis en l'île; les murs du jardin terminaient le quai d'Anjou : ce quai est séparé de l'Arsenal par les bras de la Seine qui entourent l'île Louviers.

Nous l'avons dit, rien de plus désert que les abords de ce palais. Les curieux peuvent encore visiter ces salles énormes, proportionnées aux splendeurs des existences princières des temps passés.

On ne peut de nos jours contempler sans ressentiments mélancoliques ces vieux hôtels autrefois si peuplés de pages, de gardes, d'écuyers, de gentilshommes, innombrables satellites de ces glorieuses planètes, de ces illustres maisons qui jetaient tant d'éclat sur la France.

Rien de plus triste que de voir ces constructions massives, bâties pour des siècles, tromper si vite l'espoir de ceux qui les avaient fondées pour leurs puissantes races.

Heureusement l'édifice dont nous parlons conservait un peu de sa poésie, grâce à la solitude du quartier désert où il s'élevait. Lorsque les ombres transparentes de la nuit la voilaient à demi, cette antique demeure reprenait la sévère majesté de son caractère monumental.

La nuit, la solitude, le silence ne varient pas avec les siècles; contemporains de tous les âges, ils sont immuables comme l'éternité... Aussi, lorsque l'on contemple ces vieux édifices au milieu de la nuit, du silence et de la solitude, on dirait que rien n'a changé... la distance du présent au passé s'efface...

C'est à peu près au moment où M. de Brévannes sortait de l'Opéra que nous conduirons le lecteur à l'hôtel Lambert.

Des nuages épais et gris, chassés par l'âpre bise du nord, couraient rapidement sur le ciel. En se couchant, la lune argentait les contours fantastiques des nuées. Au-dessus d'elle, çà et là quelques étoiles scintillaient sur le profond et sombre azur du firmament.

La masse irrégulière du vieux palais, avec ses toits aigus, ses cheminées, ses gargouilles bizarres, son fronton massif, se découpait en noir sur la limpidité bleuâtre et nocturne de l'atmosphère; une allée de pins séculaires dressaient leurs pyramides d'un vert sombre au-dessus des murs du jardin qui se prolongeait sur le quai.

Les eaux de la Seine, gonflées par les pluies d'hiver, se brisaient sur la grève, et répondaient, par un triste murmure, aux longs sifflements de la bise du nord.

Le bruit du vent et des grandes eaux troublait seul le silence où était enseveli ce quartier de Paris.

Quatre heures et demie sonnaient dans le lointain à l'Arsenal, lorsqu'un fiacre s'arrêta devant la muraille du jardin.

Une personne coiffée d'un chapeau rond, enveloppée d'un

manteau, descendit de cette voiture, ouvrit une petite porte, et bientôt après, madame de Hansfeld, toujours en domino, sortit à son tour du fiacre et entra dans le jardin.

La princesse parcourut d'un pas rapide la longue allée de pins qui aboutissait à une des ailes de l'hôtel.

De temps à autre les rayons de la lune, glissant à travers le branchage touffu, faisaient une pâle trouée dans les ténèbres qui couvraient cette allée; c'était alors quelque chose de bizarre à voir que la figure de la princesse, passant avec sa robe et son camail noirs au milieu de ces éclaircies de lumière douteuse et blanchâtre.

Les anciennes habitations comme l'hôtel Lambert avaient toujours de mystérieux petits escaliers aboutissant à l'alcôve ou aux cabinets des chambres à coucher. L'habitude d'un grand apparat, les exigences de la représentation et d'une rigoureuse étiquette, le nombre immense de domestiques de tous grades, sans cesse allant et venant pour leurs services variés, laissaient si peu de liberté qu'on était généralement réduit aux expédients nocturnes.

On ne s'étonnera donc pas de voir madame de Hansfeld, en arrivant à l'aile gauche de l'hôtel, ouvrir une petite porte cachée dans un massif d'arbres, et gravir lestement un escalier étroit et rapide qui la conduisit en peu d'instants dans un vaste cabinet qui précédait sa chambre à coucher.

A peine entrée, la princesse se jeta dans un grand fauteuil, comme si elle eût été épuisée de fatigue.

Pendant ce temps, la personne qui l'avait suivie verrouilla la porte de l'escalier secret, se débarrassa de son manteau et de son chapeau d'homme à larges bords.

C'était une femme.

Elle ranima le foyer à demi éteint, alluma deux bougies et entra dans la chambre de madame de Hansfeld pour s'assurer que rien n'avait pu faire soupçonner son absence.

La princesse, après un moment d'abattement, arracha son

masque, se leva brusquement, dénoua la ceinture de son domino, et le foula aux pieds avec colère.

Sous ce premier vêtement elle portait une robe noire à manches courtes, qui laissait voir ses épaules, ses bras et sa taille dignes de la Diane antique.

Sa physionomie hautaine, froide, imperturbable pendant son entretien avec M. de Morville, était alors agitée par la violence des plus furieuses passions.

Ses yeux, un peu creux, étincelaient comme deux diamants noirs. Debout devant la glace de la cheminée, elle semblait vouloir pétrir le marbre du chambranle sous ses mains convulsives. Emportée par le flot de ses tumultueuses pensées, elle ne s'aperçut pas du retour de la personne qui l'avait accompagnée.

L'aspect de cette jeune fille était étrange.

Une couleur chaude, brune comme le bronze florentin, couvrait son teint mat et faisait ressortir la blancheur nacrée du globe de l'œil et le bleu clair de la pupille; ses cheveux châtains, épais, courts, frisés, se séparaient sur son front à la manière des hommes qui, de nos jours, portent leur chevelure très-longue; ses traits, assez réguliers, avaient quelque chose de viril, de résolu; lorsqu'elle entr'ouvrait ses lèvres rouges et charnues, on voyait des dents très-blanches, mais écartées les unes des autres.

Cette jeune fille, presque aussi grande que madame de Hansfeld, était beaucoup plus mince; elle portait une robe noire montante, et une petite cravate de soie serrait autour de son col sa collerette à plis très-fins.

Coiffée d'un chapeau rond, enveloppée d'un long manteau, cette jeune fille avait pu passer pour un homme et accompagner madame de Hansfeld, qui craignait de revenir seule la nuit dans ce quartier désert et de se trouver presque à la merci d'un cocher.

Pendant l'entrevue du bal de l'Opéra, la jeune fille avait

attendu la princesse dans un fiacre et l'avait ensuite ramenée.

Elle s'aperçut de la préoccupation de madame de Hansfeld, et lui dit :

— Marraine, il est bien tard... il faudrait vous coucher...

— Je l'ai vu! il peut me perdre! — s'écria impétueusement la princesse, le visage enflammé de colère, en se retournant vers sa filleule (nous l'appellerons Iris, en nous excusant de cette mythologie).

— Qui donc avez-vous vu, marraine? — dit la jeune fille effrayée de l'exaspération de madame de Hansfeld.

— Charles de Brévannes.

— Il est ici?

— Tout à l'heure... à l'Opéra... je l'ai vu... Oh! c'était bien lui... La présence de cet homme m'annonce quelque nouveau malheur...

— Je ne connais pas cet homme, marraine... je ne sais pourquoi vous le haïssez... mais je le hais parce que vous m'avez dit qu'autrefois il vous avait causé de grands chagrins.

En prononçant ces mots : *Je ne sais pourquoi vous haïssez cet homme,* Iris ne put vaincre un léger tressaillement qui ne fut pas remarqué par madame de Hansfeld.

— Pourquoi je le hais, tu me le demandes! — s'écria la princesse presque avec égarement.

— Je ne vous le demande pas par curiosité, marraine; si vous haïssez... vous voulez vous venger...

— Me venger... oh! oui... Je voudrais une vengeance éclatante, terrible... comme le mal qu'il m'a fait...

— Si je puis vous servir, parlez.

— Toi, pauvre fille?

— Ordonnez, j'obéis; Iris est à vous, c'est votre bien; elle vit par votre vie, elle respire par votre souffle, elle voit par vos yeux, elle veut par votre volonté.

Sans lui répondre, madame de Hansfeld tendit sa belle

main à Iris; celle-ci en approcha ses lèvres rouges et humides avec une expression de respect et de dévouement filial, puis elle se redressa vivement et s'écria :

— Mon Dieu! marraine, votre main est glacée... vous frissonnez... Il faut vous coucher...

— Pas encore... mais écoute... Je ne sais ce que me présage l'arrivée de Charles de Brévannes; de grands malheurs peuvent s'ensuivre... Tes services me seront peut-être plus nécessaires que jamais... Il faut que tu saches... tout... oui... le crime de cet homme... Alors tu comprendras que la vengeance devient aujourd'hui pour moi... une expiation...

Et la princesse s'assit près de la cheminée.

Iris prit un manteau de velours doublé d'hermine et en enveloppa soigneusement sa marraine; car, malgré le feu qui brûlait dans l'âtre, ces pièces immenses devenaient glaciales à la fin des nuits d'hiver.

Madame de Hansfeld resta quelques moments rêveuse avant de parler.

Iris aimait madame de Hansfeld avec une sorte de tendresse à la fois respectueuse, farouche et passionnée.

C'était un de ces attachements aveugles, sauvages, on dirait presque impitoyables, tant ils sont exclusifs.

La princesse croyait s'être à jamais attaché par une profonde reconnaissance cette jeune fille, qu'elle avait presque élevée; elle ne se trompait pas, mais elle ignorait avec quelle violence ce sentiment, absorbant tous les autres, s'était développé dans le cœur de sa filleule.

Celle-ci avait toujours soigneusement caché les accès de jalousie féroce que lui causaient les moindres préférences de sa maîtresse...

Sombre, taciturne, impérieuse avec les autres domestiques de la princesse, Iris était généralement crainte ou détestée à l'hôtel Lambert.

Sa fonction de demoiselle de compagnie lui permettait de

s'isoler complétement et de se vouer à cette idée fixe, absolue, incessante :

Vivre pour sa marraine.

Son chagrin de tous les instants était de ne pas se trouver assez utile, assez nécessaire à madame de Hansfeld, qui, riche, titrée, libre de ses actions, pouvait se passer du secours ou du dévouement de sa filleule...

Alors quelquefois, dans la funeste exagération de son attachement, Iris formait des vœux détestables : elle désirait presque voir sa maîtresse malheureuse pour avoir l'ineffable bonheur de la consoler, de la secourir, de lui consacrer ses jours et ses nuits, pour pouvoir enfin développer dans toute sa puissance le sentiment qui la dominait.

D'après cet aperçu du caractère d'Iris, enfant abandonnée, bohémienne ou Maure, on doit penser qu'elle poursuivait d'une haine amère les ennemis, non-seulement de madame de Hansfeld, mais encore toutes les personnes auxquelles celle-ci témoignait quelque bienveillance. Sa haine augmentait toujours en raison de la vivacité des sentiments qu'on inspirait à sa marraine.

Ainsi, la sachant passionnément éprise de M. de Morville, elle exécrait celui-ci autant... plus même que M. de Brévannes... car elle ressentait une sorte de bizarre reconnaissance envers ceux qui inspiraient de l'aversion à la princesse.

Iris sortait à peine de l'enfance ; elle s'entourait d'une impénétrable dissimulation. Jamais madame de Hansfeld ne l'avait crue capable de cette exaltation sauvage; et cependant cette jeune fille, poursuivant son but avec une inflexible énergie, égarée par une jalousie féroce, avait frappé sa maîtresse dans ses affections les plus chères.

Après un assez long silence, madame de Hansfeld, sortant de sa rêverie, fit signe à Iris de s'approcher d'elle.

Celle-ci, s'agenouillant et s'accroupissant, ainsi que font les Espagnols à l'église, croisa les bras, attacha ses grands yeux clairs, fixes et perçants sur les yeux de madame de Hansfeld avec ce mélange d'intelligence, de soumission et de dévouement particulier à la race canine ; et, de crainte de perdre un mot, un geste, une nuance de la physionomie de sa marraine, dès que celle-ci eut commencé de parler, elle se *suspendit à ses lèvres...* pour nous servir de l'expression consacrée.

CHAPITRE IX

LE RÉCIT

— Tu te souviens qu'il y a deux ans, avant mon mariage, je te laissai à Venise pour aller à Florence avec ma tante Vasari et Gianetta, notre camériste ; tu venais d'être longtemps malade et tu ne pouvais nous accompagner.

— Je m'en souviens... Gianetta m'écrivit quelquefois par votre ordre, afin de me donner de vos nouvelles...

— Cette Gianetta était curieuse, indiscrète, sans fidélité ; je crains de l'avoir trop longtemps gardée à mon service.

— Pendant votre séjour à Florence, elle m'écrivait à peine quelques lignes... pour me dire que vous vous portiez bien... Cette tâche semblait lui coûter, — ajouta Iris avec une assurance incroyable. Elle mentait... Gianetta l'avait au contraire tenue parfaitement au courant de ce qui s'était passé à Florence pendant le voyage de sa marraine.

— Au bout de six mois d'absence, — reprit la princesse, — je revins à Venise.

— Alors vous eûtes cette longue maladie de langueur dont vous avez failli mourir.

— Et pendant laquelle tu m'as donné tant de preuves de dévouement et d'affection, Iris, que de ce moment-là je t'aimai comme une sœur, comme une fille...

Iris prit la main de sa marraine et la porta silencieusement à ses lèvres.

— Ma tante Vasari, — reprit Paula, — se rendait à Florence pour suivre un procès ; elle sortait toute la journée pour solliciter ses juges. Le soir, nous allions à la promenade ; là, je rencontrai plusieurs fois un Français... M. Charles de Brévannes. Bientôt il fut toujours sur mes pas ; ses poursuites devinrent incessantes, obstinées ; alors mon indifférence se changea en aversion.

— Était-il donc fait pour inspirer tant d'éloignement ?

— Que dis-tu ? — s'écria la princesse en regardant Iris avec surprise. Puis elle ajouta : — Tu étais si jeune alors que tu n'auras pas remarqué... Oui, cela était naturel à ton âge... Tu te rappelles mon cousin Raphaël Monti... fils du frère de mon père ?

Iris contracta imperceptiblement ses sourcils et répondit d'une voix brève :

— Oui, à chaque retour de mer il venait passer son congé à Venise... N'est-il pas en Orient ? Avez-vous eu de ses nouvelles ? A notre départ d'Italie, sa mère commençait à s'inquiéter de son absence.

— Il est mort... — dit madame de Hansfeld avec un calme effrayant.

— Raphaël... mort !! — s'écria Iris en feignant l'étonnement.

— Charles de Brévannes l'a tué !!

— Et votre tante ignore...

— Écoute... l'heure est venue de tout te dire... J'avais été, tu le sais, élevée avec Raphaël ; enfant, je l'aimai comme un frère ; jeune fille, comme mon fiancé, ou plutôt ces deux sentiments se fondirent en un seul... Tu étais alors si étourdie que notre amour a dû t'échapper.

— En effet, marraine, maintenant je me souviens de quelques circonstances qui auraient dû m'éclairer. Mais est-ce possible ?... Raphaël mort !... Et quand cela ? où cela ?

4

— Écoute encore : je devais l'épouser à mon retour de Florence... Tu comprends maintenant pourquoi M. de Brévannes m'inspirait tant d'aversion.

— Je comprends...

— Ses poursuites redoublèrent : instruit du sujet de notre séjour à Florence, à force de persévérance, d'adresse, il parvint à se lier avec les personnes qui pouvaient servir ma tante dans son procès, et à prendre tellement d'influence sur elles, qu'il fut bientôt en état de nous être du plus grand secours.

Les voies ainsi préparées, il se fit un jour audacieusement annoncer chez ma tante, sous le prétexte qu'il logeait dans notre hôtellerie. Notre accueil fut glacial ; mais cet homme se montra bientôt si insinuant, si flatteur, il prouva si clairement à ma tante de quelle utilité il pouvait lui être pour le gain de son procès, qu'elle le pria instamment de revenir. En s'en allant, il me jeta un regard significatif... Il n'avait tant fait que pour se rapprocher de moi.

Je fis part à ma tante de mes soupçons ; elle me répondit que j'étais folle... qu'il fallait se servir de la bonne volonté de M. de Brévannes, puisqu'il pouvait nous être si utile... Tu le sais, ma tante avait été très-belle, elle n'avait pas quarante ans. M. de Brévannes s'aperçut un jour qu'elle prenait au sérieux quelques galanteries qu'il lui adressait par plaisanterie. Il redoubla de soins, bientôt elle ne put se passer de lui. Il nous accompagnait partout, à la promenade, au théâtre. Je fis observer à ma tante qu'il était jeune, riche, que cette intimité pouvait me compromettre. Elle me dit alors avec autant de joie que d'orgueil que je m'alarmais à tort. Elle était veuve, libre ; M. de Brévannes lui avait déclaré son amour, et avoué qu'il ne s'était si vivement intéressé à notre procès qu'afin d'avoir accès auprès d'elle. Je voulus faire quelques observations à ma tante ; elle ne me laissa pas achever, se récria avec aigreur sur la vanité des jeunes filles, et me reprocha d'avoir pu croire que M. de Brévannes s'occupait de moi. Il nous voyait chaque jour, envoyait souvent des musiciens sous nos fenêtres, nous offrait des bouquets toujours pareils, disait-il à ma tante, pour ne pas blesser mon amour-propre.

Un jour, me trouvant seule, il me déclara son amour, se faisant un mérite à mes yeux de l'habileté avec laquelle il avait, disait-il, trompé, égaré l'opinion, en paraissant s'occuper de ma tante : sacrifice énorme dont je lui devais savoir gré.

— Et votre tante ne fut pas instruite de l'aveu de Charles de Brévannes ?

— Le soir même, elle sut tout.

— Le voilà démasqué.

— Enfant... tu connais peu la faiblesse et la vanité des femmes !

— Elle ne vous crut pas ?

— Si, d'abord... Ce soir-là, notre porte fut refusée à M. de Brévannes. Il devina tout, écrivit une longue lettre à ma tante... le lendemain il fut reçu plus affectueusement encore que d'habitude. En le quittant, ma tante vint me gronder sévèrement. — Jalouse, me dit-elle, de la passion de M. de Brévannes, je l'avais calomnié, afin de lui faire interdire l'entrée de la maison.

— Malheureuse femme... elle était folle...

— Les choses reprirent leur marche accoutumée... Charles de Brévannes ne me dit plus un mot d'amour, mais il passait des journées entières avec nous... Le 13 avril... oh ! jamais je n'oublierai cette date, ma tante me dit, après déjeuner, que le bruit de la cour de l'hôtellerie l'incommodait, et qu'elle changerait le soir même de logement avec moi. Ma chambre donnait sur la rue et avait un balcon. Ce qui me reste à te dire est affreux... Ce jour-là, nous avions fait une longue promenade en voiture avec M. de Brévannes. Au retour, la veillée s'était prolongée fort tard ; ma tante paraissait préoccupée. Il se retira. Je me couchai.

La princesse devint horriblement pâle, tressaillit, puis continua d'une voix émue :

— Le lendemain, je voulus aller, comme d'habitude, souhaiter le bonjour à ma tante : Gianetta me dit d'un air embarrassé que madame Vasari était souffrante et qu'elle ne pouvait me recevoir.

Au moment où je rentrais chez moi, un inconnu me demanda. Cet homme, sombre, pâle... me remit une lettre... sans me dire un mot... Je ne sais pourquoi un frisson me saisit. J'ouvris cette lettre, elle renfermait un anneau que j'avais donné à Raphaël.

— Et cette lettre, marraine, cette lettre ?

— Elle était de Raphaël mourant.

— De Raphaël ?

— Oui. Elle contenait ces mots, que je crus voir tracés en caractères de sang :

« Je suis à Florence depuis deux jours. Je sais tout. Cette nuit j'ai vu Brévannes descendre de votre balcon... vous avez ensuite fermé la fenêtre. Je me suis battu avec lui... tout à l'heure... cela était convenu. J'ai cherché la mort : il me l'a donnée. Soyez maudite... Osorio vous dira... lorsque vous retournerez à Venise... Cachez à ma mère... Ma vue se... »

— Puis plus rien, — s'écria madame de Hansfeld avec une expression déchirante... rien que quelques caractères sans forme.

— Quel mystère ! — dit Iris en joignant les mains. — Qui avait donc paru à la fenêtre de votre chambre ?...

— Ne t'ai-je pas dit que ma tante avait pris le soir la même chambre que j'occupais encore le matin ? Sans doute Charles de Brévannes en avait obtenu un rendez-vous pour servir ses affreux desseins... tu vas voir comment... Elle est de ma taille, brune comme moi : de là cette fatale méprise de Raphaël.

— Oh ! c'est horrible...

— Après avoir lu cette lettre, j'étais comme folle, je croyais rêver... Osorio m'apprit le reste... Raphaël, à son retour d'un voyage à Constantinople, vint à Venise... Il ne passa qu'un jour dans cette ville... mais, trompé par je ne sais quelle abominable calomnie venue jusque-là de Florence, il partit subitement pour cette ville avec Osorio, auquel il dit : « On m'assure que Paula me trompe indignement; si cela est vrai, je tuerai mon rival ou il me tuera. »

— Mais qui avait ainsi pu vous calomnier à Venise?

— Le sais-je ?... Raphaël n'y avait pas même vu sa mère; tout le monde a ignoré sa courte apparition à Venise; en vain j'ai interrogé Osorio à ce sujet, il est resté muet.

— Cela est étrange...

— Malheureusement il partageait les préventions de Raphaël... Ce que j'avais prévu était arrivé : les assiduités de M. de Brévannes, interprétées par ces infâmes calomnies, m'avaient affreusement compromise. Je passais à Florence pour être sa maîtresse; et lorsque Raphaël s'informa de moi, il n'y eut qu'une voix pour m'accuser. Pourtant, ne voulant pas se fier aux apparences, il était allé trouver loyalement M. de Brévannes, lui avait dit son amour pour moi, lui avait annoncé que nous étions fiancés... ajoutant que souvent les jeunes filles, sans être coupables, étaient légères, inconsidérées... le monde méchant; il supplia M. de Brévannes, au nom de l'honneur, de ne pas cacher la vérité; quelle qu'elle fût, il le croirait.

— Et Charles de Brévannes ?...

— Loin d'être touché de ce langage, il traita Raphaël avec hauteur et lui dit :

« Puisque vous épiez Paula Monti depuis deux jours, vous devez savoir où est sa chambre. — Je le sais ; sans qu'elle me vît, ce matin même je l'ai aperçue à son balcon. — Eh bien, trouvez-vous cette nuit, à trois heures du matin, devant ce balcon, vous aurez ma réponse. » Tu sais le reste... Brévannes dit alors insolemment à Raphaël : « Êtes-vous satisfait ? »

4.

Dans sa rage, Raphaël le frappa au visage; un duel s'ensuivit au point du jour, il succomba... Son dernier vœu fut de cacher sa mort à sa mère. Il préférait la laisser dans l'incertitude où l'on demeure souvent de longues années au sujet du sort des marins, que de lui faire savoir que ma trahison l'avait tué. Voilà ce que m'apprit Osorio. Cette funeste mission terminée, il repartit sans vouloir entendre un mot de mes protestations... J'ai entendu dire depuis qu'il était mort en Orient... Et la mère de Raphaël attend toujours son fils... et il est mort en me maudissant... mort en m'appelant et me croyant infâme et parjure... mort... tué par Charles de Brévannes, calomniateur et meurtrier!

— Oh! c'est affreux... Et votre tante Vasari?...

Après un instant de silence pendant lequel la princesse paraissait être sous le poids d'un souvenir pénible, elle reprit ainsi:

— Les lois sur le duel étaient d'une sévérité extrême: Charles de Brévannes partit le jour même; Raphaël était inconnu à Florence; ni Osorio ni le témoin de M. de Brévannes ne reparurent... Personne ne put donc trahir ce malheureux secret. Ma tante fut d'autant plus inconsolable du brusque départ de Charles de Brévannes que, son appui lui manquant, elle perdit son procès et fut complétement ruinée. Nous revînmes à Venise, où je tombai malade.

— Et un an après vous étiez princesse de Hansfeld.

— Oui, pour sauver ma famille d'une horrible infortune, je me résignai à ce mariage, qui aurait dû me paraître inespéré... Grâce à la bonté, aux soins et à la délicatesse du prince, j'entrevoyais déjà des jours plus heureux; à la reconnaissance allait peut-être succéder un sentiment plus doux... lorsque tout à coup M. de Hansfeld... frappé de je ne sais quel vertige, oubliant sa bonté, sa douceur accoutumée... enfin,

— reprit madame de Hansfeld avec un profond soupir, — commença la vie atroce que je mène... Quelquefois je me demande comment ma raison a pu supporter des chocs si violents sans s'ébranler. La crainte, la stupeur que me cause la conduite bizarre, effrayante du prince, me poursuivent jusque dans le monde où je vais parfois chercher, non des distractions, mais de l'étourdissement. Il y a six mois, je traînais cette vie misérable... en apparence si splendide, si heureuse, lorsque par hasard je rencontrai M. de Morville ; je le remarquai, parce que j'entendis vanter la fidélité qu'il avait vouée comme moi à un souvenir adoré... Partout on parlait de son dévouement, de sa délicatesse... et surtout de sa tendre constance pour une femme dont il avait été forcé de se séparer... Attristé par son amour, pieusement dévoué à sa mère souffrante, il sortait peu... Il demeurait près de nous, rue Saint-Guillaume. Un jour, je trouvai une lettre sur le banc d'une partie réservée de notre jardin... Sans pouvoir comprendre par quel moyen cette lettre se trouvait là, mon premier mouvement, tu le sais, fut de croire qu'elle venait de lui. Et je m'en assurai en restant, le lendemain, toute une journée cachée dans un massif, et le soir je vis tomber une autre lettre lancée d'une petite fenêtre cachée par un lierre.

M. de Morville semblait deviner les pensées qui m'agitaient : gaies, si j'étais gaie ; tristes, si j'étais triste ; sombres et désolées, si j'étais sombre et désolée, ses lettres semblaient l'écho de mes impressions les plus fugitives.

— Comment les devinait-il ?

— En m'observant... il lisait sur mon visage la disposition de mon esprit.

— Il vous aimait bien... — dit Iris d'une voix profondément altérée.

— Tu le vois... Comme moi, M. de Morville regrettait un amour passé... et, chose étrange, fatale !... nos regrets communs ont servi pour ainsi dire de lien entre cet amour passé et notre amour nouveau.

— Vous pouvez aimer... Le prince vous a rendu votre liberté...

— Je le sais... je le sais... mais souvent aussi il est revenu sur ces dures paroles... Que de fois il a passé de la cruauté la plus froide, la plus dédaigneuse, la plus écrasante, à des paroles de tendresse adorable... Mais qu'importe maintenant... ses cruautés et ses tendresses me trouvent insensible... mon amour me donne le courage de les braver... Mon amour!... et pourtant ma conscience me reproche d'oublier Raphaël!!! Depuis que j'ai revu M. de Brévannes, il me semble qu'en redoublant de haine contre ce... meurtrier... je cherche à expier mon inconstance; il me semble enfin que si j'obtenais une vengeance éclatante de cet homme, mon nouvel amour me serait pardonné... Et encore... malheur à moi!... ce nouvel amour a-t-il besoin d'être pardonné?... une barrière insurmontable me sépare à jamais de M. de Morville...

— Une barrière insurmontable? — dit Iris.

— Oui... je ne sais quelle fatalité me poursuit... mon âme commençait à renaître; l'avenir le plus doux, le plus enchanteur s'ouvrait à moi; je me croyais sûre de l'amour de M. de Morville... J'étais parvenue à me lier avec madame de Lormoy, une de ses parentes; il avait demandé à m'être présenté... lorsque tout à coup il paraît me vouer l'aversion la plus profonde, il évite de me rencontrer avec une persistance si blessante, que je me suis décidée à cette démarche d'aujourd'hui.

— Et le motif de sa haine, marraine?

— Oh! ce n'est pas de la haine... il m'aime, mon enfant; il m'aime aussi passionnément que je l'aime... quoique je lui aie caché ce sentiment. Mais, je te le répète... un obstacle insurmontable... nous sépare à jamais... Te dire ce que j'ai souffert à cette révélation, la force qu'il m'a fallu pour me contraindre... ce serait impossible... Eh bien! pourtant, j'aurais accepté cette position presque avec bonheur, sans cet infernal Brévannes.

— Comment cela?

— Consacrée tout entière à cet amour triste et pur, je

n'aurais jamais revu M. de Morville, mais au moins j'aurais su qu'il m'aimait... autant que je l'aimais... L'humanité est si fantasque, que les raisons qui s'opposaient à ce que cet amour fût heureux en auraient peut-être assuré la durée; mais si M. de Brévannes parle... malheur... malheur à moi !... le mépris succède à l'adoration dans le cœur de M. de Morville... Cet homme si franc, si loyal, n'aura pas assez de dédain pour m'accabler... Méprisée par lui... Ah ! je sais ce que j'ai souffert... lorsque je l'ai cru possesseur de ce fatal secret... Et songer que Brévannes peut me porter ce coup affreux en répandant de nouveau la calomnie infâme qui a causé la mort de Raphaël; oh! c'est à en devenir folle !...

— De tout cela, marraine, il résulte deux choses... Il faut connaître le mystère qui force Morville à vous fuir... il faut réduire Charles de Brévannes au silence...

— Oui, il le faudrait ; mais comment faire, hélas !... Oh! je suis bien malheureuse !...

— Iris n'est rien pour vous ? — dit la jeune fille avec une farouche amertume.

La princesse en fut frappée et lui répondit avec bonté :

— Si, mon enfant; je puis tout te dire, à toi... cela me soulage...

A ce moment un bruit grave, sonore, puissant, plein de suave harmonie, mais affaibli par la distance, arriva aux oreilles des deux femmes.

C'était le son d'un orgue dont on touchait avec un rare talent et une expression mélancolique.

A ce son la princesse tressaillit et s'écria :

— Oh ! c'est lui... il veille encore... Tiens, maintenant ma tête est si faible, que le bruit de cet orgue me semble effrayant, surnaturel... ce ne sont plus les sons de cet instrument que j'entends, mais les voix mystérieuses d'un monde invisible, répondant au prince qui les interroge...Oh! grâce!... grâce!... cela m'épouvante !..

Par un hasard singulier, et comme si le vœu de la princesse eût été entendu, le chant de l'orgue expira lentement dans le silence de la nuit, en s'exhalant comme une plainte...

— Cet entretien m'a abattue, je frissonne, — dit Paula.

— Il faut vous coucher, marraine.

Après avoir présidé au coucher de madame de Hansfeld avec la plus grande sollicitude et baisé respectueusement sa main, Iris ferma la porte de la chambre de sa marraine, plaça en travers un divan qui, découvert, formait un lit, et, après avoir verrouillé l'entrée de l'escalier secret, s'endormit profondément.

CHAPITRE X

LE PRINCE DE HANSFELD

Une pièce immense, occupant une aile de l'hôtel Lambert, formait à elle seule l'appartement d'Arnold de Glustein, prince de Hansfeld, personnage mystérieux dont l'existence prêtait à de si étranges commentaires.

L'aspect de cette galerie suffisait de reste pour justifier tant d'accusations d'originalité. Nous y conduirons le lecteur, un peu après le moment où les sons de l'orgue avaient cessé, au grand plaisir de la princesse... c'est-à-dire alors que la pâle clarté d'un jour d'hiver commençait à dissiper la brume du matin...

Qu'on se figure une salle longue de cent pieds environ, un plafond rayé de solives saillantes, autrefois peintes et dorées, ainsi que les caissons qui les séparaient. Par un caprice du prince, toutes les fenêtres avaient été bouchées, sauf une haute, longue et étroite ogive, garnie de vitraux de couleurs, et placée à l'extrémité de la galerie. Le jour, pénétrant par cette étroite ouverture, produisait un effet bizarre, car il luttait contre la clarté des six bougies d'un petit lustre de cuivre rouge gothique, suspendu à l'une des poutrelles du plafond par un cordon de soie, très-près du vitrail.

Grâce à ce mode d'éclairage, dont le foyer, factice ou naturel, se concentrait en cet endroit, qu'il fît nuit ou qu'il fît jour, la lumière, d'abord rassemblée dans la partie avoisinante de la croisée, s'amoindrissait de telle sorte, que le premier tiers de la galerie se trouvait dans un clair-obscur assez lumineux, mais que le reste de cette salle immense se perdait dans l'ombre.

Rien de plus étrange que la décroissance successive de cette lumière qui, d'autant plus vive qu'elle était d'abord filtrée par une haute fenêtre, s'éteignait insensiblement dans de profondes ténèbres. La coloration des divers objets qu'elle frappait, participant aussi de cet affaiblissement gradué, semblait prendre des formes étranges.

Ainsi, vers l'extrémité de la galerie où venait mourir la lumière, ces dernières lueurs s'accrochant aux reliefs de quelques armures d'acier damasquinées, de rares étincelles de lumière scintillaient çà et là dans l'obscurité.

Presque à côté de l'unique petite porte qui communiquait à cette galerie, dans un coin sombre, on distinguait une forme blanchâtre. C'était un squelette bizarrement accoutré : sur son crâne il portait une mitre épiscopale, il s'appuyait d'une main sur un glaive du plus beau temps de la renaissance; de l'autre main il tenait un luth d'ivoire à sept cordes, dont la base reposait sur la rotule; par un caprice bizarre, une couronne de roses (rareté pour la saison) d'une fraîcheur et d'un parfum adorables surmontait ce luth; un manteau de drap blanc, constellé de X et de M entrelacés, brodés en rouge, se drapait en plis majestueux sur la cage obscure de la poitrine du squelette, et ne laissait voir que l'extrémité du tibia et du pied droit. Ce pied, d'une petitesse remarquable, était (amère dérision!) chaussé d'un soulier de satin blanc, dont les cothurnes de soie flottaient en longue rosette sur l'os de la jambe, poli comme l'ivoire.

Si l'œil, s'habituant aux ténèbres, pouvait percevoir certains détails, on remarquait sur ces cothurnes de soie et sur ce soulier de satin quelques taches d'un brun rougeâtre... que l'on reconnaissait facilement pour des traces de sang.

Ce singulier *objet de curiosité* était posé sur un socle d'ébène merveilleusement rehaussé de bas-reliefs et d'incrustations d'argent et d'ivoire.

Par un étrange contraste, car là tout était contraste, les ornements de ce piédestal ne participaient en rien de la tristesse de l'*ossuaire* qu'il supportait; tout ce que l'art florentin du quinzième siècle a de plus gracieux, de plus pur et de plus charmant, semblait revivre dans ce délicieux ouvrage, véritable chef-d'œuvre de ciselure et de sculpture. Néanmoins ces ornements enchanteurs n'étaient pas absolument étrangers au lugubre objet dont ils décoraient la base; la figure du squelette, s'appuyant d'une main sur une épée nue, de l'autre sur une lyre, et portant une mitre épiscopale en tête et un soulier de femme au pied; cette figure, disons-nous, se retrouvait partout au milieu des plus charmantes combinaisons artistiques.

Ainsi, des amours supportés par ces fabuleux oiseaux de la renaissance, qui tenaient de l'aigle par la tête, par les ailes, et de la sirène par les capricieux enroulements de leur queue, semblaient enlever dans leurs petits bras cette lugubre image.

Ailleurs, des nymphes, dont les poses remplies d'une élégance à la fois chaste et voluptueuse eussent été avouées par les Grecs, se jouaient sous l'attique d'une salle du plus beau style, en s'occupant des apprêts de la toilette du fantôme; l'une portait le glaive, l'autre la lyre, celle-ci la mitre.

Dans un coin de cet admirable bas-relief, deux ravissantes nymphes, tenant chacune un des cothurnes du soulier, le balançaient entre elles, tandis qu'un petit amour, niché dans l'intérieur de cette chaussure de Cendrillon, s'en servait comme d'une escarpolette...

Pendant ces apprêts, la sinistre figure à démi couchée sur

un lit grec à draperies traînantes, accoudée sur son bras gauche, regardait en souriant (comme une tête de mort peut sourire) les folâtres jeux des nymphes, tandis que de ses phalanges osseuses elle effeuillait un bouquet de roses que lui présentait un groupe d'adorables enfants.

Un petit trépied de vermeil d'un travail exquis, placé auprès de ce socle, pouvait à la fois servir de lampe et de cassolette à parfums.

Si les autres objets qui meublaient la galerie n'offraient pas cette bizarre alliance des sujets les plus funèbres et des idées les plus riantes, ils n'en étaient pas moins singuliers et remarquables, les uns par leur rareté, les autres par les incroyables mutilations qu'ils avaient subies.

Un tableau, placé dans une des zones de la galerie où n'arrivait qu'un demi-jour, représentait une femme d'une beauté rare; à la fraîcheur du coloris, à la transparence voilée du clair-obscur, à la grâce divine du dessin, à la suavité de la touche, on reconnaissait la main inimitable de Léonard de Vinci... Mais, hélas! au lieu de ce regard fluide, transparent, auquel le peintre avait sans doute donné la vie, les yeux, barbarement, outrageusement crevés, dardaient deux lames de stylets, fines, aiguës, étincelantes.

Était-ce une triste et sauvage raillerie de ce vieux dicton mythologique : *Les yeux de la beauté lancent des traits mortels?*

On ne pouvait voir sans indignation cet outrage à l'un des chefs-d'œuvre de l'art, et pourtant, un peu plus loin, on admirait une sorte de petit monument de marbre blanc aux ornements empruntés aux mythologies païenne et chrétienne.

Dans un cartouche supporté par des amours et par des anges, on lisait en lettres d'or : *Phidias, Raphaël*; puis au bas une sorte de prie-Dieu (qu'on pardonne cette profanation de l'adoration due au seul Créateur en faveur de la créature) dont le coussin de velours usé prouvait un fréquent usage, comme si quelque fervent et religieux admirateur de ces deux génies immortels venait souvent leur demander à genoux de hautes inspirations, ou les remercier des ineffables jouissances que la science du beau donne à l'homme.

En effet, des gravures ou des copies des plus beaux cartons de Raphaël, placées tout auprès de quelques fragments des bas-reliefs du Parthénon, choisis avec un goût excellent, annonçaient un amour et un sentiment de l'art qui semblaient incompatibles avec la barbarie des mutilations dont nous avons parlé.

A mesure que l'on se rapprochait de la zone la plus lumineuse de cette galerie, étrange retraite du prince de Hansfeld, les objets changeaient aussi de caractère... Plus ils devaient être éclairés, plus ils augmentaient de splendeur.

Ainsi, près de la fenêtre, on voyait une rare collection d'armes indiennes et orientales, des sabres d'argent incrustés de corail, des poignards au fourreau de velours rouge brodé d'or, à la poignée enrichie de pierres précieuses; le bleuâtre acier de Damas se recourbait sous sa garde d'or étincelante de rubis et d'émeraudes; des boucliers indiens aux reliefs de vermeil étaient constellés de pierreries.

Près de la fenêtre, c'était un fourmillement lumineux, coloré, scintillant, éblouissant, auquel la lumière prismatique des vitraux donnait encore des tons plus chauds et plus riches; il est impossible de nombrer les curieux objets d'orfévrerie émaillés, ciselés, entassés sur des étagères de nacre qui avoisinaient la fenêtre.

A voir tomber de la haute fenêtre cette éblouissante cascade de lumière irisée par les lueurs chatoyantes des objets qui la reflétaient, on eût dit une de ces nappes d'eau que le soleil colore de toutes les nuances du prisme.

Cette comparaison semblait d'autant plus vraie que, immédiatement au-dessous de la croisée, et occupant toute la largeur de sa baie, on voyait un grand buffet d'orgue : deux figures d'anges de trois pieds de haut, sculptées en ivoire, supportaient le clavier de l'instrument, de même matière; le reste du buffet, dont le sommet atteignait l'appui de la fenêtre, se composait de panneaux gothiques, aussi d'ivoire; travaillés à jour comme une dentelle, ils n'altéraient en rien la sonorité de l'instrument; quatre sveltes cariatides d'argent, émaillées de couronnes d'or, ornées de pierreries, comme des ostensoirs, séparaient ces légers panneaux, et supportaient une frise en pierres dures, représentant une guirlande de feuilles, de fleurs et de fruits... cerises de cornaline, prunes d'améthyste, abricots de topaze, bluets de lapis, feuilles de malachite, jacinthes d'aigues-marines, luttaient d'éclat et de vérité relative.

Cet orgue, de dix pieds de haut et de cinq pieds de large, remplissait le soubassement de la longue fenêtre à vitraux coloriés, percée à l'une des extrémités de la galerie.

L'espace qui restait de chaque côté de cette fenêtre pour atteindre les parois latérales de la galerie, était rempli, encombré des innombrables richesses dont nous avons parlé.

Le prince de Hansfeld était assis devant cet orgue d'ivoire; il portait une longue tunique de laine noire serrée autour de sa taille; une sorte de berret de velours de même couleur laissait échapper de longues mèches de cheveux blonds qui tombaient en profusion sur ses épaules un peu courbées.

Ses larges manches étaient presque relevées jusqu'au coude par la position que prenaient ses mains en parcourant le clavier. Ses bras amaigris, ses mains fluettes, effilées, étaient d'une blancheur de marbre; mais les ongles longs, durs, polis comme des agates, n'avaient pas cette nuance rose, signe certain de la santé; ils étaient cerclés d'un pâle azur; la position de la tête un peu repliée en arrière annonçait que le prince de Hansfeld avait les yeux levés au plafond.

Après s'être interrompu un moment, il recommença à jouer de l'orgue, mais *pianissimo*.

Était-ce la qualité supérieure de cet admirable instrument, était-ce la puissance du talent de l'exécutant? jamais orgue n'exhala des sons à la fois plus suaves, plus sonores, plus mélancoliques, d'une tristesse, si cela peut se dire, plus passionnée!

Il serait impossible de deviner quel était le motif de ces chants d'une expression à la fois plaintive comme un soupir... ineffable comme le sourire d'une mère à son enfant... harmonie vague, indécise, capricieuse comme la pensée qui, flottant au milieu des nuages d'une imagination attristée, aperçoit quelquefois l'azur d'un ciel pur, éclairci, serein...

Le cœur le plus bronzé se fût amolli, détendu à ces mélodies pénétrantes, douces comme une rosée de larmes.

Au milieu du silence de la nuit, les sons déjà si graves de l'orgue augmentaient encore de solennité; ils montaient au ciel... comme l'encens...

Il y avait surtout une phrase d'une pureté charmante qui revenait souvent et comme par intermittence dans le chant de l'orgue.

Pour rendre les idées qu'éveillait cette phrase enchanteresse, jouée sur les notes les plus élevées, les plus *cristallines* de l'instrument, il faudrait évoquer les idéalités les plus riantes, les plus jeunes, les plus fraîches...

Tout ce qu'il y a de perles humides sur la mousse et de lueurs roses dans l'aube d'un beau jour de printemps...

Tout ce qu'il y a de mystère, de rêverie dans les clartés argentines de la lune, lorsqu'au milieu d'une tiède nuit d'été elles se jouent dans la pénombre des grands bois qui semblent frissonner amoureusement aux solitaires accents du rossignol...

Tout ce qu'il y a de bonheur, de joie candide, d'espérance ingénue dans le doux refrain d'une jeune fille de seize ans qui chante, parce qu'elle se sent heureuse en regardant sa mère et en voyant le soleil dorer la cime des arbres au moment où les fleurs redressent leur calice embaumé...

Tout ce qu'il y a enfin de doux, de grave, d'élevé dans la

contemplation où nous plonge souvent l'incommensurable scintillation des astres qui décrivent leur cours dans l'immensité...

Oui, à peine cette évocation de riantes poésies donnerait-elle une idée de la mélodie pleine de grâce et de sérénité qui, à d'assez longs intervalles, revenait se dessiner, pour ainsi dire, rose, lumineuse et sereine, sur la couleur sombre du morceau que jouait le prince...

Quant à ce morceau, que l'on pourrait considérer comme l'expression constante du caractère d'Arnold de Hansfeld, c'était l'idéalisation de la rêverie allemande, ou la douce fantaisie de Mignon, non celle qui fait éclore de gracieux mirages, mais celle qui, dans sa noire tristesse, évoque le pâle fantôme de Lénore.

La tristesse d'Arnold était caractéristique en cela qu'elle était résignée, mais non pas amère et irritée.

Il semblait se complaire à moduler avec amour la phrase musicale dont nous avons parlé, comme on s'abandonne à un souvenir chéri de sa jeunesse.

Le tintement aigu, strident et prolongé d'un timbre le fit tressaillir douloureusement.

A ce bruit aigre, il interrompit de nouveau son chant... Les dernières vibrations de l'orgue s'exhalèrent dans la vaste galerie comme un long soupir.

Arnold inclina avec accablement sa tête sur sa poitrine; ses mains blanches et effilées, se détachant du clavier, retombèrent inertes sur ses genoux. Sa taille mince et frêle se courba, la force factice, fiévreuse, qui l'avait jusqu'alors soutenu, l'abandonna; il s'affaissa sur lui-même...

Les premières lueurs d'une matinée d'hiver, se joignant à la clarté des bougies du lustre gothique, formaient une lumière fausse, lugubre comme celle des cierges qui brûlent pendant le jour autour d'un lit mortuaire; cette lumière tombait d'aplomb sur le front et sur la saillie des joues d'Arnold, car il avait la tête inclinée sur sa poitrine.

A travers ses longs cils baissés, on aurait pu voir la prunelle immobile perdre l'humide éclat de son bleu limpide, et devenir fixe, presque terne.

Ses doigts se roidirent par l'intensité du froid; car depuis longtemps le feu était éteint dans la vaste cheminée....

A ce moment, le tintement du timbre retentit de nouveau... et par deux fois.

Le prince sembla sortir d'un sommeil léthargique, se leva péniblement et alla au fond de la galerie, dans laquelle on ne pouvait entrer que par une petite porte épaisse et bardée de fer.

Arnold ouvrit à moitié et d'un air soupçonneux un guichet pratiqué dans cette porte, et dit d'une voix faible :

— C'est vous, Frank?

— Oui, Arnold... voici le jour... Tiens... prends la cassette, mon cher enfant, — répondit une autre voix un peu cassée.

— C'est bien vous... Frank? — répéta le prince.

— Par tous les saints, qui veux-tu que ce soit, sinon le vieux Frank?... Ouvre la porte... tu me verras en pied...

— Oh! non, non, pas aujourd'hui...

— Calme-toi... mon cher enfant... tu as tes vapeurs... je le sais... Mais prends donc la cassette... j'ai acheté le pain d'un côté... les fruits de l'autre...

Le prince allongea la main, et prit avidement une petite caisse de bois d'acajou cerclée d'acier qu'on lui passa par le guichet...

— Bonne nuit... ou plutôt bonjour, Arnold.

— Adieu, Frank...

Et le guichet se referma.

Non loin de la porte était un lit composé de deux épaisses et soyeuses peaux d'ours étendues sur un vaste divan. Arnold s'assit sur ce lit et mit la cassette sur une petite table d'ébène d'un curieux travail où était déposée une paire de pistolets chargés.

Il prit une clef sur cette table et ouvrit la cassette; elle contenait un petit pain sortant du four et quelques fruits d'hiver.

Le prince regarda ces comestibles dignes d'un anachorète avec une sorte de défiance, ses soupçons luttaient contre son appétit; pourtant il cassa le pain en deux morceaux, et après avoir longtemps examiné, flairé, il le porta enfin à ses lèvres...

Mais tout à coup il le jeta loin de lui avec épouvante...

Alors, cachant sa figure dans ses mains, Arnold de Hansfeld se renversa sur son lit en pleurant avec amertume.

CHAPITRE XI

LE PÈRE ET LA FILLE

Berthe de Brévannes allait ordinairement passer chez Pierre Raimond, son père, les matinées du dimanche et du jeudi. Il demeurait toujours île Saint-Louis, rue Poultier, près de l'hôtel Lambert, habité par le prince de Hansfeld.

Depuis le retour de sa fille à Paris, le vieux graveur ne l'avait pas revue; mais, prévenu de son arrivée, il l'attendait le dimanche matin, car les différentes scènes que nous venons de raconter s'étaient passées dans la nuit du samedi.

Pierre Raimond, tout heureux de cette visite, tâchait, selon sa coutume, de donner un air de fête à son pauvre logis, composé d'une petite cuisine et de deux chambres situées au quatrième étage.

Des fenêtres on dominait le quai, la Seine; à l'horizon s'élevaient les massifs d'arbres du jardin des Plantes, et plus loin encore le dôme du Panthéon.

La chambre autrefois occupée par Berthe était pour le graveur l'objet d'une sorte de culte. Rien n'y avait été changé; on y voyait encore le petit lit de bois peint en gris, les rideaux de coton blanc, l'antique commode de noyer qui avait appartenu à madame Raimond, un vieux et mauvais piano en merisier où Berthe avait étudié et appris son art; enfin, sous verre et renfermées dans un cadre, les couronnes que la jeune fille avait remportées au Conservatoire.

Pierre Raimond avait soixante-dix ans; sa grande taille était courbée par l'âge; son crâne chauve, sa barbe blanche, qu'il ne rasait plus depuis plusieurs années, ajoutaient encore à l'austérité de ses traits; ses paupières toujours à demi baissées témoignaient du mauvais état de sa vue affaiblie par l'excès du travail; cette infirmité, jointe à un léger tremblement nerveux, suite d'une longue maladie, l'avait obligé de renoncer à la gravure de la musique, et à accepter, malgré sa répugnance, une pension de douze cents francs de M. de Brévannes.

La chambre de Pierre Raimond, qui lui servait autrefois d'atelier, était d'une scrupuleuse propreté. Au-dessus de la fenêtre on voyait son établi de graveur, ses burins depuis longtemps abandonnés, et quelques planches préparées pour la gravure de la musique; une couchette de fer, une table, quatre chaises de noyer, composaient cet ameublement d'une simplicité stoïque.

Un vieux sabre d'honneur, gagné par Pierre Raimond, ancien volontaire des armées de la république, ornait son alcôve. Au-dessous de ce sabre était encadré un exemplaire de ce fameux appel fait par la Convention au peuple lors de l'assassinat des envoyés français:

Le neuf floréal de l'an sept,
A neuf heures du soir,
Le gouvernement autrichien a fait assassiner les ministres
de la république française : Bonnier, Roberjot et Jean
Debry, chargés par le Directoire exécutif
de négocier la paix de Rastadt.

LEUR SANG FUME... IL DEMANDE... IL OBTIENDRA VENGEANCE!

Pierre Raimond conservait religieusement ce curieux spécimen de la farouche éloquence de cette époque sanglante, terrible, mais non pas sans gloire. Il est inutile de dire que le graveur était resté fidèle à l'utopie républicaine dans ce qu'elle avait de généreux, de patriotique.

Probe et rude, juste et loyal, on ne pouvait reprocher à Pierre Raimond que des idées trop absolues sur les différences morales qui existaient, selon lui, entre les riches et les pauvres. S'il poussait jusqu'à l'exagération l'orgueil de la pauvreté, il faisait excuser ce travers par le plus noble désintéressement.

Ainsi, pouvant épouser la fille d'un riche éditeur de gravures, il avait refusé, parce qu'il aimait la mère de Berthe, aussi pauvre que lui.

Après trente ans de travail et d'économie, il était parvenu à amasser vingt-cinq mille francs qu'il destinait à sa fille. Un notaire banqueroutier lui vola cette somme; il redoubla de labeur, afin de donner au moins à sa fille, très jeune encore, une profession qui la mît à l'abri du besoin.

On pense avec quelle inquiétude Pierre Raimond attendait Berthe.

Enfin une voiture s'arrêta sur le quai; il entendit dans l'escalier un pas léger, rapide et bien connu.

Quelques secondes après, Berthe embrassait son père.

— Enfin... te voilà, te voilà, — répétait le vieillard d'une voix émue, en serrant sa fille dans ses bras.

— Mon bon père!... — disait Berthe en pleurant.

Pierre Raimond débarrassa lui-même la jeune femme de son chapeau, de son manteau, qu'il porta sur son lit; puis, la faisant asseoir dans son fauteuil, au coin du feu, il prit ses mains qui étaient froides.

— Pauvre petite... tu es glacée... réchauffe-toi...

— Père... tu gâtes toujours ton enfant...

Sans lui répondre, le vieillard la regardait avec bonheur.

— Te voilà donc... Depuis six mois... six mois!...

— Pauvre père... le temps t'a bien duré...

— Mais tu étais heureuse?...

— Oui, oh! oui...

— Bien heureuse?...

— Comme toujours...

— Jusqu'à présent ton bonheur a fait mon courage... Ainsi, ton mari... est pour toi toujours bon, prévenant, dévoué?...

— Sans doute...

— Et pendant ton séjour en Lorraine?... Ces six grands mois passés dans le tête-à-tête ont été plus doux encore pour toi, s'il est possible, que le temps de ton séjour à Paris?

— Oui, mon père.

— Tu es toujours fière d'être sa femme?

— Toujours... Mais pourquoi ces questions?

— Brévannes est enfin tel que tu l'avais jugé lorsque tu m'as déclaré que tu n'épouserais que lui?

— Oui, certainement, — répondit Berthe de plus en plus étonnée des paroles de son père, paroles qui prouvent du moins qu'elle lui avait soigneusement caché ses chagrins.

— C'est toujours enfin l'homme digne d'inspirer la passion dont tu serais morte, malheureuse enfant, si j'avais persisté dans mes refus?...

— Oui, mon père... Charles n'a pas changé.

— Dieu soit loué! Eh bien, je l'avoue... je me suis trompé...

— Trompé?... Et sur qui, bon père?

— Tu ne sais pas pourquoi, cette année, j'attendais ton retour avec plus d'impatience encore que les autres années?

— Mon Dieu, non.

— Tu ne sais pas pourquoi je suis doublement ravi de te voir aujourd'hui?

— Explique-toi donc... Mais, mon Dieu! tu pleures... tu pleures!

— Et tu ne sais pas pourquoi je pleure... mais c'est de joie, vois-tu... oh! bien de joie.

— Oh! tant mieux!

— Mon enfant... l'épreuve a assez duré.

— Quelle épreuve?

— Je souffrais tant ! vieux, infirme, réduit à passer mes jours seul... moi qui depuis ta naissance n'avais pas manqué de t'embrasser le matin et le soir... j'avais reporté sur toi la tendresse que j'avais pour ta mère... Quelle amertume d'être condamné à ne te voir que quelques heures par semaine et à ne pas te voir pendant des mois entiers !

— Bon père... je souffrais bien aussi...

— Ce n'est pas tout encore : le temps que tu as passé ici pendant que ton mari était en Italie m'avait rendu notre nouvelle séparation plus pénible encore ; c'était te perdre une seconde fois.

— Mais, mon père...

— Je sais ce que tu vas me dire... Aux premiers jours de ton mariage, Brévannes m'avait offert un petit appartement dans sa maison... bien souvent depuis tu étais revenue sur cette proposition... je t'avais constamment refusée...

— Hélas ! oui.

— C'est que, vois-tu, je doutais de Brévannes ; je doutais de la durée de cet amour, d'abord si violent... Je n'aurais pu être tranquille spectateur de tes chagrins ; ma défiance même aurait troublé ton ménage. Je me suis donc imposé un rigoureux devoir... je me suis dit : J'attendrai... Berthe ne m'a jamais menti... Si, après quatre années de mariage, elle est aussi heureuse qu'elle le dit, je verrai là une garantie certaine pour l'avenir et une preuve de la bonté du cœur de Brévannes. Ce moment est arrivé. Ton mari est digne de toi ; aujourd'hui je lui dirai : J'ai douté de vous, j'ai eu tort... je vous en demande pardon... Maintenant j'ai foi et confiance en vous... j'accepte l'offre que vous m'avez faite... je ne vous quitterai plus, ni vous ni Berthe.

— Tu dis, père ? — s'écria Berthe.

— Je dis, mon enfant chérie, que je n'ai plus assez d'années à vivre pour les passer loin de toi... Ma foi, je me laisse être heureux tout à mon aise ; ton mari, toi et moi, nous ne nous quitterons plus... désormais.

Berthe se jeta en pleurant au cou du vieillard.

Il se méprit sur ce mouvement, sur ces larmes, et pressa tendrement la jeune femme dans ses bras.

— Allons, allons, folle... qu'adviendra-t-il donc des chagrins si la joie t'agite et t'éplore à ce point?... Entre nous, — ajouta Pierre Raimond en souriant, — je fais le brave, le Brutus, et je suis aussi ému que toi... en pensant que je ne te quitterai plus.

Il passa sa main tremblante sur ses yeux humides.

La position de Berthe était cruelle.

M. de Brévannes, non content d'avoir comblé la mesure de ses torts envers elle, venait encore de lui reprocher durement la modique pension qu'il faisait à son père. A ce moment même, Pierre Raimond, abusé par les généreux mensonges de sa fille, s'apprêtait à aller vivre chez M. de Brévannes dans la plus complète intimité.

Berthe avait pu jusqu'alors dissimuler à son père ses chagrins croissants, attribuer sa tristesse à ses regrets de vivre éloignée de lui ; mais les espérances de Pierre Raimond contrastaient tellement avec la scène cruelle qui s'était passée la veille entre Berthe et M. de Brévannes, que la jeune femme resta frappée de stupeur, presque de crainte.

Au lieu d'accueillir la résolution de son père avec la joie la plus vive, par un mouvement involontaire elle se jeta en pleurant dans ses bras.

Pierre Raimond connaissait le cœur de sa fille ; il attribua d'abord ses pleurs à la joie, à une surprise inespérée ; mais ces larmes se changèrent en sanglots. Berthe reposa sa tête sur l'épaule du vieillard, et de temps en temps elle serra ses mains dans les siennes par un mouvement convulsif.

Pierre Raimond comprit une partie de la vérité ; ses anciens soupçons revinrent, il repoussa presque brusquement sa fille, et s'écria d'une voix sévère :

—Berthe... vous me trompiez... vous n'êtes pas heureuse!...

Berthe, rappelée à elle-même par ces paroles, frémit de son

imprudence, et regretta malheureusement trop tard l'émotion qu'elle n'avait pu cacher.

Elle allait rassurer son père, lorsque la porte s'ouvrit :

— Mon mari !... — s'écria Berthe avec crainte.

M. de Brévannes entrait chez le graveur.

CHAPITRE XII

LE BEAU-PÈRE ET LE GENDRE

L'apparition de M. de Brévannes fit régner un silence de quelques instants entre les trois acteurs de cette scène.

Berthe frémit en lisant sur les traits de son mari l'ironie et la dureté.

L'austère figure de Pierre Raimond, jusqu'alors douce et bonne, prit tout à coup un caractère d'énergie hautaine. Redressant sa grande taille, et mettant sa fille derrière lui comme pour la protéger, il marcha deux pas à la rencontre de M. de Brévannes :

— Que voulez-vous, monsieur ?

— Je voulais savoir, monsieur, si madame ne m'en imposait pas, si elle venait passer la matinée chez vous, ainsi qu'elle me l'a dit ; j'ai mes raisons pour en douter.

— Ah ! Charles, — dit tristement madame de Brévannes.

— Je vous défends de soupçonner ma fille de mensonge, monsieur.

— Mon père !... — s'écria Berthe.

— Je n'ai, monsieur Raimond, de compte à rendre à personne... Si je soupçonne ma femme de mensonge, c'est que...

— Si elle a menti... ce n'est pas à vous, c'est à moi, — s'écria Pierre Raimond en interrompant son gendre.

— Comment cela, monsieur ? — dit celui-ci en regardant Berthe avec étonnement.

— Charles, je vous en conjure... Et vous, mon père...

— Elle m'a menti, — reprit le vieillard d'une voix forte; — tout à l'heure encore, elle se disait heureuse...

— Ah! j'y suis, — reprit froidement M. de Brévannes, — madame est venue parler ici de son bonheur avec des gémissements hypocrites... C'est fort adroit...

— Monsieur de Brévannes, — s'écria Pierre Raimond, — il y a quatre ans, ma fille se mourait dans cette chambre... Je vous disais : J'aime mieux perdre maintenant cette enfant... que la perdre un jour par suite des tortures que vous lui causerez... J'avais raison, vous la tuerez!

— Mon père, — dit Berthe, — je ne dois pas vous laisser dans une fâcheuse erreur... Il m'en coûte, mais je dirai la vérité; je ne justifierai pas par mon silence les reproches peu mérités, je vous l'assure, que vous adressez à mon mari... J'ai pu vous cacher quelques contrariétés domestiques auxquelles les meilleurs ménages n'échappent pas. Vous étiez si content de me savoir complétement, absolument heureuse, que je voulais vous laisser cette illusion ; elle ne nuisait à personne, et j'espérais vous rapprocher de celui que vous jugez trop sévèrement.

— Ma fille, je connais votre faiblesse ; c'est à moi d'être sévère...

— D'être sévère! — s'écria M. de Brévannes avec un éclat de rire sardonique... — d'être sévère... Ah çà! est-ce que je suis ici à l'école, monsieur Raimond? A qui croyez-vous parler, s'il vous plaît?

— Au bourreau de ma fille...

— Ceci tombe dans l'exagération, monsieur Raimond... vos souvenirs révolutionnaires vous égarent...

— Berthe... emmène cet homme... — dit froidement le graveur.

— Charles, je vous en prie, venez, venez. Mon père, à jeudi... Pardonnez-moi de vous quitter si tôt... peut-être reviendrai-je demain, — dit Berthe en voulant à tout prix rompre cette fâcheuse conversation.

— Puisque vous êtes en train de donner des leçons, monsieur, — dit M. de Brévannes, — dites donc à votre fille qu'il est toujours maladroit de témoigner à son mari de méprisantes froideurs lorsqu'il aurait peut-être le droit d'être jaloux...

— Berthe, que veut-il dire ?

— Ah ! Charles... est-ce à vous de rappeler cette scène...

— Je ne suis pas dupe, madame, de votre feinte délicatesse... de vos beaux scrupules... Il y a là-dessous quelque intrigue... je la pénétrerai...

— De grâce, Charles, ne parlons pas de cela ici... Adieu, mon père.

Après un moment de silence, Pierre Raimond dit à sa fille :

— Berthe... méritez-vous ce reproche ?

— Non, mon père... — répondit Berthe avec dignité.

— Je vous crois, mon enfant... Maintenant, monsieur, écoutez-moi. Pendant quatre ans j'ai été votre dupe, j'ai cru ma fille heureuse ; aujourd'hui je sais la vérité... Berthe n'a pas au monde d'autre appui que moi... je suis infirme, pauvre, vieux... il n'importe, prenez garde...

— Des menaces, monsieur...

— Oui, notre position sera nette... Dès aujourd'hui... je renonce aux secours que j'avais acceptés à la seule instance de ma fille...

— Il vous est plus commode d'être ingrat...

— Ingrat... parce que j'ai bien voulu ménager votre orgueil...

— Mon père...

— Ainsi, monsieur, — dit Pierre Raimond, — c'est de vous à moi, d'homme à homme, que vous me rendrez compte du bonheur de ma fille... Je vous donne quinze jours pour abjurer vos torts...

— Quinze jours? pas davantage?...

— Et si au bout de quinze jours vous n'êtes pas pour Berthe ce que vous devez être...

— Eh bien, monsieur, que ferez-vous?

— Vous le verrez.

— Venez, madame, — dit M. de Brévannes en prenant Berthe par le bras.

— Mon père, adieu... Je reviendrai ; de grâce, calmez-vous.

— Vous reviendrez si je vous le permets, — dit M. de Brévannes avec ironie.

— Sois tranquille, mon enfant, je veillerai sur toi, — dit Pierre Raimond.

Berthe suivit son mari en pleurant.

Le vieillard resta seul.

CHAPITRE XIII

UNE PREMIÈRE REPRÉSENTATION

On donnait ce soir-là, à la Comédie-Française, la première représentation du *Séducteur*, comédie en cinq actes et en vers.

Cette œuvre était le début littéraire de M. le vicomte de Gercourt. Très jeune encore et fort à la mode, d'une figure extrêmement agréable, il passait à bon droit dans le monde pour un homme d'esprit, gracieux, de manières charmantes, et du caractère le plus honorable.

La première représentation de sa comédie avait nécessairement attiré la meilleure compagnie de Paris, à laquelle il appartenait.

Grâce à son naturel aimable et bienveillant, et surtout à quelques revers de fortune qui avaient suffisamment contenté l'envie, pendant longtemps M. de Gercourt n'avait pas eu d'ennemis. Malheureusement son ambition littéraire (ambition louable, noble, grande, s'il en est pour un homme de cette sorte) lui créa d'innombrables et d'hostiles jalousies. Quelques rares amis lui restèrent fidèles, mais une chute humiliante et ridicule aurait seule pu lui rendre la bienveillance générale.

La majorité des gens de lettres voyaient avec jalousie les débuts de cet intrus, de ce profane.

Nous n'avons jamais compris cette aigreur des gens du monde et des écrivains contre un homme dont le seul tort est de vouloir élever ses loisirs à la dignité des lettres.

Nous conduirons le lecteur dans quelques loges différentes, où il rencontrera plusieurs personnages de cette histoire que la curiosité générale avait attirés à cette *solennité dramatique.*

CHAPITRE XIV

PREMIÈRES LOGES, N° 7

Berthe de Brévannes occupait une des places de cette loge; son mari était derrière elle; les deux autres places étaient vacantes.

Berthe, coiffée en cheveux, portait une robe de crêpe noir; sa belle chevelure blonde, son teint pur et transparent, son cou et ses épaules d'ivoire brillaient d'un doux éclat; ses traits étaient empreints de mélancolie, car, trois jours auparavant, son mari avait eu avec Pierre Raimond le pénible entretien que nous avons raconté; elle aurait désiré rester chez elle, mais craignant d'irriter M. de Brévannes, elle avait consenti à l'accompagner.

Ce dernier, par un de ces contrastes fort naturels à l'homme, était profondément blessé de la froideur de sa femme, et il s'obstinait à en triompher, moins par repentir du passé que pour obéir à l'opiniâtreté naturelle de son caractère. Mais en vain il tâchait de lui faire oublier les torts dont il devait rougir;

elle avait été trop cruellement ulcérée pour se guérir si vite.

M. de Brévannes avait loué une loge pour cette curieuse représentation, dans le but d'être agréable à sa femme.

La toile n'était pas encore levée, peu à peu la salle se garnissait. Berthe allait fort rarement dans le monde; malgré sa tristesse, elle regardait avec une curiosité d'enfant les personnes qui arrivaient dans les loges, puis retombait dans de pénibles préoccupations.

M. de Brévannes, impatienté du silence de sa femme, lui dit en contraignant sa mauvaise humeur :

— Berthe, qu'as-tu donc?

— Je n'ai rien, Charles...

— Vous n'avez rien, vous n'avez rien, et vous êtes triste à périr. En admettant que j'aie eu des torts... vous me les faites cruellement sentir...

— Je voudrais pouvoir les oublier... peut-être un jour...

— La perspective est agréable.

— Ce n'est pas ma faute, mais ne parlons plus de cela. Vous savez que les motifs de tristesse ne me manquent pas.

— Est-ce pour votre père que vous dites cela?... Avouez au moins qu'il a été bien violent envers moi...

— Il m'aime tant... qu'il s'est encore exagéré vos torts... Il n'a que moi au monde... Aussi, Charles, je ne puis croire que vous me refusiez désormais la permission d'aller le voir comme de coutume.

— Ma petite Berthe, vous êtes trop jolie pour que je ne mette pas des conditions à cette promesse.

— Mon ami, soyez généreux tout à fait.

— Ce que vous dites là est flatteur, — dit brusquement M. de Brévannes; puis il reprit doucement : — Allons, voyons, vous faites de moi tout ce que vous voulez; j'y consens.

— Vrai... vrai... je pourrai retourner chez mon père? — dit Berthe en se retournant vers lui les yeux brillants, la physionomie presque radieuse.

M. de Brévannes, placé dans le fond de la loge, se mit en riant la main sur les yeux et dit :

— Je ne veux pas te voir pour pouvoir tenir ma promesse.

— Oh! merci! merci, Charles! me voilà heureuse pour toute la soirée.

— C'est-à-dire jolie... et tant mieux, car mon amour-propre de mari n'aura pas à craindre pour toi le voisinage de madame Girard.

— Je n'ai pas la prétention de lutter avec elle. Mais comme elle arrive tard... Êtes-vous sûr qu'elle aura reçu le coupon que vous lui avez envoyé il y a deux jours?

— Sans doute, on l'a remis à Girard lui-même; mais en sa qualité de merveilleuse... surnuméraire, madame Girard ne peut arriver qu'après tout le monde... pour produire son effet.

— Charles, vous êtes méchant.

— Parce que madame Girard est ridicule, parce qu'elle gâte une jolie figure par les plus sottes prétentions du monde... Elle n'a qu'une pensée, celle d'imiter, ou plutôt de parodier en tout la mise de madame de Luceval, parce que celle-ci est la femme la plus à la mode de Paris.

— En effet, vous m'avez déjà parlé de ce travers de madame Girard. Je voudrais bien voir madame de Luceval... la marquise de Luceval, je crois? on la dit charmante.

— Charmante, très originale, risquant des toilettes qui ne vont qu'à elle, et que cette petite sotte de madame Girard copie avec acharnement, sous le prétexte qu'elle lui ressemble.

— Est-ce qu'en effet...

— Oui, — reprit M. de Brévannes, — comme une oie ressemble à un cygne...

A ce moment la porte de la loge s'ouvrit, et madame Girard entra suivie de M. Girard, manufacturier enrichi, portant l'éventail, le flacon de sa femme; de plus, il avait, en manière de plastron, entre son habit et sa redingote, une petite chancelière en maroquin doublée d'hermine, madame Girard ayant toujours très froid aux pieds, disait-elle, ce qui n'était pas vrai ; mais elle avait vu un des valets géants et poudrés de la marquise de Luceval la suivre en portant une pareille chancelière, et, à défaut d'un valet de pied géant et poudré, le pauvre M. Girard se chargeait de la fourrure.

Madame Girard était une petite femme brune, rougeaude, assez bien faite, qui eût été jolie sans d'insupportables affectations. La pauvre Berthe ne put cacher sa surprise en voyant la singulière coiffure de madame Girard.

Voici en quoi consistait cette *chose*, bien faite pour exciter l'étonnement.

Qu'on se figure une espèce de casquette polonaise en velours noir et à petite visière, ornée d'un bouquet de plumes blanches attaché sur le côté par un gros chou de satin ponceau, le tout crânement posé un peu de travers sur la tête de madame Girard, dont les cheveux bruns étaient crêpés en grosses touffes.

Avec cette *chose* madame Girard portait une robe montante de velours nacarat à corsage juste comme un habit de cheval et ornée de brandebourgs de soie assortis à la couleur.

Cet habillement n'avait rigoureusement rien de ridicule ; mais complété par la casquette à plumes, il devenait si extraordinairement étrange, qu'il fit, pour ainsi dire, événement dans la salle... et toutes les lorgnettes commencèrent à se diriger sur madame Girard, qui ne se possédait pas d'aise, tandis que Berthe rougissait de confusion.

M. de Brévannes se mordit les lèvres de dépit en se voyant, lui et sa femme, pour ainsi dire affichés par l'inconcevable casquette de madame Girard ; il ne put s'empêcher de dire tout bas au Girard :

— Quelle diable de coiffure a donc choisie votre femme, elle qui se met toujours si bien ?

Le pauvre mari donna un coup de coude à M. de Brévannes d'un air effaré, en lui disant tout bas :

— Chut!...

Pendant ce temps-là, madame Girard, se penchant hors de sa loge, regardait de tous côtés avec une expression d'impatience.

— Alphonsine, — lui dit tendrement M. Girard, — est-ce que tu cherches quelqu'un?

— Sans doute, — reprit Alphonsine d'un petit air agaçant, malicieux et triomphant, — je cherche la marquise de Luceval; elle va être joliment furieuse...

— Pourquoi donc cela, madame? — demanda Berthe, qui ne savait quelle contenance garder.

— Il s'agit d'un excellent tour, — reprit madame Girard, — que j'ai joué à la marquise. Vous savez combien elle tient à avoir la primeur des modes, et à ce qu'on ne porte rien qu'après elle : je vais, il y a deux jours, chez Barenne, notre marchande de modes à la marquise et à moi, et je lui demande, comme toujours, si la marquise n'avait rien commandé pour ce soir, tout Paris devant être aux Français. Après des difficultés sans nombre, je lui arrache le grand secret. La marquise de Luceval s'était commandé une coiffure ravissante, originale, mais qui ne pouvait aller qu'à elle... Aller qu'à elle! — dit madame Girard en piaffant fièrement sous sa casquette. — Enfin, à force de promesses et de câlineries, j'obtiens de cette chère Barenne de me montrer cette délicieuse coiffure et de m'en faire une pareille à celle de la marquise, et... la voici... Cela s'appelle un *sobieska*. Vouz jugez du dépit de madame de Luceval, qui, croyant avoir l'étrenne de cette coiffure, me la verra porter ainsi qu'elle.

— Vous me permettrez, madame, d'être d'un avis contraire, — dit Berthe en souriant à demi. — Je crois qu'elle sera très contente de ne pas être la seule coiffée ainsi.

— Je vous assure, ma chère, qu'elle sera furieuse, — riposta madame Girard.

— Je pense comme toi, bonne amie, — dit M. Girard.

— Monsieur Girard... je vous prie de ne pas me tutoyer, — dit Alphonsine avec dignité. — Vous avez l'air d'un portier.

— Je voulais dire, Alphonsine, que vous aurez peut-être à vous reprocher d'avoir fait perdre à votre marchande de modes la pratique de madame la marquise de Luceval. Car, permettez-moi de vous le dire, bonne amie, il y a abus de confiance. N'est-ce pas, Brévannes, il y a abus de confiance?...

— Timoléon, — dit madame Girard à son mari sans lui répondre autrement, — il n'y a plus que trois loges vides aux premières. Allez demander si l'une d'elles n'est pas louée à la marquise de Luceval...

Timoléon se leva comme s'il avait été mû par un ressort et partit précipitamment.

— Connaissez-vous M. de Gercourt, l'auteur de la pièce? On dit qu'il est charmant, — dit madame Girard.

— Je l'ai souvent rencontré ; il est fort aimable.

— Mais pourquoi se mêle-t-il d'écrire?

— Quand ce ne serait, madame, — répondit M. de Brévannes, — que pour avoir le plaisir de vous voir assister à la première représentation de son ouvrage avec un si délicieux sobi... sobé...

— Sobieska... — dit vivement madame Girard.

— A ce moment la porte de la loge s'ouvrit, et M. Girard reparut.

— Eh bien? — lui demanda sa femme.

— Alphonsine, vous ne vous êtes pas trompée... il y a une de ces loges louée à madame la marquise de Luceval.

— Bravo! — dit Alphonsine.

— Ce n'est pas tout : vous qui êtes curieuse de nouvelles, je vais vous en donner une fameuse.

— Comment?

— Pendant que je questionnais l'ouvreuse, il est arrivé un chasseur galonné sur toutes les coutures, demandant où était la loge louée à madame la princesse de Hansfeld... C'était justement la loge voisine de celle de madame de Luceval... là, juste en face de nous.

— Quel bonheur! je ne l'ai jamais rencontrée, la princesse; on la dit si belle!... — dit madame Girard.

— Ma foi, je suis tout aussi ravi que vous, madame, — reprit M. de Brévannes, — de voir enfin cette mystérieuse beauté. L'autre jour, au bal de l'Opéra, on ne parlait que d'elle, des étrangetés de son invisible mari.

— Il ne sera du moins pas invisible ce soir, — dit M. Girard.

— Pourquoi cela? — demanda sa femme.

— Par une raison toute simple, bonne amie, c'est que le chasseur est venu demander si l'on ne pourrait pas avoir un fauteuil pour Son Excellence, qui est, dit-on, fort souffrante, et qui sort pour la première fois depuis une longue maladie.

— Quelle idée! venir au spectacle! — dit madame Girard.

— Fantaisie de malade, sans doute, — reprit M. de Brévannes.

— L'ouvreuse a répondu au chasseur qu'il fallait demander cela au contrôleur, — reprit M. Girard. — Là-dessus le chasseur est descendu, et je suis bien vite revenu vous apporter, bonne amie, mon petit butin de nouvelles.

— Enfin, c'est heureux, — dit M. de Brévannes, — nous allons donc voir ce couple singulier, étrange, fantastique.

— Quelle est donc cette princesse, mon ami? — demanda Berthe à M. de Brévannes.

— Une très belle et admirable personne, dit-on, à la mode cet hiver, et auprès de qui tous nos élégants ont perdu leurs galanteries... Quant au prince, on se perd dans les suppositions les plus extraordinaires et les plus contradictoires; mais...

— Ah! mon Dieu! — s'écria madame Girard en interrompant M. de Brévannes, — voilà la marquise de Luceval dans sa loge... elle n'a pas son sobieska!

Nous conduirons le lecteur dans la loge de la marquise de Luceval, où il apprendra peut-être pourquoi elle n'a pas son sobieska.

CHAPITRE XV

LOGE DE PREMIÈRE, N° 20

Madame la marquise de Luceval n'avait pas en effet de sobieska.

Elle était mise avec autant de goût que de simplicité. La seule innovation qu'elle se fût permise consistait dans un très haut peigne d'écaille à l'espagnole qui rattachait à ses beaux cheveux bruns un demi-voile de blonde noire (la marquise était en deuil).

Cette coiffure, que portent toutes les femmes andalouses, était charmante et donnait un nouvel attrait à la piquante physionomie de madame de Luceval. Elle était accompagnée de son frère et de sa belle-sœur, M. et madame de Beaulieu.

— Alfred... regardez, j'ai gagné mon pari, — s'écria gaiement la marquise en s'adressant à son frère. — Madame Girard porte mon sobieska... Ma chère Alix, votre lorgnette, je vous en supplie! — ajouta-t-elle en s'adressant à sa belle-sœur.

— Quel pari avez-vous donc fait avec Alfred? — demanda madame de Beaulieu, — et qu'est-ce que madame Girard?

— Alix, je vous en prie, ne riez pas trop, et regardez juste en face de nous aux premières... une femme en robe montante, de couleur nacarat...

Naturellement madame de Beaulieu était très rieuse; la figure contractée, courroucée de madame Girard, qui fronçait les sourcils sous sa casquette à plumes, lui donnait une physionomie si burlesque, que la belle-sœur de madame de Luceval eut grand'peine à se contenir.

— Cette Girard doit sans doute, en sortant d'ici, représenter la Pologne dans un bal patriotique, fantastique et allégorique... — dit madame de Beaulieu... — Mais, ma chère

Émilie, — reprit madame de Beaulieu en contraignant son envie de rire, — quel rapport a donc votre pari avec cet adorable toquet?

— Rien de plus simple, — dit madame de Luceval; — je ne pouvais avoir une coiffure sans me voir à l'instant imitée, ou plutôt parodiée par cette madame Girard. Cela m'impatientait tellement que j'ai parié avec Alfred, que j'imaginerais la coiffure la plus ridicule du monde, que mademoiselle Barenne la montrerait en secret à madame Girard, comme m'étant destinée, et que madame Girard la supplierait de lui en faire une toute semblable... J'ai inventé le sobieska. Mademoiselle Barenne s'est mise à l'œuvre. Vous voyez madame Girard ornée du sobieska; j'ai gagné mon pari, et mon cher frère me doit une garniture de fleurs naturelles.

— Le tour est parfait; et comme la pièce ne commence pas encore, — dit M. de Beaulieu, — je vais aller répandre cette malice pour doubler l'effet du sobieska de madame Girard.

— Mais savez-vous, — reprit madame de Luceval, — qu'il y a une charmante personne dans la loge de cette ridicule Girard? Alfred, tâchez donc de savoir qui elle est.

— En effet, — dit madame de Beaulieu en regardant attentivement Berthe, — elle est on ne peut plus jolie... et mise si simplement... Voilà qui contraste avec le sobieska... Je ne puis concevoir qu'on n'aime pas la simplicité, et par conséquent le bon goût. C'est si commode, et il faut toujours se donner tant de peine pour se rendre ridicule...

— Est-ce que vous dites cela à propos de M. de Gercourt et de sa comédie, ma chère Alix?

— Méchante!... un de vos amis, un de vos anciens adorateurs.

— Il lui était si facile de ne pas faire cette comédie...

— Mais attendez au moins... pour la juger...

— Pas du tout, je serais influencée. Maintenant mon jugement est bien plus indépendant...

— Folle que vous êtes !... et vous avez encouragé M. de Gercourt dans cette tentative...

— Il est si bon d'avoir à consoler ses amis dans leur infortune !

— Vous êtes un peu comme ces gens qui, au risque de vous noyer, vous jettent à l'eau pour avoir le plaisir de vous sauver.

— Votre comparaison n'est pas juste, ma chère Alix ; car je ne pourrais pas sauver la comédie de ce pauvre M. de Gercourt.

— Émilie, Émilie, prenez garde, — dit en souriant madame de Beaulieu. — M. de Gercourt vous a longtemps admirée... vous feriez croire qu'il y a chez vous du dépit, et...

— Mais, sans doute, je lui en veux de ce qu'il a renoncé trop tôt à l'espoir de me plaire. Ses soins m'amusaient ; voyez comme je suis franche.

— Oh ! l'infernale coquette ! elle ne pardonne pas même qu'on renonce à elle... Il faut que sa victime reste là pour souffrir.

— Hélas ! M. de Gercourt va bien se venger ce soir... Je n'ai demandé ma voiture qu'à onze heures.

Ce charitable entretien fut troublé par M. de Beaulieu et par M. de Fierval.

— Ma chère Émilie, — dit M. de Beaulieu à sa sœur, — je vous amène un renseignement vivant sur la charmante femme qui est à côté du sobieska.

— Vous connaissez cette jolie personne, monsieur de Fierval ? — demanda madame de Luceval.

— Je ne la connais pas, madame, mais je connais son mari... C'est M. de Brévannes.

— Brévannes ? N'est-ce pas le fils d'un ancien homme d'affaires ?

— A peu près... Le père était environ comme fournisseur... agioteur.

— Et cette jeune femme ?

— Une pauvre fille sans fortune. Elle donnait des leçons de piano pour vivre...

— Il est impossible d'avoir l'air plus distingué, — reprit madame de Luceval.

— Elle est mise à ravir... C'est donc un mariage d'amour?

— Certainement... mais Brévannes est très infidèle, dit-on.

— Comment! ce gros homme à lunettes?

— Non, ma chère; ceci doit être au moins le Sobieski de la Sobieska, — dit M. de Beaulieu à sa sœur.

— M. de Brévannes, — reprit Fierval, — est cet homme très brun à figure expressive; la casquette de madame Girard vous le cache... tenez...

— Dieu! quelle mauvaise physionomie!...Il a l'air méchant.

— Mais non, je vous assure; Brévannes est ce qu'on appelle un très bon garçon; seulement il a un caractère de fer... et ce qu'il veut, il le veut...

Au bruit de quelques chaises que l'on dérangea dans la loge voisine, madame de Luceval avança un peu la tête et reconnut madame de Lormoy, tante de M. de Morville.

— Ah! madame, quel heureux voisinage? — dit madame de Luceval, — êtes-vous seule dans votre loge? j'irai vous faire une visite...

— J'attends madame de Hansfeld, et par extraordinaire son mari l'accompagne, — dit madame de Lormoy.

— Vraiment?... quel malheur! d'ici je ne pourrai pas voir ce mystérieux personnage... Tâchez qu'il reste jusqu'à la sortie...

— S'il vous avait aperçue, ma chère Émilie, je n'aurais pas à le lui demander... mais malheureusement...

Madame de Lormoy, entendant du bruit, s'interrompit, retourna la tête, et dit à madame de Luceval :

— Le voici.

C'était en effet le prince et la princesse de Hansfeld qui entraient dans la loge.

CHAPITRE XVI

LES STALLES D'AMIS

— Que de monde !... que de monde !...
— A la place de Gercourt, moi, j'aurais à cette heure une furieuse émotion; et vous?
— Moi aussi...
— Mais quelle fantaisie lui a pris?
— Il ne peut rien faire comme tout le monde.
— Ah bah ! Est-ce que sa comédie est vraiment très extraordinaire?
— Non, non, je veux dire que les gens du monde ne font pas de comédies; il n'avait qu'à faire comme eux et se tenir tranquille.
— Je croyais que vous aviez vu une répétition générale?
— Oui.
— Eh bien?
— Je suis arrivé au troisième acte, et, ma foi, je me suis trouvé à côté de mademoiselle ***, que je n'avais jamais vue hors la scène; j'ai causé tout le temps avec elle, et je n'ai rien écouté du tout de la pièce de Gercourt. Elle est très gentille, cette demoiselle ***.
— Alors vous ne savez rien de la pièce?
— Saint-Clair, qui a vu deux répétitions, dit que c'est très faible. Moi, je voudrais que sa pièce réussît, bien certainement; mais quant à applaudir comme un claqueur... vous entendez bien...
— Dieu nous en préserve !
— Il n'y a rien de plus mauvais goût que d'applaudir.
— Tout le club sera ici.
— Ils viendront gris... Ce sera drôle.

— Ah! voilà l'ambassadeur turc...

— Allons, bon! voilà la petite marquise de Luceval qui se démanche le cou pour voir l'ambassadeur ou pour en être vue.

— Pardieu! elle qui ne recherche que ce qui est excentrique, elle doit avoir la plus grande envie de coqueter avec ce Turc...

— Je déteste cette femme-là... elle est si moqueuse...

— Et si mauvaise langue!

— Est-ce que vous la trouvez réellement très jolie?

— Heu!... heu!... elle a du piquant, de la physionomie, voilà tout.

— Quelle différence avec madame de Longpré, qui entre dans cette loge!... Voilà une femme réellement ravissante.

— Elle est avec cette petite bête de madame de Dinville.

— Il faut toujours que cette sotte créature s'accroche à une femme à la mode...

— Tiens, à propos de madame de Longpré... où est donc Maubray?

— Le voilà qui entre dans leur loge... Est-ce que M. de Longpré peut se passer de lui?...

— Malheureux Longpré!...

— Ah! voilà mademoiselle Dumoulin avec son baron... Qu'elle est jolie!... Avouez qu'il y a encore bien peu de femmes du monde qui la vaillent.

— C'est vrai.

— Et c'est bien moins ennuyeux... c'est bien plus commode... Il n'y a pas de soins à avoir, on n'est pas forcé à des égards.

— Sans doute; mais on est si bête... On préfère à tout la vanité.

— Décidément la princesse de Hansfeld est en beauté... Cette robe de velours grenat lui sied à ravir... Quelles admirables épaules!... Je ne l'ai jamais vue mieux qu'aujourd'hui... Avec qui est-elle donc là?

6.

— Avec madame de Lormoy, la tante de Morville.

— Mais on dirait qu'il y a encore quelqu'un dans le fond de la loge...

— Non.

— Si... je vous assure.

— Ces loges sont si obscures!

— C'est peut-être le prince...

— Est-ce qu'on le lâche maintenant?

— Il paraît... Mais on ne peut voir sa figure, la tante de Morville le cache.

— A propos de Morville, comment n'est-il pas ici... lui, l'ami intime de Gercourt?

— Il viendra tout à l'heure, je l'ai rencontré; sa mère va mieux.

— Et lui, comment va-t-il?

— Comment, lui?

— Il ne guérit pas de son Anglaise?

— Non... Voilà une fidélité incurable.

— Madame de Luceval aurait bien voulu s'en faire adorer par esprit de contradiction, mais il n'y a pas eu moyen : Morville a tenu bon...

— A-t-elle dû être vexée! elle est si coquette... elle aime tant à tourmenter les autres femmes...

— Oh! je voudrais la voir tomber entre les mains de quelqu'un qui la mène durement!

— Elle a rendu ce pauvre Saint-Renant à moitié fou.

— Est-ce que leur liaison dure toujours?

— On le dit, car il s'abrutit de plus en plus.

— Silence... le voilà... Bonjour, Saint-Renant...

— Bonjour, très chers... Avez-vous vu la femme en casquette polonaise, en sobieska?

— Non. Qu'est-ce que c'est que ça?

— Tenez, là... aux premières, à côté d'une très jolie femme blonde.

— Ça?... mais c'est un homme!

— C'est un écuyer du Cirque.
— C'est une dame colonelle des hussardes chamborannes.
— Dites plutôt de *lancières* polonaises.
— Moi, je demande le nom de la petite femme blonde... elle est ravissante.
— C'est madame de Brévannes.
— La femme de ce grand brun qui s'avance!
— Oui...
— Ah! voilà Morville.
— Dites donc, Morville, le fameux prince invisible est ici; mais ça n'avance guère, il est retranché dans sa loge, avec votre tante et la princesse de Hansfeld; on ne peut l'apercevoir.
— Madame de Hansfeld est ici?
— Oui, là... tenez, Morville.
— En effet...
— Allez donc saluer votre tante. Vous nous direz comment est de près la figure du prince; d'ici on ne voit rien... Voyons, faites cela pour nous, Morville.
— Impossible, je n'oserais pas approcher de ma tante : j'ai fumé un cigare... Il y a de quoi la faire évanouir. Je vais tâcher au contraire de n'être pas vu par elle, puisque je ne puis aller dans sa loge. Ah çà! j'espère que nous allons soutenir Gercourt, je suis ému pour lui.
— Est-ce que vous comptez applaudir beaucoup, vous, Morville?
— Mais sans doute. La pièce le mérite, d'abord... Et puis il faut encourager Gercourt. S'il réussit, on ne nous appellera plus des gens oisifs, inutiles; et il réussira, il a tant d'esprit!
— Oui; mais s'il tombe, nous serons pour ainsi dire responsables de sa chute.
— Pas plus que vous ne serez responsables de son succès.
— Mais voici les trois coups...
— Le moment solennel...
— Malheureux Gercourt...
— Silence, messieurs, écoutons...

— Soyez tranquille, Morville.
— Nous sommes tout oreilles.
— Tiens! ça se passe sous Louis XV!...
— Moi, d'abord, je déteste les pièces du temps de la régence.
— Quel affreux habit a ce père noble!
— Mais, par exemple, mademoiselle *** est mise à merveille.
— Elle a trop de rouge...
— On en mettait alors beaucoup.
— Certainement, et très près des yeux...
— Comme la poudre lui va bien!
— Est-ce que vous savez son aventure avec Octave?... Elle est très piquante... Figurez-vous...
— Messieurs, pour ce pauvre Gercourt, écoutez donc un peu la pièce.
— C'est très joli! très joli!
— Les décors sont charmants.
— Le fait est que pour une première pièce...
— Pour quelqu'un qui n'en fait pas son état...
— Oh! un monologue!... Moi, je n'écoute jamais les monologues... c'est assommant.
— Ni moi non plus...
— Eh bien! pour en revenir à Octave, imaginez-vous qu'il voit plusieurs fois mademoiselle *** dans son dernier rôle... vous savez, la pièce de Scribe?... Il en devient très amoureux... quand je dis amoureux...
— Parbleu!...
— Il connaissait... dans la maison de...
— Mon cher Auguste, de grâce! écoutez donc un peu... Gercourt est de nos amis.
— Nous parlons justement d'une actrice de sa pièce...
— Et puis les monologues,... sont toujours du remplissage...
— Bravo! bravo!
— Diable! ceci est un peu risqué. Ça ne se dit pas en bonne compagnie...

— Oui, mais sous la régence...

— Ah! voilà madame d'Hauterive et sa sœur dans la loge du ministre... Quand on peut aller quelque part gratis, on est bien sûr de les y voir.

— Si ce n'est pas honteux! avec deux cent mille livres de rentes.

— Il y a des gens si avares!

— Voyons, écoutons; je vous raconterai une autre fois l'histoire d'Octave, ça désolerait ce pauvre Morville.

— Oui, écoutons...

— Ah!... ah!... ah!... Charmant, ce mot-là...

— Il est dommage que mademoiselle *** ait le cou si long...

— Et l'amoureux, comme il parle du nez...

— Ah! voilà les deux loges du club qui se garnissent...

— Ils ont trop dîné...

— Ils vont se faire mettre à la porte...

— Regardez donc d'Orville, il est écarlate...

— Bon! voilà qu'il parle aux acteurs...

— Je le reconnais bien là... il est si spirituel!... Je parie qu'il va leur dire de drôles de choses...

— On le fait se tenir tranquille...

— C'est dommage... Une fois nous avons été ensemble à la Gaîté : il y avait un mouton dans la pièce; nous étions dans une avant-scène de baignoires; d'Orville a tiré le mouton par les pattes de derrière...

— Ah! ah! cela devait être bien drôle.

— Je vous en réponds... Mais voyons, écoutons, écoutons... Hum!... Dites donc, ça me paraît très embrouillé... cette intrigue.

— Le fait est que je n'y comprends rien...

— De qui est-il père, celui-là?...

— L'habit ponceau?

— Non, l'autre à gauche du théâtre, le maigre, celui du monologue.

— Je ne sais pas.

— Est-ce que vous trouvez ça très amusant?

— C'est glacial.

— Quelle diable d'idée a eue Gercourt de faire une comédie?

— Pourtant, ce mot-là est joli.

— Oui, mais qu'est-ce que cela, des mots?

— C'est égal, voyez comme on applaudit. Allons, ça réussit... mais c'est faible...

— Le premier acte est enlevé; au second maintenant.

— Eh bien! messieurs, que vous avais-je dit?

— Entre nous, mon cher Morville, c'est dommage que cela commence si bien.

— Pourquoi donc?

— Le reste de la pièce ne pourra certainement pas se soutenir à cette hauteur.

— Nous verrons bien; moi qui la connais, je ne doute plus maintenant du succès.

— Oh! vous, Morville, vous êtes toujours optimiste. Le fait est que l'exposition est très embrouillée.

— Vous n'écoutez pas.

— Oh! parbleu! s'il faut faire des efforts d'attention pour comprendre, c'est un vrai travail alors.

— Et l'on ne vient pas au spectacle pour se fatiguer à chercher des explications...

— Si c'est embrouillé... ça regarde l'auteur... Je ne peux pas, pour son plaisir, m'empêcher de parler à mon voisin...

— C'est juste... le triomphe de l'art est de se faire comprendre sans être écouté...

— Diable de Morville, est-il fanatique de Gercourt!

CHAPITRE XVII

ENTR'ACTES. — LOGE N° 7

Cette loge était, nous l'avons dit, occupée par M. de Brévannes et par sa femme.

Dans la princesse de Hansfeld, il venait de reconnaître Paula Monti...

Heureusement l'attention de Berthe était occupée, car la profonde altération des traits de son mari ne lui aurait pas échappé. Malgré la trempe énergique de son caractère, M. de Brévannes se sentit défaillir. Il eut besoin de s'appuyer aux parois de la loge pour se soutenir; il sentit se réveiller avec une nouvelle violence la folle passion que lui avait inspirée Paula.

Il revoyait cette femme plus belle que jamais, admirée par tous les hommes, enviée par toutes les femmes, dans la position sociale la plus éminente; et cette femme pouvait lui demander un terrible compte du sang qu'il avait répandu, du moyen infâme qu'il avait employé pour donner une apparence à ses lâches calomnies.

Dans la crainte des poursuites qui devaient lui être intentées après son duel avec Raphaël (duel où celui-ci succomba), M. de Brévannes avait précipitamment quitté Florence. Depuis lors, il avait cherché à s'étourdir, par des amours coupables, sur son indigne conduite et sur sa passion indomptable, qui, malgré lui, couvait toujours au fond de son cœur.

Son aigreur, sa brusquerie, sa dureté envers Berthe, n'avaient pas d'autre cause que le ressentiment de ce passé qu'il ne pouvait chasser de sa mémoire.

Que devint-il lorsqu'il se retrouva face à face avec madame de Hansfeld et qu'il se vit reconnu par elle? car les regards de la princesse, d'abord attirés par le sobieska de madame Girard, s'arrêtèrent ensuite sur M. de Brévannes au moment même où, reconnaissant en elle Paula Monti, il la contemplait avec stupeur...

Il la vit tressaillir, porter vivement la main à ses yeux, puis redevenir bientôt impassible. . . . .
. . . .

Berthe avait été très intéressée; allant peu au spectacle, elle y apportait des émotions jeunes et fraîches. Tout entière à l'action de la comédie, fort indifférente à ce qui se passait dans la salle, le commencement du second acte du *Séducteur* l'absorba complétement.

Le second acte eut un succès peut-être encore plus complet que le premier. Les amis de M. de Gercourt commencèrent à s'impatienter de cet *heureux hasard*, et l'un des plus dévoués dit :

— Maintenant, je suis tranquille; si cela tombe, malgré le talent qu'il y a dans ces deux actes, ce pauvre Gercourt sera bien innocent de cette chute... Je le dis à présent, sans savoir ce qui arrivera... tant mieux ou tant pis pour lui. Gercourt n'est pas l'auteur de cette pièce; ça n'est pas son esprit.

Pendant cet entr'acte, nous conduirons le lecteur dans la loge de madame de Hansfeld.

Madame de Lormoy qui l'accompagnait, femme de cinquante ans environ, était une grande dame dans toute l'acception du mot.

Maintenant, quelques mots du prince de Hansfeld, que le lecteur a déjà entrevu dans la galerie de l'hôtel Lambert.

M. de Hansfeld, si enfoncé dans sa loge que de la salle on ne pouvait l'apercevoir, était de taille moyenne, frêle, mince, et âgé de vingt-deux ou vingt-trois ans; ses traits étaient d'une extrême délicatesse, ses cheveux blonds; une moustache et une barbe peu fournies, mais fines et soyeuses et d'une nuance cendrée, s'harmoniaient avec la pâleur transparente de son visage. Ses yeux très grands, très doux, étaient d'un bleu si lumineux que, malgré la demi-obscurité de la loge, on distinguait la transparence du regard d'Arnold; la lumière semblait ne pas s'y réfléchir, mais le traverser, et lui donnait la limpidité bleuâtre d'un saphir.

Son sourire était plein de mansuétude, de finesse et de grâce. Il manquait à ce charmant visage la chaude coloration de la vie et de la santé; de même que les fleurs qui végètent à l'ombre et loin des rayons salutaires du soleil perdent la vivacité de leur coloris et se nuancent de teintes pâles d'une délicatesse extrême, de même les traits d'Arnold avaient quelque chose d'étiolé et de languissant.

Depuis quelques moments il était profondément préoccupé.

Lorsque madame de Lormoy avait fait remarquer à la princesse la ridicule coiffure de madame Girard, portant machinalement les yeux de ce côté, M. de Hansfeld était resté en contemplation devant Berthe.

Madame de Brévannes n'était pas d'une beauté étourdissante; mais son doux et joli visage avait une si touchante expression de mélancolie, qu'Arnold se sentit ému... A ce moment même de l'entr'acte, Berthe, par un retour involontaire sur sa position et sur celle de son père, trop fier pour accepter désormais le moindre secours de M. de Brévannes, et trop pauvre pour s'en passer, Berthe, disons-nous, n'étant plus distraite par l'intérêt du spectacle, se laissait aller à la tristesse de ses pensées; la taille un peu courbée, la tête inclinée sur sa poitrine, effeuillant machinalement un bouquet de camélias oses qu'elle tenait à la main, elle semblait plier sous le poids de quelque chagrin.

M. de Hansfeld se sentait attiré vers cette jeune femme par la mystérieuse et puissante sympathie de la souffrance... Il lui était presque reconnaissant d'être, ainsi que lui, étrangère au bruit, au mouvement joyeux de cette salle brillante... Voulant

7

juger si la perfection des traits de Berthe répondait à leur gracieux ensemble, il prit sa lorgnette.

A cet instant, madame de Lormoy se tourna vers lui.

— Eh bien, prince, comment vous trouvez-vous?

— Mille grâces, madame! — répondit le prince en français et sans aucun accent, mais d'une voix faible et douce, — je me trouve très bien.

— La lumière vous fatigue peut-être, mon ami? — demanda la princesse à son mari.

— Un peu... mais il faut que je m'y habitue... je vais devenir si mondain! — ajouta-t-il en souriant.

— A la bonne heure, prince, — reprit madame de Lormoy. — Il n'y a rien de tel pour les maladies nerveuses que le mouvement... Je ne vous recommande pas les plus aimables distractions, madame de Hansfeld est auprès de vous.

— C'est elle qui aurait au contraire besoin de se distraire, — dit le prince avec bonté; — mais j'ai une peine extrême à obtenir d'elle qu'elle aille davantage dans le monde.

— Mon Dieu, prince, j'ai mon neveu, M. de Morville, que je poursuis des mêmes reproches... Ma pauvre sœur, sa mère, a été si longtemps malade, et il l'a si affectueusement soignée, qu'il s'est déshabitué du monde. Dieu merci! elle va mieux maintenant, mais mon neveu n'en persiste pas moins dans sa sauvagerie. Il devient bizarre, capricieux, et j'ai été obligée de l'excuser auprès de vous, chère princesse, car après m'avoir demandé la grâce de vous être présenté, sa sauvagerie a repris le dessus, et il a prétexté de son éloignement du monde pour renoncer à cette faveur d'abord si désirée.

Madame de Hansfeld resta impassible en entendant ainsi parler de M. de Morville, qu'elle avait depuis longtemps aperçu aux stalles de l'orchestre. Elle répondit en souriant :

— J'ai entendu attribuer à une cause très romanesque la sauvagerie de M. de Morville. On parlait d'une peine de cœur très profonde... d'une fidélité qui n'est plus de ce temps-ci.

— Et on disait vrai... Les tantes doivent toujours avoir l'air d'ignorer ces amoureuses faiblesses; sans cela, je vanterais la constance héroïque de mon neveu... Ah! mon Dieu! mais c'est lui, le voilà aux stalles... — dit tout à coup madame de Lormoy en apercevant M. de Morville. — Monsieur de Fierval, puisque Léon ne veut pas me voir, ayez donc la bonté d'aller lui dire que je suis ici... Il ne nous échappera pas, cette fois.

M. de Fierval, qui était venu faire une visite à madame de Lormoy et à la princesse, quitta aussitôt la loge pour se rendre aux ordres de la tante de M. de Morville.

— Mais vraiment, madame, — dit en riant madame de Hansfeld lorsque M. de Fierval fut sorti, — je serais désolée de faire tomber M. de Morville dans un véritable piége et de surprendre ainsi une présentation qu'il désire peut-être éviter.

— Ma chère princesse, s'il a ses bizarreries, j'ai les miennes, et entre autres celle d'être fière de mon neveu, et son plus beau succès serait de mériter votre bienveillance.

— Je n'ai pas le droit de la refuser à quelqu'un qui vous appartient d'aussi près que M. de Morville; seulement je regrette que cette bienveillance n'ait pas la valeur que vous voulez bien lui donner.

— Permettez-moi de vous dire que quant à cela vous vous trompez complétement... Mais, — ajouta madame de Lormoy, — décidément il faut que je vous dénonce M. de Hansfeld. Il me paraît beaucoup trop préoccupé du sobieska de madame Girard, il ne cesse de la lorgner; à moins que ce ne soit cette jolie madame de Brévannes, que M. de Fierval nous a nommée tout à l'heure.

— Et qui est véritablement charmante, — dit la princesse en lorgnant intrépidement dans la loge de Charles de Brévannes.

M. de Hansfeld n'entendit pas, ou feignit de ne pas entendre sa femme, et continua de regarder Berthe.

— Mais, — reprit madame de Lormoy, — savez-vous, princesse, que j'admire beaucoup ce M. de Brévannes? D'après ce que nous a dit M. de Fierval, il s'est montré plein de délicatesse et de générosité dans ce mariage... Épouser par amour une pauvre fille... cela se voit si rarement de nos jours!... D'après un trait pareil, il me semble qu'on peut préjuger de la valeur d'un homme... Ne le pensez-vous pas? Avec l'élévation d'idées que je vous connais, vous devez faire grand cas de M. de Brévannes, ou plutôt de son noble désintéressement, de sa belle action, puisqu'il n'a pas le bonheur de vous connaître...

— Madame de Brévannes est si jolie, — dit la princesse sans trahir aucune émotion, — elle paraît si distinguée, que le *sacrifice* de M. de Brévannes me paraît simplement *du bonheur*.

— Sous ce rapport, vous avez parfaitement raison; mais à voir la figure caractérisée, presque dure, de M. de Brévannes, je ne l'aurais jamais cru capable d'un pareil trait de tendre passion... Et vous, princesse?

— Les physionomies sont quelquefois si trompeuses! — répondit Paula, dont le calme ne se démentait pas.

A ce moment, M. de Fierval rentra dans la loge.

— Comment! seul? — dit madame de Lormoy. — Et Léon?

— Il me charge, madame, de vous exprimer tous ses regrets; mais après avoir dîné au club il a fumé un cigare... et...

— Je comprends, il sait mon horreur pour l'abominable odeur du tabac. Puisse au moins la leçon lui profiter, en songeant à ce que lui fait perdre cette habitude de corps de garde! Encore une fois, pardon et regret pour lui, chère princesse.

— Nous y perdons tous, madame, — reprit Paula.

On le voit, l'excuse que donnait M. de Morville pour ne pas se rendre auprès de sa tante était conséquente à sa résolution d'éviter désormais la rencontre de la princesse.

— Que dit-on de la pièce? — demanda madame de Lormoy à M. de Fierval.

— On ne s'attendait pas, madame, à un semblable succès, et les *amis* de Gercourt... en sont... consternés...

— C'est indigne! Du reste, tant mieux, il faut bien que les envieux portent la peine de leur odieux sentiment. Je voudrais que le succès de M. de Gercourt leur fût plus désagréable encore.

— M. de Gercourt est de vos amis, madame? — demanda madame de Hansfeld.

— S'il en est! Certainement, et des meilleurs. Au retour de ses voyages, avant la révolution de juillet, il est entré dans le monde sous mon patronage et sous celui de la duchesse de Bellecourt; nous étions, je vous assure, très fières de mettre M. de Gercourt dans le monde; il était charmant, et quoique fort jeune, il devint tout de suite fort à la mode. Avec une grande fortune, un beau nom, une jolie figure et des manières parfaites, il n'avait qu'à vouloir plaire pour plaire... et parce qu'après avoir joui en jeune homme de tous les plaisirs de son âge, il cherche maintenant des jouissances plus élevées, des occupations plus sérieuses, il soulève un déchaînement universel. En vérité, cela fait honte et pitié... mon Dieu! Pourquoi donc les sots ne sont-ils pas aussi indulgents pour le mérite d'autrui qu'ils le sont pour leur propre nullité?... On ne leur en demande pas davantage.

— Il est bon d'être de vos amis, madame, — dit Paula en souriant de l'exaltation avec laquelle madame de Lormoy avait dit ces paroles.

— Certes, — dit M. de Fierval... — et je regrette d'être de l'avis de madame de Lormoy sur Gercourt, pour n'avoir pas le plaisir d'être converti par elle.

— Oh! je ne prétends pas convertir, mais dire vertement leur fait aux méchants et aux jaloux... c'est un privilége de vieille femme, j'en use, et j'ai raison; n'est-il pas vrai, prince? Mais qu'avez-vous? Mon Dieu! comme vous êtes pâle!...

En effet, M. de Hansfeld avait sa tête appuyée sur une des parois de la loge, et semblait au moment de se trouver mal...

— Princesse, votre flacon! — s'écria madame de Lormoy.

Madame de Hansfeld se leva à demi.

Son mari la repoussa avec terreur, en disant d'une voix effrayée :

— Non... non, pas ce flacon...

Et le prince perdit connaissance.

Malgré son impassibilité habituelle, madame de Hansfeld n'avait pu s'empêcher de tressaillir et de froncer ses noirs sourcils au mouvement d'effroi du prince, lorsqu'elle lui avait offert son flacon; mais ni madame de Lormoy, ni M. de Fierval, occupés auprès du prince, ne remarquèrent l'émotion de la princesse.

L'accident survenu au prince avait eu lieu pendant un entr'acte. Beaucoup de personnes virent transporter M. de Hansfeld à sa voiture; parmi ces curieux était M. Girard, que sa femme avait envoyé savoir comment son sobieska était accueilli du public.

M. Girard n'avait osé faire aucune question à ce sujet, se promettant bien de dire à sa femme que son audacieuse casquette avait excité l'admiration générale. Il revint donc en hâte auprès de sa femme pour lui raconter l'évanouissement du prince. A peine eut-il entr'ouvert la porte et dit à madame Girard : — Bonne amie... — que celle-ci, sans lui laisser le temps de parler davantage, s'écria :

— Courez vite vous informer de ce qui vient d'arriver au prince de Hansfeld; on vient de l'emporter, à ce qu'on dit, à la galerie, là, devant nous.

— Mais, bonne amie...

— Allez vite, allez.

— Mais, bonne amie, je viens...

— Mais allez donc, Timoléon!

— Écoutez de grâce, je...

— Mon Dieu, que vous êtes impatientant! Courez donc vite.

— Je viens justement pour...

— Il ne s'agit pas de cela, mais du prince... Encore une fois, allez donc vite.

— Mais, bonne amie, je viens vous raconter ce que vous désirez savoir! — s'écria M. Girard avec une extrême volubilité.

— C'est différent; entrez, et fermez la porte de la loge... Il fallait dire cela tout de suite.

— Bonne amie, vous ne m'en avez pas laissé le temps, et je...

— Au fait, au fait.

— Est-ce que le prince a complétement perdu connaissance? — demanda Berthe avec intérêt.

— La princesse est sans doute partie avec lui? — dit M. de Brévannes.

— Est-ce qu'on lui a donné là les premiers secours? — repartit madame Girard-Timoléon. — Mais répondez donc, vous restez là comme un *tertre*, sans mot dire.

— Je ne puis répondre à tant de questions à la fois... D'après ce que j'ai pu recueillir dans la foule, selon les uns, le prince sortait d'une longue maladie, la chaleur de la salle l'a gravement incommodé; selon d'autres, c'était un accès de folie qui lui avait pris lorsqu'on le croyait pourtant complétement guéri; selon ceux-là, enfin, c'était une émotion violente et inattendue qui avait causé sa défaillance.

— Pauvre prince, si jeune et si souffrant! — dit naïvement Berthe à M. de Brévannes; — jusqu'à ses douleurs, tout est donc un mystère?...

— Ah! ma chère madame de Brévannes, comme cela est intéressant, n'est-ce pas? — s'écria madame Girard avec exaltation. — Quel dommage que nous n'ayons pas pu le voir! car il était tellement caché dans le fond de la loge, que nous ne pouvions distinguer ses traits.

— J'avoue, — dit Berthe, — que j'aurais été curieuse de voir sa figure...

M. de Brévannes avait froncé le sourcil en examinant avec intention la physionomie de Berthe, lorsque celle-ci avait manifesté son intérêt pour M. de Hansfeld... Il attendit avec une certaine inquiétude la réponse de madame Girard, qui avait ajouté sentimentalement :

— En admettant que le prince fût jeune et beau, intéressant comme il l'est, on ne choisirait pas autrement son idéal si l'on était jeune fille et maîtresse de son cœur; n'est-ce pas, madame de Brévannes?

— Pourtant, bonne amie, il me semble que je n'ai pas contrarié votre inclination, et que...

— Ah çà! j'espère bien, Timoléon, que vous n'avez jamais eu la prétention d'être un être idéal, fantastique?

— Je n'ai pas la prétention d'être fantastique, bonne amie, mais...

— Silence! on lève la toile...

M. Girard se tut.

Berthe et madame Girard prêtèrent une nouvelle attention au dernier acte de la comédie, et M. de Brévannes, dont les traits s'assombrissaient de plus en plus, jeta plusieurs fois sur Berthe de singuliers regards; son absurde jalousie s'alarmait de l'intérêt que Berthe venait de témoigner en entendant parler des souffrances du prince dont elle n'avait même pas vu les traits.

CHAPITRE XVIII

LA SORTIE

— Eh bien!
— C'est un succès.
— Un grand succès.
— Ce diable de Gercourt a du bonheur.
— C'est un beau début.
— Bah! ce n'est pas lui qui a fait cela.

— C'est l'idée qui m'est venue à mesure que le succès se décidait.

— Si cela n'avait que médiocrement réussi, on aurait pu croire à la rigueur Gercourt auteur de cette comédie.

— Si elle était tombée, on n'aurait pas eu le moindre doute.

— C'est un succès, à la bonne heure ; mais le jeu des acteurs est tout dans ces espèces de pièces-là.

— C'est très vrai ; tout à l'heure je passais à côté d'un journaliste : il disait que c'était spirituel, mais que ce n'était pas *charpenté.*

— Voilà justement le mot que je cherchais ; ça n'est pas ce que l'on appelle charpenté.

— Que diable ! quand on veut se mêler d'écrire pour le théâtre, il faut au moins savoir charpenter.

— La charpente, c'est tout une pièce.

— Mais il y a des gens qui croient avoir la science infuse.

— Moi, je sais que je trouvais Gercourt très bon garçon, très aimable avant qu'il eût sa manie d'écrire... maintenant il a un air mystérieux, occupé...

— C'est du dernier ridicule.

— Voilà Morville. Malgré sa mélancolie, il a l'air aussi satisfait que s'il était l'auteur lui-même.

— Il n'y a pourtant pas de quoi.

— Eh bien ! messieurs, je vous l'avais bien dit : le dénoûment, quel effet ! Ça n'est pas un succès, c'est un vrai triomphe...

— Ça prouve surtout en faveur de notre amitié ; nous étions tous là, nous remplissions la salle... Ça s'est passé en famille.

— Il faudra voir cela devant un vrai public.

— Franchement, c'est malgré votre amitié que Gercourt a réussi.

— Oh ! vous voilà toujours avec vos paradoxes, vous, Morville... Dès que quelqu'un est votre ami, il aurait tué père et mère qu'il serait excusable à vos yeux.

7.

— A plus forte raison, mon cher, lorsque cet ami a commis une charmante comédie ; au moins reconnaissez quelques circonstances atténuantes à son crime. D'abord, il ne croyait pas que le succès qu'il ambitionnait pût vous être si désagréable ; il n'y a pas eu, quant à cela, préméditation, je vous le jure.

— Vous plaisantez, Morville.

— Mais c'est la vérité...

— Tenez, si vous étiez l'ami de cette femme qui porte cette drôle de casquette polonaise, vous seriez capable de soutenir que cette coiffure est de bon goût.

— De quelle femme voulez-vous donc parler ? où est-elle ?

— Là-bas, au pied de la statue de Voltaire, à côté de madame de Brévannes, qui a l'air toute honteuse du *compagnonnage*.

— Est-ce que M. de Brévannes est à Paris ?

— Sans doute, mon cher Morville ; mais de quel air vous demandez cela !

— Et depuis longtemps ?

— Je ne le crois pas ; je l'ai vu pour la première fois, depuis son retour, au bal de l'Opéra. Ah çà, qu'avez-vous donc, Morville ? Vous semblez tout préoccupé de Brévannes, est-ce que vous seriez amoureux de sa femme ? Elle en vaut la peine.

— Son seul défaut est d'avoir des amies qui portent de pareils toquets.

— Vous qui prenez tant de part au succès de Gercourt, mon cher Morville, vous oubliez le plus beau... Sa comédie a fait un tel effet sur le prince de Hansfeld, qu'elle l'a rendu plus imbécile que jamais. On l'a transporté dans sa voiture presque sans connaissance. Pour sa première sortie, dit-on, il a eu du bonheur.

— Comme c'est agréable pour madame de Hansfeld !

— Oh ! de celle-là, nous pouvons dire tout le mal possible, Morville la déteste, et son prétexte de sentir le cigare, qu'il a donné pour n'aller pas répondre à sa tante et à cette belle princesse, était une défaite... Êtes-vous original assez, Morville !

— Et vous dites qu'il n'y a pas longtemps que M. de Brévannes est à Paris ?

— Allons, vous en êtes encore à M. de Brévannes ? Je vous y laisse. Bonsoir, Morville... Voici ma voiture.

— Décidément, Morville est timbré.

— Voilà pourtant ce que c'est que de nous, lorsque nous sommes abrutis par la passion.

— Lady Melford a fait là un bel ouvrage.

— Pauvre garçon !... Ah ! voici Gercourt là-bas ; il a l'air de se sauver... d'échapper à son triomphe. Quelle fatuité !

— Il faut l'appeler... Gercourt !... Gercourt !...

— Il va être ravi.

— Bravo ! mon cher ami.

— C'est un beau succès.

— Un grand succès.

— Vous ne pouvez vous imaginer combien nous en sommes heureux.

— Ah ! mes amis...

— Nous le disions tout à l'heure : d'un homme dont c'est le métier... c'eût été déjà très bien ; mais d'un homme du monde, c'est double mérite.

— Eh bien, vrai, ce que vous me dites là, ces témoignages de bonne amitié me sont plus précieux que le succès en lui-même.

— Mais c'est tout simple, on a un succès autant pour ses amis que pour soi.

— Mais à quoi pense donc Morville ? Est-ce qu'il n'est pas content de ma pièce ?

— Vous savez, mon cher, combien il est difficile pour tout le monde... Il a l'air de ne pas vous voir.

— Et moi, je me sauve, car on me regarde, et je ne suis nullement curieux de faire le *lion*... Adieu...

— Adieu, mon cher, et encore bravo !
— C'est-à-dire qu'il est charmé d'avoir fait son effet.
— Quelle ridicule et insupportable vanité !

CHAPITRE XIX

LA POSTE RESTANTE

Huit jours environ s'étaient passés depuis l'entrevue de madame de Hansfeld et de M. de Morville à l'Opéra.

M. de Morville, accablé d'une mélancolie profonde, n'avait pas quitté sa mère, qui se trouvait de plus en plus souffrante. Il se souvenait avec un mélange de joie et d'amertume de son entretien avec madame de Hansfeld ; le cri qui était échappé à la princesse lui donnait un fugitif espoir d'être aimé par elle, mais rendait plus pénible encore la lutte qu'il avait à soutenir contre le devoir.

Par une fatalité à laquelle tous les hommes obéissent, son amour s'augmentait en raison des obstacles insurmontables qui le séparaient de Paula.

Par cela même qu'il accomplissait un douloureux sacrifice en la fuyant, il se consolait en nourrissant au fond de son cœur cette fatale passion ; quelquefois, mais en vain, il voulait se reprendre à son ancien amour pour lady Melford, il voulait faire jaillir quelque étincelle de ces cendres refroidies.

En vain il se demandait par quel décroissement insensible il était arrivé si vite à l'oubli complet d'un sentiment qui naguère encore occupait toute sa pensée... En vain il se demandait la cause de son amour pour madame de Hansfeld. Elle était sans doute d'une beauté remarquable... Quant à son cœur, à son esprit, il ne pouvait en juger. Dans son unique conversation avec la princesse, celle-ci avait été dédaigneuse, ironique et froide...

Dans cet examen des causes de sa passion, M. de Morville oubliait la plus essentielle... ses lettres à madame de Hansfeld, lorsqu'il avait compris, par une singulière intuition de l'amour, presque toutes les émotions dont elle était agitée. S'il est vrai qu'on aime souvent en raison des sacrifices que l'on a faits à l'objet aimé, certaines âmes d'élite aiment en raison de l'élévation des sentiments qu'on leur inspire. Et M. de Morville devait à son amour pour madame de Hansfeld les plus nobles inspirations.

Que si l'on objecte que jeune, beau, sensible, délicat, entouré de séductions, il fallait que M. de Morville fût une manière de Scipion pour se vouer à un amour impossible après être resté si longtemps fidèle au souvenir d'une femme aimée, nous répondrons que si ces exemples de constance phénoménale se rencontrent quelquefois, c'est surtout parmi les hommes jeunes et beaux, sensibles, délicats et entourés de séductions; ils ont eu assez de succès pour n'être pas infidèles par fausse honte, ou pour ne pas ajouter par vanité un chiffre de plus à leurs heureuses fortunes.

Puis la facilité même des triomphes auxquels ils peuvent prétendre les en éloigne. Enfin, sans être absolument rassasiés de plaisirs, leur première fougue étant dès longtemps apaisée, ils sont alors avides de jouissances plus délicates... heureux d'y consacrer la plus large part de leur existence...

Pour exercer ainsi leurs facultés sensitives, il n'est pas besoin d'un amour heureux; ils trouvent un charme doux et triste aux regrets incessants que cause un souvenir adoré, aux tendres angoisses d'un amour sans espoir; ils comprennent enfin l'ineffable volupté de la mélancolie, les raffinements des passions pures et élevées.

Des hommes moins bien-doués, moins accoutumés au succès, sont fidèles ou *désintéressés* en amour... par nécessité.

Les gens comme M. de Morville le sont, si cela se peut dire, par luxe.

C'est parce qu'il ne tiendrait qu'à eux d'*avoir*, qu'ils mettent une sorte de noble dépravation à ne pas avoir. Et puis enfin (nous voulons à tout prix excuser la constance et la résignation de notre héros), certains gourmets sensés savent de temps à autre rafraîchir, renouveler la sensibilité de leur goût par une intelligente sobriété. Ceci posé, M. de Morville disculpé (nous l'espérons du moins) des ridicules inhérents à la position d'amant fidèle ou d'amant malheureux, nous instruirons le lecteur d'une nouvelle particularité.

Huit jours environ après son entretien avec madame de Hansfeld, M. de Morville reçut par la poste la lettre suivante d'une écriture inconnue :

« La démarche que l'on tente auprès de vous est étrange et folle ; vous pouvez y voir une raillerie, un badinage ou un caprice ; vous pouvez y répondre par le silence, par les plaisanteries ou par le dédain ; on ne s'abuse pas ; il y a mille raisons pour que cette démarche, pourtant aussi sérieuse, aussi solennelle qu'il en soit au monde, vous semble ridicule ou indigne de votre attention... Cependant on a joué toute une existence... sur l'espoir presque insensé que l'instinct de votre cœur vous révélerait ce qu'il y a de sincère, de grave dans la question qu'on va vous faire : *Votre cœur est-il libre?*

» On sait qu'un souvenir chéri le remplit depuis presque deux années ; mais il ne s'agit pas de ce passé : on s'adresse à votre honneur, à votre loyauté bien connus. Pouvez-vous répondre à un amour profond, nourri depuis longtemps dans le silence et dans le mystère, amour passionné que vous seul pouvez inspirer et justifier ?

» Répondez... Voulez-vous de cet amour ?...

» Bien des hommes seraient fiers de le partager. On ne vous dit pas cela par orgueil... car cet amour... on le met à vos pieds avec autant d'humilité que de crainte... Si vous êtes libre, si vous pouvez consacrer... ou plutôt, si vous permettez qu'on vous consacre une vie tout entière... dites un mot... et demain vous saurez qui vous écrit cette lettre...

» La confiance que l'on a en vous est telle que l'on vous croira aveuglément. Rien ne vous sera plus facile que de tromper un cœur rempli de vous. Vous pourrez prendre impunément cet amour comme un jouet avec l'arrière-pensée de le briser bientôt ; vous pourrez légèrement, insoucieusement, porter un coup mortel à un cœur trop épris... On vous dit cela parce qu'on vous sait bon et généreux... parce qu'on ne présume pas trop de votre cœur et de votre franchise en attendant une réponse loyale... Quelle qu'elle soit, elle sera reçue avec reconnaissance... Votre sincérité consolera du moins l'amertume d'un refus. Ce malheureux amour rentrera dans le mystère et dans l'obscurité dont il n'aurait jamais dû sortir ; quoiqu'il ne soit pas partagé, il ne sera pas moins fervent et éternel ; vous pouvez y être insensible, mais vous ne pouvez l'empêcher d'exister.

» *P. S.* Répondre poste restante, à Paris, à madame Derval. »

Soit qu'il fût dans un milieu d'idées romanesques et mélancoliques, soit qu'il crût à la sincérité de cette lettre, soit enfin que, décidé à refuser l'*offre de ce cœur*, il évitât, de la sorte, le ridicule d'être dupe d'une plaisanterie, M. de Morville répondit sérieusement à cette proposition, et envoya ces mots, poste restante, à l'adresse de madame Derval :

« J'aimerais mieux mille fois être victime d'une plaisanterie que risquer de répondre légèrement à l'expression d'un sentiment dont un honnête homme doit toujours se montrer fier et reconnaissant. Il est un mérite que je prétends avoir, c'est celui de la franchise ; jamais je n'ai commis une action lâche ou méchante, jamais je n'ai regardé comme vains et frivoles les engagements de deux cœurs qui se donnent l'un à l'autre, engagements dans lesquels une femme met presque toujours son repos, son honneur, son avenir à la merci d'un homme ;

engagements dans lesquels la femme risque tout, l'homme rien...

» Je répondrai donc : *Non, mon cœur n'est pas libre; j'aime, et j'aime sans espoir...*

» Serai-je compris, lorsque je dirai qu'en répondant de la sorte je crois être à la hauteur du sentiment que l'on m'exprime, et dont je suis aussi touché qu'honoré ?

» En admettant la réalité du sentiment dont on me parle, je suis absous de présomption par cette vérité bien connue : *Être aimé ne prouve pas qu'on mérite d'être aimé.* Mais, quant à moi, j'ai toujours pensé que ceux qui aimaient méritaient toujours autant de respect que d'admiration.

» Léon de Morville. »

Le lendemain, M. de Morville reçut cette réponse par la poste :

« On vous avait bien jugé, noble et généreux cœur ; votre lettre a fait couler des larmes sans amertume. Votre rare délicatesse aurait encore, si cela était possible, augmenté la folle passion que vous avez inspirée... Folle passion !... oh ! non... non... jamais amour n'a été plus réfléchi, plus médité, plus sage... car vous êtes digne de répondre à toutes les exigences de l'âme la plus pure, la plus élevée.

» Non, ce n'est pas une folle passion que celle que vous inspirez ; on s'en honore, on s'en pare comme d'une vertu... Maintenant, on a une dernière grâce à vous demander ; on sait que si vous ne l'accordez pas, elle est inopportune ; si, au contraire, vous l'accordez, c'est que vous comprendrez de quelle immense consolation elle peut être pour un cœur rempli de vous. On voudrait de temps à autre vous écrire, non pas pour vous parler d'un amour qui désormais n'élèvera plus la voix, mais pour vous faire entendre quelquefois les accents d'une voix amie.

» *Votre cœur n'est pas libre, et vous aimez sans espoir.*

» On a cru que cette confidence imposait des devoirs parce qu'elle vous présageait des chagrins. Ceux qui ont souffert doivent venir à ceux qui souffrent ; si votre amour continue d'être malheureux, peut-être au milieu de vos tristesses accueillerez-vous avec reconnaissance la consolation d'un cœur tendre et dévoué qui, mieux que tout autre, saura compatir à votre douleur.

» Si vous êtes heureux, vous serez généreux, et vous aurez quelques bonnes et douces paroles pour l'amie inconnue qui oubliera ses chagrins en songeant à vos souffrances ou à votre bonheur... Vous êtes si loyal que vous ne suspecterez pas la loyauté des autres. Le but de cette correspondance n'est pas de tendre un piége à votre affection, ou de profiter d'un moment de dépit pour vous offrir de nouveau un cœur que vous avez repoussé ; vous croirez cela parce que vous savez qu'il est des âmes dignes de la vôtre ; vous croirez cela parce que, quoi qu'il arrive, jamais vous ne saurez qui vous écrit.

» Enfin, vous ne verrez dans cette résolution ni orgueil froissé, ni amertume. L'élévation du sentiment qui dicte cette lettre le met hors d'atteinte de ces misérables passions. Le sort a voulu que cette offre d'un cœur dévoué vous fût faite trop tôt ou trop tard... Ce cœur n'en est pas moins à vous, c'est-à-dire toujours digne de vous.

» Répondez poste restante, à la même adresse. »

Le calme et la dignité de cette nouvelle lettre frappèrent M. de Morville ; il en fut touché, malgré les préoccupations que lui causait son amour pour madame de Hansfeld. Il répondit avec sa sincérité habituelle :

« J'accepte avec reconnaissance l'offre que vous me faites... Mon cœur est triste ; je n'ai jamais eu de confident, mais j'aimerais à épancher mes impressions, non pas raconter des faits agréables ou pénibles, et les confidents s'inquiètent des personnes, non des sentiments. Il se peut donc que je trouve un grand charme, une grande consolation à dire mes tristesses ou mes espérances, ou à m'entendre plaindre si je souffre, ou féliciter si je suis heureux, par la mystérieuse et généreuse amie qui vient à moi.

» Léon de Morville. »

Ce dernier billet écrit et envoyé à son adresse, M. de Morville, absorbé par son amour croissant pour madame de Hansfeld, ne songea plus que rarement à sa mystérieuse correspondante, la personne inconnue (que le lecteur a sans doute devinée) ne voulant pas abuser, par une hâte indiscrète, de la permission que M. de Morville lui avait donnée.

CHAPITRE XX

L'ÉMISSAIRE

Huit jours s'étaient passés depuis que M. de Brévannes avait reconnu, à la Comédie-Française, Paula Monti dans madame la princesse de Hansfeld.

Il était dix heures du matin : M. de Brévannes descendait de fiacre à la porte d'une maison de médiocre apparence, située à l'extrémité de la rue des Martyrs, rue généralement assez déserte, ainsi que chacun sait.

Il n'y avait pas de portier dans cette maison : M. de Brévannes monta donc jusqu'au premier étage où il sonna en maître. Presque aussitôt la porte lui fut ouverte par une femme assez âgée, modestement mais proprement vêtue. Son visage était fortement couperosé ; elle portait des lunettes et tenait une tabatière à la main.

En deux mots, nous dirons que cette femme, appelée madame Grassot, était gardienne d'un petit appartement loué par M. de Brévannes pour y recevoir en toute sécurité les rivales de Berthe.

— Eh bien, madame Grassot, quelles nouvelles? — dit M. de Brévannes en entrant dans un joli salon où flambait un bon feu.

— De très bonnes, monsieur Charles, — dit la vieille en ôtant ses lunettes et en aspirant une forte prise de tabac.

— De très bonnes? — s'écria M. de Brévannes en se retournant vers elle.

— D'excellentes, monsieur Charles. Est-ce que cela vous étonne?

— Non, car je sais par expérience que vous êtes habile... Pourtant, il s'agissait d'une chose très difficile...

— Et vous doutiez de moi?...

— Il y avait tant d'obstacles à surmonter... Enfin, que savez-vous?...

— Vous m'aviez donné huit jours... et en cinq j'ai réussi.

— Eh bien?...

— Eh bien... commençons, comme on dit, par le commencement, et écoutez-moi attentivement.

— Je n'y manquerai pas.

— Mardi matin, vous m'avez dit : « Madame Grassot, il faut absolument que vous trouviez moyen de vous aboucher avec un des domestiques ou une des femmes de madame la princesse de Hansfeld, qui demeure rue Saint-Louis, hôtel Lambert. »

— Vous me faites mourir d'impatience...

— Ah! monsieur Charles, si vous m'interrompez...

— Mais vous ne savez pas à quel point ceci m'intéresse...

— Laissez-moi parler. Aussitôt pris, aussitôt pendu, comme on dit. Dès que vous avez eu tourné les talons, je suis descendue à pied jusqu'au boulevard Montmartre, j'ai pris l'omnibus de la Bastille; de la porte Saint-Antoine, je suis arrivée dans l'île Saint-Louis. J'ai commencé, comme de juste, par faire le tour de l'hôtel, à partir de la grande porte située rue Saint-Louis-en-l'Île jusqu'à l'extrémité du mur du jardin qui donne sur le quai d'Anjou...

— Je vous avais surtout recommandé d'observer de ce

côté; il y a une petite porte qui s'ouvre sur ce quai désert...

— Je n'ai rien oublié, soyez tranquille... Mais pour mes premières observations, je devais d'abord m'attacher à la porte cochère... Comme il n'y avait ni café, ni cabaret où j'aurais pu m'établir pour observer, et que, dans les rues désertes, on eût bien vite remarqué ma présence, je descendis jusqu'à la place de fiacres du quai Saint-Paul. J'y pris une petite voiture à l'heure, et baissant bien les stores, j'allai m'embusquer au coin de la rue Poultier, où demeure votre beau-père.

— C'est bon... c'est bon... Eh bien?...

— De là j'apercevais parfaitement la porte de l'hôtel sans être dans la rue; jusqu'à trois heures je ne vis personne; les jours sont si courts que j'allais me retirer, lorsqu'une femme, vêtue d'une robe puce et d'un chapeau brun, sortit de l'hôtel et se dirigea justement de mon côté: c'était une jeune fille, noire comme un diable, comme qui dirait une mulâtresse, avec des yeux bleu clair. Je n'ai jamais vu une figure pareille; j'ai laissé passer la moricaude, j'ai payé mon fiacre, et j'ai suivi...

— Eh bien?

— Elle a pris la rue Poultier, le quai d'Orléans, le pont, elle a fait enfin le tour de l'île, et est rentrée par la petite porte en question. C'était une simple promenade.

— Lui avez-vous parlé?

— Peste! comme vous y allez, monsieur Charles; vous savez que mon fort, c'est la prudence... Jusqu'au moment où j'ai vu la moricaude rentrer par la petite porte, rien ne me disait qu'elle fût de la maison de la princesse... Voilà pour le premier jour. Ça n'a l'air de rien, mais je savais déjà qui demander en me présentant à l'hôtel.

— Soit. Mais ensuite?

— Le lendemain, j'ai pris mon carton avec mes échantillons de dentelles et de guipures. Quelle bonne idée que ce carton, monsieur Charles! nous a-t-il servi! mon Dieu... nous a-t-il servi!...

— Au fait... au fait...

— Cette fois-là, j'arrive bravement à la grande porte; je frappe, on m'ouvre. Vous me croirez si vous voulez, monsieur Charles, je ne suis pas poltronne; eh bien, je n'ai pu m'empêcher de sentir un tic-tac en entrant là dedans.

— Pourquoi cela?

— La cour est petite, dallée et entourée de grands bâtiments sombres. C'est triste comme un cloître. Le soleil ne doit jamais venir là dedans, c'est sûr. Au fond de la cour, il y a comme un péristyle énorme et si profond qu'il faisait noir; on y voyait pourtant, à cause de sa blancheur, le balustre en pierre d'un immense escalier en fer à cheval qui montait en dehors jusqu'au premier étage; le péristyle allait jusqu'au fond.

— Mais c'est un palais.

— Oui, mais si triste, si triste, que j'aimerais autant habiter un tombeau que de vivre là dedans. Un vieux portier borgne, qui m'avait ouvert, m'examinait comme s'il avait voulu me manger en me barrant le passage. « Que voulez-vous? me dit-il. — C'est bien ici l'hôtel Lambert? — Oui. — Habité par madame la princesse de Hansfeld?—Oui. — Eh bien, je viens lui apporter des dentelles choisies hier par une jeune dame très brune qui est venue à mon magasin sur les quatre heures.» Comme la mulâtresse était sortie la veille à cette heure-là, mon conte parut vraisemblable; le cerbère me laissa passer. Je n'avais pas fait quatre pas que j'entendis siffler derrière moi, ni plus ni moins que dans une caverne de brigands. C'était le concierge qui annonçait.

— En effet, on m'a dit qu'il y avait encore quelques maisons du Marais où l'on sifflait de la sorte.

— C'est un drôle d'usage toujours; moi qui ne le connaissais pas, naturellement ça m'a surprise. Je monte cet énorme escalier qui ne finissait pas; j'arrive au premier, et je trouve une espèce de grand olibrius vêtu en chasseur, avec de grandes moustaches, qui baragouinait le français. Je lui dis que j'apporte des dentelles pour la princesse; il me prie d'attendre et il me laisse dans une antichambre à colonnes de pierre, grande comme une maison, sonore comme une église, si grande enfin qu'il y avait de l'écho; jugez comme c'était gai. Au bout de cinq minutes, l'olibrius revient me dire que sa maîtresse n'avait pas demandé de dentelles, et il me montre la porte; je réponds que c'est une jeune mulâtresse qui est venue. « C'est donc mademoiselle Iris, la demoiselle de compagnie de Son Excellence la princesse ? me dit l'olibrius. — Justement, c'est mademoiselle Iris; j'avais oublié son nom, » répondis-je. Et le chasseur s'en va en grommelant chercher mademoiselle Iris. J'avais gagné à cela de savoir que la moricaude était demoiselle de compagnie, et s'appelait Iris...

— Iris?... quel nom singulier !...

— Il y a bien d'autres choses singulières dans cette diable de maison. Comme je l'avais prévu, mademoiselle Iris vient en personne pour me dire que j'étais une menteuse, et qu'elle ne m'avait pas demandé de dentelles. Le chasseur était resté, ce qui ne m'empêche pas de dire rapidement et tout bas à la mulâtresse : « J'ai quelque chose de très important à vous communiquer; il y va de la mort d'un homme. Demain, à la nuit tombante et les jours suivants, je serai sur le quai d'Anjou, à la petite porte du jardin; je vous attendrai jusqu'à ce que vous veniez... » Vous concevez, monsieur Charles... *la mort d'un homme...* on dit toujours ça... c'est d'un effet sûr pour piquer la curiosité des jeunesses.

— Qu'a répondu la mulâtresse?

— Elle m'a répondu très aigrement (je m'y attendais) qu'elle ne savait pas ce que je voulais dire, que j'avais l'air d'une vieille intrigante; finalement elle dit à l'olibrius en me montrant : « Qu'on ne laisse jamais rentrer cette femme ici! » L'olibrius me fait un geste et me montre la porte. Je prends mon carton, mon sac et mes quilles, comme on dit, et je descends le grand escalier comme si j'avais retrouvé mes jambes de quinze ans... Voilà pour le second jour. Vous voyez que ça marche joliment bon train.

— Pas trop.

— Comment, pas trop?... Ce n'était rien de donner un rendez-vous à cette moricaude en lui annonçant qu'il y allait de la mort d'un homme?

— Mais cette jeune fille vous avait dit qu'elle ne viendrait pas.

— Mon Dieu! monsieur Charles, est-ce vous, à votre âge, avec votre expérience, qui me faites une telle observation? Si je lui avais dit : « Je serai seulement demain à la petite porte du jardin pour vous apprendre quelque chose de très important, » la curiosité de la mulâtresse aurait pu se contenir jusqu'à demain, et après-demain il était trop tard pour y céder, à cette curiosité; mais remarquez donc bien que j'avais dit demain et les jours suivants... je lui laissais le temps de succomber.

— C'est juste.

— Or, une sainte, une vraie sainte ne résisterait pas à la curiosité de savoir si, comme je l'avais dit, je viendrais tous les jours par un temps d'hiver me camper à la porte; et si j'y venais, le secret était donc bien important; il était donc possible qu'il s'agît de la mort d'un homme. Et quelle est la sainte, je le répète, qui résisterait au désir de connaître un tel secret?

— Allons, allons, madame Grassot, je me rétracte; vous êtes une maîtresse femme... Ceci est fort habile.

— Je le crois bien.

— Continuez.

— Le troisième jour, vers les quatre heures, je prends un petit fiacre, une boule d'eau chaude pour me tenir les pieds chauds, parce que la faction pouvait être longue, je m'enveloppe dans mon manteau, et : Cocher, quai d'Anjou, la dernière petite porte du quai à main droite; je m'attendais bien à ne pas voir la moricaude. Ce soir-là, en effet, je me morfonds jusqu'à neuf heures, j'étais gelée... rien...

— Et le lendemain?

— Ah! monsieur Charles, il faut que ça soit vous... Le lendemain, même jeu... J'arrive en fiacre; il s'arrête à raser la petite porte; ses lanternes l'éclairaient comme en plein jour... A sept heures environ, la petite porte s'entr'ouvre et se referme brusquement. C'était chose gagnée, la curieuse était à moi. Pourtant le lendemain, à mon grand étonnement, je ne vis personne; j'attendis jusqu'à dix heures et demie, rien... Mais enfin, hier soir, j'ai été bien dédommagée...

— Et je vais l'être aussi de tous ces détails.

— Cela vous impatiente, monsieur Charles. Êtes-vous impatient! Enfin, hier, j'arrive; on m'attendait, car la petite porte s'ouvre tout de suite, et la moricaude, enveloppée dans un manteau, s'avance sur le pas de la porte; j'abaisse la vitre du fiacre, et elle demande à voix basse si c'est bien la marchande de dentelles qui est là... Pauvre agneau!!.

« C'est elle-même, ma belle demoiselle; mais si vous voulez monter avec moi un petit moment dans le fiacre, nous causerons plus à notre aise... — Oh! madame, je n'ose pas. » La pauvre petite était tout effrayée; c'est si jeune et si timide. Enfin, après des si et des mais dont je vous fais grâce, elle consent à monter dans le fiacre auprès de moi. Je dis au cocher de faire le tour de l'île au pas, et nous partons. La pauvre petite tremblait si fort que j'ai eu toutes les peines du monde à la rassurer. Je m'y connais; je vous donne la moricaude pour la plus fière trembleuse, la plus fameuse ingénue...

— Enfin... enfin...

« Vous m'avez dit, madame, reprit-elle, que vous aviez quelque chose de bien important à m'apprendre... qu'il s'agissait de la mort d'un homme? » Voyez-vous, monsieur Charles, ça fait toujours son effet.

« Oui, ma belle demoiselle; mais ce qui doit vous rassurer, c'est que ce secret ne vous regarde pas, il regarde votre bonne, votre excellente maîtresse, que vous aimez de tout votre cœur, n'est-ce pas? — Oui, madame. — Et à qui vous ne voudriez pas causer de chagrin? — Non, madame. — Eh bien, mon enfant, vous lui en causeriez un bien vif en ne la mettant pas à même d'empêcher un grand malheur. — Comment cela, madame? — Un malheureux jeune homme... Mais je ne puis vous en dire davantage, mon enfant... Ce pauvre jeune homme!... Si vous consentez à l'écouter, il viendra à ma place demain soir, en fiacre, à la petite porte, et il vous expliquera tout cela. — Oh! madame, je n'oserai jamais. — Mais il s'agit de quelque chose de très grave pour votre maîtresse. — Alors j'en parlerai à Son Excellence (vous voyez comme la moricaude est simple, monsieur Charles). — Gardez-vous-en bien, lui dis-je; écoutez d'abord ce malheureux jeune homme, et si ce qu'il vous dit ne vous persuade pas, vous ne parlerez de rien à votre maîtresse. Il y aurait, il est vrai, quelque chose de plus simple, ce serait que Son Excellence vînt avec vous... Attendez donc, ne vous effarouchez pas ainsi, mon enfant; c'est en tout bien tout honneur... Ne croyez pas qu'il s'agisse d'amour, au moins; une femme comme moi ne se mêlerait pas de tels tripotages. Non, il s'agit de sauver la vie d'un malheureux... Mais je ne puis vous en dire davantage... Accordez le rendez-vous que je vous demande; au besoin même prévenez-en la princesse. — Et le prince, madame, faudrait-il aussi le prévenir? » me dit l'innocente.

— Diable!...

— Je vous avoue qu'à ces mots, monsieur Charles, je me repentis d'avoir été si avant; mais je m'assurai bientôt que c'était pure ingénuité de la part de cette petite, qui a l'air d'avoir seize ans... jugez... Enfin, à force de raisonnements, de promesses, je l'ai décidée à vous donner rendez-vous, comme à moi, à la petite porte du jardin.

— Ce soir?

— Non, demain. Elle m'a dit que sa maîtresse ne sortait pas aujourd'hui, mais qu'elle irait demain à l'Opéra, et qu'alors, sur les neuf heures, vous pouviez venir en fiacre à la petite porte. Maintenant, monsieur Charles, le reste vous regarde; vous voici en relation avec la petite, et jusqu'à un certain point avec sa maîtresse; car, ingénue comme est cette jeune fille, elle ne manquera pas probablement de tout dire à sa maîtresse; et si la mulâtresse reparaît avec l'agrément de la princesse, vous êtes en bonne voie... Si elle ne reparaît pas, c'est mauvais signe.

— Allons, maman Grassot, vous êtes une femme incomparable. Tenez, voici cinq louis pour vos frais de fiacre.

— Monsieur est bien bon; monsieur n'a rien de plus à m'ordonner?

— Non; mais dites-moi : avez-vous demandé au locataire du second s'il voulait déménager? je préférerais avoir cette petite maison à moi seul.

— Que je suis étourdie, à mon âge! j'oubliais de dire à monsieur que ce locataire consentirait à déménager sur-le-champ, si on lui donnait mille francs d'indemnité.

— Il est fou; son loyer est à peine de quatre cents francs.

— J'ai bataillé; il n'y a pas eu moyen de le faire démordre.

— Mais c'est me mettre le pistolet sur la gorge.

— Sans doute; il faut payer la convenance, et il s'en irait tout de suite. Dans vingt-quatre heures, son déménagement serait fait.

— Allons, tenez, voici un billet de mille francs et un de cinq cents francs, vous payerez six mois d'avance et vous me tiendrez compte du reste...

— Monsieur sera en effet bien plus tranquille en étant seul dans la maison. Quant à moi, je n'en serai pas plus effrayée, quoiqu'il n'y ait pas de portier; je n'ai peur ni des revenants ni des voleurs, moi.

— D'ailleurs, le quartier est très sûr quoique solitaire.

— Sans compter le factionnaire du coin qui, de sa guérite, voit notre porte.

— Allons, madame Grassot, faites vite déménager ce locataire du second, j'ai hâte d'être seul ici.

— Après-demain ce sera fait, monsieur... Allons, bonne chance... Je sais bien pour qui je voudrais l'étrenne de cette maison, après que le locataire du second sera parti... Mais je connais monsieur, ça sera plus tôt que plus tard... quand monsieur a mis quelque chose dans sa tête...

— Vous êtes une flatteuse, madame Grassot.

Et M. de Brévannes quitta la petite maison de la rue des Martyrs.

Après avoir attendu le lendemain soir avec une extrême impatience, il arriva vers les huit heures quai d'Anjou; il faisait une très belle nuit d'hiver, le froid était vif et sec, la lune brillait. Après quelques moments d'attente, la petite porte du jardin de l'hôtel s'ouvrit : Iris parut sur le seuil bien encapuchonnée. M. de Brévannes avait laissé sa voiture à quelques pas; il accourut auprès de la jeune mulâtresse, qui prit son bras en tremblant.

CHAPITRE XXI

L'ENTRETIEN

— Tenez, d'abord, ma chère enfant, voici pour vous, — dit M. de Brévannes en voulant glisser une bourse dans la main de la mulâtresse.

Celle-ci repoussa fièrement la bourse en disant :

— Vous vous trompez, monsieur.

— C'est une faible marque de mon estime, — reprit M. de Brévannes en insistant.

— De votre estime, monsieur?

A l'expression d'ironie amère qui accompagna ces mots, M. de Brévannes s'aperçut de sa maladresse; il remit sa bourse dans sa poche, et dit :

— Vous êtes demoiselle de compagnie de madame de Hansfeld?

— Oui.

— Y a-t-il longtemps que vous êtes à son service?

— Il y a longtemps.

— Sans doute depuis son retour d'un voyage qu'elle avait fait à Florence avec sa tante?

— Oui.

— La femme que je vous ai envoyée a dû vous dire que j'avais des choses du plus haut intérêt à communiquer à la princesse?

— Elle me l'a dit.

— Avez-vous prévenu madame de Hansfeld des démarches de cette femme et de l'entretien que vous m'accordiez ici?

— Non...

— Vous avez sans doute gardé le même secret à l'égard du prince?

— Je ne parle jamais à Son Excellence.

— Vous êtes donc venue...

— Pour savoir ce que vous aviez à dire à ma maîtresse, et l'en instruire, si je le jugeais convenable...

— Vous êtes bien jeune, et je ne sais à quel point vous êtes dans la confiance de madame de Hansfeld pour...

— Alors adressez-vous directement à elle...

— C'est ce que je vous demande : donnez-m'en les moyens.

— Cela dépend de ma maîtresse...

— Quel que soit le prix que vous mettiez à ce service...

— Je ne puis rien faire sans l'avis de la princesse.

— Remettez-lui cette lettre.

— Impossible...

— Il ne s'y trouve rien de compromettant... Je lui dis seulement qu'ayant les choses les plus graves à lui écrire, je la supplie de me mettre à même de lui adresser une lettre en toute sécurité...

— Alors cette lettre est inutile... Je lui ferai cette proposition; si elle accepte, elle vous le fera savoir. Quel est votre nom, votre adresse?

— Je m'appelle Charles de Brévannes; voici ma carte... Vous entendez bien? Charles de Brévannes.

— J'entends bien...

— Ce nom vous est tout à fait inconnu?

— Tout à fait.

— Jamais madame de Hansfeld ne l'avait prononcé devant vous?

— Jamais.

M. de Brévannes, contrarié de la réserve de la jeune fille, tenta une autre voie pour la gagner.

— Tenez, ma chère enfant, il faut tout vous dire... J'ai en effet des choses intéressantes à révéler à madame de Hansfeld; mais, — ajouta-t-il avec un accent flatteur, presque tendre, — j'ai quelque chose aussi à vous dire, à vous.

— A moi?

— Sans doute. Je vous ai vue l'autre jour passer dans la rue Saint-Louis, je vous ai trouvée charmante... trop charmante pour mon repos...

La mulâtresse baissa la tête sans répondre.

« Peut-être sera-t-elle plus sensible à des douceurs, à des cajoleries, qu'à de l'argent, » pensa M. de Brévannes; il reprit :

— Oui, et depuis ce jour j'ai doublement désiré de vous voir, d'abord pour vous parler de l'impression que vous avez faite sur moi, et puis des choses importantes qui regardent la princesse.

— Vous vous moquez, monsieur.

— Ne croyez pas cela... J'aurais peut-être trouvé d'autres moyens de parvenir jusqu'à madame de Hansfeld; mais j'ai préféré avoir recours à vous; votre physionomie expressive annonce tant d'esprit, des passions si ardentes, si généreuses, qu'en vous parlant de la maîtresse que vous aimez et de l'amour que vous inspirez... on doit mériter d'être bien accueilli par vous... Iris...

— Vous savez mon nom?

— Je sais bien d'autres choses encore... Depuis très longtemps je ne m'occupe que de vous.... Votre sincère attachement pour la princesse a encore augmenté mon intérêt pour vous.

— Je ne dois pas entendre ces paroles, — dit Iris d'une voix légèrement émue.

« Elle est à moi; cette petite fille ne pouvait résister à quelques amoureuses fleurettes, c'est un enfant. Madame Grassot avait dit vrai, » pensa M. de Brévannes; il reprit tout haut :

— Mais donnez-moi donc votre joli bras, au lieu de marcher ainsi loin de moi, ma chère Iris.

— Non, il faut que je rentre.

— Pas encore... à peine si j'ai eu le temps de causer avec vous.

— Parlez-moi de la princesse... je vous en prie, monsieur.

— C'est mon plus vif désir; mais pour cela il faut que nous soyons bien en confiance l'un avec l'autre; alors nous pourrions peut-être à nous deux prévenir de grands malheurs.

— Que dites-vous? la princesse risquerait...

— N'ayez pas peur... ma charmante Iris; si vous le voulez, nous conjurerons ces malheurs... Avec une jolie alliée comme vous, on ferait des prodiges... Et maintenant j'y songe, si nous nous entendions bien, nous, il serait peut-être mieux de ne pas prévenir encore la princesse.

— Comment cela?

— Elle pourrait ne pas rester maîtresse d'elle-même, s'effrayer, et compromettre l'heureux succès des projets que je forme dans son intérêt.

— Mais que puis-je faire, moi? Pourquoi faut-il que nous nous entendions bien ensemble?

— Je vous expliquerai cela... mais il faudrait d'abord répondre avec franchise à quelques-unes de mes questions. Le voulez-vous?

— Hélas! monsieur, je ne sais pourquoi, malgré moi, vous m'inspirez presque de la confiance.

— Parce que mon langage et mes sentiments sont sincères...

— Non, non, je ne dois pas vous croire... Cette femme que vous m'avez envoyée si souvent... tant de ruses, tant de persévérance...

— Mon violent désir de parvenir jusqu'à vous, jusqu'à la princesse, est mon excuse; vous l'accepterez, charmante Iris.

— Je ne le devrais pas peut-être... M'amener presque malgré moi à vous donner un rendez-vous.

« Décidément madame Grassot est une grande physionomiste, pensa M. de Brévannes; cette jeune fille est ingénue et niaise autant que possible; » et il reprit :

— Quel mal y a-t-il à cela... m'accorder un rendez-vous... presque malgré vous?... D'abord, vous n'avez pas cédé tout de suite, et puis vous me rendez si heureux...

— Vous le dites...

— N'en doutez pas. N'est-ce rien que d'avoir ce bras charmant sous le mien?...

— Je vous en supplie, parlons de la princesse...

— C'est maintenant vous qui me le demandez...

— Oui... puisque c'est pour elle que vous venez ici.

— Parlons encore de vous, ou plutôt laissez-moi jouir en silence du plaisir d'être près de vous.

— Non, non, je veux rentrer... Je vois bien que vous voulez me tromper... Vous n'avez aucune raison de vouloir parler à Son Excellence : c'est un piége que vous me tendiez...

— Quand cela serait...

— Ah! cela est bien mal... de vouloir ainsi tromper une pauvre fille... Laissez-moi... Je veux rentrer.

— Eh bien... voyons, voyons, calmez-vous, Iris... Mais à

quoi bon vous entretenir de madame de Hansfeld, si vous ne voulez pas répondre?

— J'aime mieux parler de ma maîtresse, que de vous entendre ainsi parler de moi.

— Eh bien... dites-moi... il y a environ une huitaine de jours... madame de Hansfeld est allée aux Français avec son mari, n'est-ce pas?

— Oui. Le prince sortait pour la première fois depuis longtemps.

— Et vous étiez restée seule, peut-être, à l'hôtel, charmante Iris... Quel bonheur pour celui qui aurait pu partager ces douces heures avec vous!

— Parlons de la princesse, monsieur, ou je rentre.

— Eh bien, en revenant des Français... comment s'est trouvée votre maîtresse?

— Très inquiète d'abord, car le prince n'a été complétement remis de son indisposition qu'une heure après son retour à l'hôtel...

— Mon Dieu! Iris, que vos yeux sont beaux et brillants!... Bénie soit la clarté de la lune qui me permet de les admirer!

— N'avez-vous donc plus rien à me dire sur Son Excellence?...

— Lorsqu'elle a été rassurée sur l'état de son mari... elle est redevenue sans doute calme... comme à l'ordinaire?... Quelle jolie main vous avez.

— Laissez-moi donc, monsieur... A quoi bon me faire des questions, vous ne vous occupez pas des réponses?

— Voyons, je vous écoute... Vous avez raison, de graves intérêts sont en jeu, c'est malgré moi que je cède aux distractions que vous me causez. Eh bien, la princesse?

— Loin d'être calme lorsque l'état du prince ne l'a plus inquiétée, son agitation a encore augmenté; j'étais, comme d'habitude, venue avec ses femmes, elle les a renvoyées et m'a gardée seule... Alors elle a pleuré, oh! bien longtemps pleuré.

— Elle a pleuré!

— Et moi-même je n'ai pu retenir mes larmes.

— Elle avait l'air bien courroucée, n'est-ce pas ?

— Elle... oh ! non, mon Dieu ! au contraire, elle était abattue, accablée ; elle levait de temps en temps les mains et les yeux au ciel, puis ses larmes recommençaient de couler... Vers une heure, elle a sonné ses femmes, on l'a déshabillée, elle est restée seule avec moi ; alors, au lieu de se coucher, elle s'est mise à écrire sur son livre noir à secret, où elle écrit toujours, je l'ai remarqué, lorsqu'il lui arrive quelque chose d'extraordinaire... Je lui ai dit qu'elle allait se fatiguer encore ; elle m'a répondu que non, que cela la calmerait au contraire. Je l'ai quittée. Vers les quatre heures du matin, voyant encore de la lumière chez elle, je suis entrée doucement ; elle écrivait toujours.

Ce que venait de dire la mulâtresse (elle mentait complétement à l'endroit du livre noir et de l'accablement de la princesse) était pour M. de Brévannes d'un prix inestimable. Il se figura que sa rencontre imprévue avait causé l'agitation, l'anxiété, les larmes de la princesse. Il ignorait que madame de Hansfeld l'avait déjà vu au bal de l'Opéra, il s'étonnait seulement qu'elle eût paru plus accablée qu'irritée de cette rencontre.

M. de Brévannes était non-seulement opiniâtre et égoïste, il était singulièrement vain ; malgré la froideur, l'éloignement que madame de Hansfeld lui avait témoignés en Italie, il n'avait jamais désespéré de s'en faire aimer. Son duel funeste, en le forçant de la quitter, n'avait ni éteint son amour, ni ruiné ses espérances, et bien souvent il s'était dit que, sans sa fuite, devenue nécessaire par la rigueur des lois italiennes, il serait parvenu à intéresser Paula Monti par la violence, les excès même de son amour pour elle... et à lui faire oublier le nom de Raphaël, qui, après tout, l'avait provoqué.

La vanité est au moins aussi aveugle que l'amour... M. de Brévannes était aussi vaniteux qu'amoureux ; on concevra donc qu'il eût une lueur d'espoir en apprenant que la princesse avait été plus accablée qu'irritée à son aspect... Ce qui lui donnait encore beaucoup à penser était cette circonstance :

Paula avait, à la suite de cette rencontre, longuement écrit dans un livre auquel elle confiait ses plus secrètes pensées...

Il s'agissait évidemment et de la mort de Raphaël et des circonstances qui l'avaient amenée... Donc il devait être question de lui, de Brévannes.

Posséder ce livre, y surprendre les pensées les plus intimes de madame de Hansfeld, tel fut dès lors l'unique désir de M. de Brévannes ; mais plus la satisfaction de ce désir était importante pour lui, plus il devait craindre d'en compromettre la réussite ; il crut donc prudent et habile d'avoir l'air de n'attacher aucune importance à la révélation qu'Iris avait paru lui faire avec la naïveté d'un enfant.

La mulâtresse, surprise de son silence, lui dit :

— Eh bien, monsieur, à quoi songez-vous donc?

— A vous, Iris... Encore une distraction...

— Comment, monsieur, malgré vos promesses?... Et moi qui réponds à toutes vos questions, moi qui vous en dis plus que je ne le devrais... vous ne m'avez pas écoutée...

— Si... très bien ; mais vous le voyez, Iris, les questions que je vous adresse sur la princesse sont bien simples, elles ne la compromettront en rien si vous y répondez ; je ne puis encore vous dire quel en est le but... Bientôt peut-être je vous demanderai davantage ; mais alors j'aurai, je l'espère, fait assez de progrès dans votre confiance pour que vous ayez toute foi en moi.

— Je ne devrais pas consentir à vous revoir, monsieur... à quoi bon? Je le vois, je ne suis là qu'un moyen de correspondance entre vous et la princesse... Mais pourquoi me plaindre? les malheureux n'ont-ils pas toujours été sacrifiés... aux heureux... aux grands de ce monde?

L'imperceptible accent d'amertume avec lequel Iris sembla prononcer ces derniers mots fit tressaillir M. de Brévannes ; une idée nouvelle lui vint à l'esprit.

Peut-être la fille de compagnie était-elle jalouse de sa maîtresse et mécontente de sa position, quoi de plus naturel?

Les gens de l'espèce de M. de Brévannes, si rusés qu'ils soient, sont presque toujours dupes de leur funeste dédain pour l'espèce humaine, et de leur propension à croire surtout aux mauvais sentiments. Au lieu de supposer, selon toute probabilité, que la mulâtresse était dévouée à sa maîtresse, et de se tenir prudemment sur la réserve, il suffit à M. de Brévannes, non pas même d'un mot, mais d'une seule inflexion de voix pour croire Iris envieuse de madame de Hansfeld et peut-être même hostile à sa maîtresse.

Il était d'autant plus porté à admettre cette hypothèse qu'elle servait parfaitement ses projets. Il eût été pour lui d'une haute importance d'avoir chez madame de Hansfeld un être à sa dévotion qui ne fût retenu par aucun lien de reconnaissance, par aucun scrupule de dévouement. Voulant pourtant s'assurer de la réalité de son soupçon, il dit à Iris d'un ton affectueux de tendre intérêt :

— Vous êtes heureuse, très heureuse auprès de la princesse... n'est-ce pas?

La jeune fille comprit la portée de cette question, qu'elle avait très habilement amenée. Elle ne répondit pas d'abord, elle soupira, puis après un silence de quelques secondes, elle dit :

— Oui, oui, très heureuse; et quand bien même je ne le serais pas, à quoi bon me plaindre?...

Puis, dégageant brusquement son bras de celui de M. de Brévannes, elle courut vers la petite porte du jardin, restée entr'ouverte.

Étonné de cette fuite soudaine, M. de Brévannes la suivit en disant :

— Mais au moins, je vous reverrai?...

— Je ne sais, — répondit-elle.

— Mais quand cela? après-demain, à la même heure?

— Peut-être... et encore... Non, non, plus jamais, je suis déjà assez malheureuse.

Et la porte du jardin se referma sur M. de Brévannes.

Celui-ci revint chez lui, on ne peut plus satisfait de sa première entrevue avec Iris...

Iris, non moins satisfaite, alla rejoindre madame de Hansfeld, et lui rendre compte de son entrevue avec M. de Brévannes.

La jeune fille se réservait, néanmoins, de supprimer certains détails se rapportant à un projet infernal récemment éclos dans sa pensée.

CHAPITRE XXII

RENCONTRE

Quelques jours après l'entrevue d'Iris et de M. de Brévannes, au moment où quatre heures venaient de sonner à l'église de Saint-Louis, un brouillard, rendu plus intense par le voisinage des deux bras de la Seine qui baignent l'île Saint-Louis, se répandit sur ce quartier solitaire.

Environ à la hauteur de l'ancien hôtel de Bretonvilliers alors en démolition, le quai d'Orléans, n'étant pas encore revêtu d'un parapet, formait un talus très escarpé, qui, à cet endroit, encaissait la rivière.

Un homme enveloppé d'un manteau se promenait lentement sur cette berge, s'arrêtant quelquefois pour regarder le rapide courant de la Seine, gonflée par les pluies d'hiver. Ce quartier, toujours si désert, était plongé dans un morne silence ; la brume s'épaississait de plus en plus, cachait presque entièrement l'autre rive du fleuve, et, voilant à demi les bâtiments abattus de l'hôtel Bretonvilliers, leur donnait une apparence presque grandiose. Ces hautes murailles, en partie détruites, çà et là découpées à jour par de larges baies vides de fenêtres, dessinant leurs masses noircies par le temps sur le ciel gris, ressemblaient à des ruines imposantes.

L'homme dont nous parlons contemplait avec tristesse l'aspect mélancolique de ce quartier. La tête baissée sur sa poitrine, il marchait lentement le long du talus, s'arrêtant de temps à autre pour écouter le murmure des eaux sur la grève, ou pour regarder d'un œil fixe le courant du fleuve.

Il fut tiré de sa rêverie par un bruit de pas; il leva la tête, et vit s'approcher un homme de grande stature, portant une longue barbe blanche, et marchant d'un pas ferme, quoiqu'il parût de temps à autre tâter le terrain avec sa canne.

Le brouillard était devenu très épais : ce vieillard (le lecteur a déjà reconnu Pierre Raimond), dont la vue était faible et incertaine, au lieu de suivre la ligne du quai, avait beaucoup dévié à droite, et s'avançait directement vers l'homme au manteau, qu'il n'apercevait pas.

Ce dernier, placé sur le bord du talus, se dérangea machinalement pour le laisser passer.

Pierre Raimond atteignit le sommet de la berge, perdit l'équilibre, roula sur la pente de l'escarpement, et disparut dans le fleuve en étendant les bras et en poussant un cri affreux.

Tout ceci s'était passé en moins de temps qu'il n'en faut pour l'écrire.

Se débarrasser de son manteau, se précipiter dans la Seine, et plonger pour arracher ce malheureux à la mort, tel fut le premier mouvement du prince de Hansfeld, car c'était lui qui se promenait sur ce quai désert, voisin, comme on le sait, de l'hôtel Lambert.

Frêle, débile, mais d'une organisation très nerveuse, Arnold de Hansfeld pouvait, par une violente surexcitation, trouver dans son énergie une force passagère; après des efforts inouïs, il parvint à saisir Pierre Raimond.

Le courant était si rapide que, pendant le peu d'instants que dura ce sauvetage inespéré, les deux hommes se trouvèrent entraînés bien loin du talus, et heureusement vers un endroit du rivage très plan, très accessible, car les forces de M. de Hansfeld étaient à bout.

Dans ce danger, Pierre Raimond, conservant tout son sang-froid, facilita les efforts de son sauveur au lieu de les paralyser, ainsi que cela arrive quelquefois dans ces luttes désespérées contre la mort.

Lorsque M. de Hansfeld et Pierre Raimond furent en sûreté sur la grève, le vieux graveur eut, pour ainsi dire, à sauver à son tour son sauveur; à la force factice, fébrile, du prince succéda un anéantissement complet.

La nuit approchait, le crépuscule rendait la brume encore plus sombre; en vain Pierre Raimond appela du secours, le bruit du vent et des grandes eaux couvrit sa voix; vains appels d'ailleurs, il ne passait presque personne sur ces quais solitaires.

M. de Hansfeld tremblait convulsivement; frêle et chétif, il lui avait fallu être deux fois courageux pour s'exposer à un si grand péril avec si peu de forces pour le surmonter. Le vieux graveur, encore robuste pour son âge, prit Arnold entre ses bras comme on prendrait un enfant, remonta la grève en marchant avec précaution, et atteignit un escalier qui conduisait au quai.

Pierre Raimond se trouva en face de sa maison, située à l'angle de la rue Poultier et du quai d'Anjou.

Aidé de son portier, le père de Berthe transporta M. de Hansfeld dans son appartement, et malgré son culte pour la chambre de sa fille, il l'y établit devant un bon feu.

M. de Hansfeld commençait à reprendre connaissance; il regardait autour de lui avec étonnement.

— Monsieur, je vous dois la vie... vous m'avez sauvé au risque de périr mille fois... Les termes me manquent pour vous dire ma reconnaissance, — s'écria le graveur.

— Où suis-je?... Qui êtes-vous, monsieur? — dit Arnold de Hansfeld en cherchant à rassembler ses idées.

— Remettez-vous, monsieur... voici ce qui est arrivé... Tout à l'heure, trompé par le brouillard et par la faiblesse de ma vue, j'ai dévié de mon chemin; je me suis trouvé, sans m'en apercevoir, sur le talus qui encaisse la rivière devant les démolitions de l'hôtel Bretonvilliers; je n'ai pu me retenir sur cette pente rapide, et je suis tombé à l'eau... Alors, n'écoutant que votre généreux dévouement...

— Je me souviens de tout maintenant, — dit le prince. — Je me souviens même que si mon premier mouvement a été de tâcher de vous arracher au péril qui vous menaçait, ma première pensée a été de craindre que ma bonne volonté vous fût fatale... Je suis si faible qu'il vous a peut-être fallu vous défendre de mes maladroits efforts, et me sauver moi-même après vous être sauvé, — dit M. de Hansfeld en souriant.

— Non, non, monsieur, rassurez-vous; comme les cœurs braves et généreux, vous avez été fort... tant qu'il vous a fallu être fort pour m'arracher à une mort certaine... Sauvé par vous, j'ai dû à mon tour venir en aide à votre faiblesse, car vous avez plus de courage que de force... Je vous ai transporté ici, chez moi, Pierre Raimond, graveur.

M. de Hansfeld allait sans doute se nommer à son tour, lorsque la porte de la chambre s'ouvrit. Pierre Raimond se retourna; Berthe, pâle, les yeux noyés de larmes, les traits bouleversés, se jeta dans ses bras en s'écriant :

— Mon père, je n'ai plus de refuge que chez toi!...

Berthe s'était, en entrant, si brusquement précipitée dans les bras de son père, qui, retourné vers elle, lui cachait complétement M. de Hansfeld, qu'elle n'avait pas aperçu ce dernier.

— Il m'a chassée... chassée de chez lui, — murmura Berthe d'une voix entrecoupée de sanglots en tenant son père étroitement embrassé.

— Mon enfant, nous ne sommes pas seuls, — dit tout bas le vieillard.

M. de Hansfeld avait tressailli de joie et de surprise à la vue de Berthe... Il retrouvait en elle la jeune femme qui avait fait sur lui une si profonde impression à la Comédie-Française... impression qui s'était changée en une sorte d'amour vague, romanesque, idéal.

On se souvient que la loge du prince était si obscure que madame de Brévannes, malgré sa curiosité, n'avait pu l'apercevoir.

A ces mots de Pierre Raimond : « Nous ne sommes pas seuls, » Berthe, rougissant de confusion, fit un pas vers la porte.

Mais Pierre Raimond prit sa fille par la main, et lui montrant M. de Hansfeld :

— Ma fille... mon sauveur.

— Que dites-vous, mon père ?

— Tout à l'heure, perdu au milieu du brouillard, me trompant de chemin, je suis tombé dans la rivière.

— Grand Dieu !

Et Berthe se précipita dans les bras du vieux graveur, le serra fortement contre son cœur, puis le regarda avec anxiété.

— Monsieur se trouvait par hasard sur le quai, — reprit Pierre Raimond, — il m'a sauvé... Mais ses forces s'étaient épuisées dans la lutte, je l'ai transporté ici...

— Ah ! monsieur, — s'écria Berthe, — vous m'avez rendu mon père, alors que je n'ai peut-être jamais eu plus besoin de sa tendresse... et de sa protection !... Hélas ! nous ne pouvons rien pour vous ; mais Dieu se chargera d'acquitter notre dette...

— Je suis trop payé, madame, en apprenant que j'ai rendu un père à sa fille.

— Mais au moins que nous sachions à qui nous devons tant? — dit Pierre Raimond.

— Quel nom joindre à nos prières en priant Dieu de vous bénir ? — ajouta Berthe.

— Je m'appelle Arnold... Arnold Schneider, — dit M. de Hansfeld en rougissant et balbutiant un peu.

Pierre Raimond attribua cet embarras à la modestie de son sauveur, et reprit :

— Mais où pourrai-je aller, monsieur, vous rendre grâce de m'avoir conservé pour mon enfant ?

M. de Hansfeld rougit de nouveau ; après un moment de silence il répondit :

— Si vous le permettez, monsieur, c'est moi qui viendrai quelquefois m'informer de vous, et recevoir ainsi le prix de ce que vous appelez... ma bonne action...

— Je n'insiste pas, monsieur, — dit Pierre Raimond ; — je conçois le sentiment qui vous fait nous cacher votre demeure, peut-être même votre vrai nom. Je respecterai votre réserve... seulement, soyez assez généreux pour venir quelquefois à moi, puisque vous ne me permettez pas d'aller à vous... Promettez-le-moi... épargnez-moi jusqu'à l'apparence de l'ingratitude.

— Je vous le promets, monsieur... Mais je me sens tout à fait remis à cette heure ; auriez-vous la bonté, si cela se peut, de me faire venir une voiture ?... Je ne veux pas abuser plus longtemps de votre hospitalité.

Le portier étant resté dans la chambre du graveur, Berthe alla lui dire d'amener un fiacre.

Au bout de quelques instants, M. de Hansfeld sortit de la maison du graveur.

Pierre Raimond quitta ses vêtements mouillés, et revint trouver sa fille.

CHAPITRE XXIII

CHAGRINS

En le voyant, Berthe se jeta de nouveau dans ses bras en s'écriant :

— Maintenant, je puis sans crainte me livrer à ma joie... tu es là, tu es là... et j'ai failli te perdre... toi... toi... pauvre père !... cela est horrible... Je suis si heureuse de te voir que je ne puis croire que tu aies couru ce péril... Non, non... quand je venais ici, quelque pressentiment m'aurait appris qu'un grand danger te menaçait... car enfin... on n'est pas sur le point de perdre son père sans qu'un affreux brisement de cœur vous en avertisse...

— Calme-toi, chère enfant, la Providence a eu pitié de nous. Aucun pressentiment ne t'a avertie parce que sans doute je devais être sauvé... Tu le vois, — dit Pierre Raimond en souriant tristement, — tu me rends aussi superstitieux que toi... mais n'oublions jamais ce que nous devons à ce généreux inconnu.

— Oh ! jamais... jamais je ne l'oublierai ! mais je crains que ma reconnaissance se confonde et se perde dans ma joie de te revoir, bon, excellent père... Maintenant je n'ai plus que toi au monde... — s'écria Berthe en fondant en larmes.

Pierre Raimond serra tendrement les mains de Berthe dans les siennes et lui dit avec amertume :

— Encore de nouveaux chagrins !... malheureuse enfant !...

— Il ne m'aime plus !... je *lui* suis à charge !... je lui suis odieuse !... — dit Berthe en fondant en larmes.

— Oh ! mes prédictions !... — s'écria douloureusement le vieillard.

— Mon père, ne m'accablez pas !...

— Ce n'est pas un reproche, pauvre petite... Hélas ! c'est un cri de satisfaction amère... Mon amour pour toi ne m'avait pas trompé... Mais qu'y a-t-il donc encore ?

— Vous le savez, depuis la pénible scène qui eut lieu ici le surlendemain de notre arrivée, l'humeur de Charles s'est de plus en plus aigrie, surtout à dater du jour où nous sommes allés aux Français. Jusqu'alors au moins il avait gardé quelque mesure ; il m'avait même exprimé son regret de s'être montré un peu dur envers vous... Mais à partir de cette funeste représentation aux Français, je dis funeste, parce que le lendemain ont commencé pour moi de nouveaux tourments...

— Et tu me les avais encore cachés? Lorsque tu es venue dimanche... pourquoi ne m'as-tu rien dit?

— Je craignais tant de vous affliger... Mais à présent... mes forces sont à bout. Si vous saviez, mon Dieu... si vous saviez...

— Courage... mon enfant... courage. Explique-toi... dis-moi tout...

— Eh bien, mon père... depuis cette représentation des Français, l'humeur de mon mari, déjà très irritable... est devenue sombre et méchante. Je le voyais à peine... il sortait toute la journée et ne revenait qu'à une heure avancée de la nuit. A l'heure du repas, il était taciturne, préoccupé... deux ou trois fois il se leva de table avant la fin du dîner et alla se renfermer chez lui. Si je l'interrogeais sur les soucis qu'il paraissait avoir, il me répondait durement que cela ne me regardait pas... depuis je ne hasardais plus un mot à ce sujet... Ce matin, pourtant... lui voyant l'air plus content que de coutume, je lui dis : « Vous me paraissez mieux aujourd'hui que les autres jours, Charles... » Voilà tout... mon père, pas autre chose, je te le jure.

— Pauvre enfant... Continue.

— Ses traits se rembrunirent aussitôt; il s'écria avec amertume : — A quoi cela me sert-il d'être mieux? A quoi bon espérer... si j'ai quelque chose à espérer... lorsque vous êtes là comme une chaîne à laquelle je suis désormais et pour toujours attaché... Maudit, maudit soit le jour où j'ai été assez faible pour vous épouser... pour donner, comme un sot, dans le piége que vous et votre père m'avez tendu...

Le vieillard comprima un mouvement de colère, et reprit d'une voix ferme : — Et puis ensuite... mon enfant...

— Ce reproche était si cruel, si blessant, si peu attendu, que je n'ai su que répondre... j'ai pleuré. Il s'est levé violemment en s'écriant : — *Quel supplice! oh! ma liberté! ma liberté!...*

Mon Dieu... je ne la gêne en rien... Pourtant, tout ce que je lui demande, c'est de me permettre de venir vous voir.

— Oh! patience... patience!... — s'écria le graveur d'une voix contenue.

— Voyant qu'il me traitait ainsi, — reprit Berthe, — je m'écriai : — Charles, voulez-vous vous séparer de moi? Si je vous suis à charge, dites-le...

— Eh bien! oui, — me répondit-il en fureur, — oui! vous m'êtes à charge; oui, je vous hais... car vous m'avez contraint de faire le plus sot des mariages... et jamais je ne vous le pardonnerai...

— Mais, mon Dieu! — lui dis-je, — qu'ai-je fait, qu'avez-vous à me reprocher?

— Oh! rien! vous êtes trop adroite pour cela... Vous savez bien que si vous me trompiez je vous tuerais, vous et votre complice. Ce n'est pas la vertu qui vous retient dans le devoir, c'est la peur... — En disant ces mots, il est sorti violemment... et votre fille est venue vous trouver, mon père... car elle n'a plus que vous au monde! — s'écria Berthe en fondant en larmes.

— Cela devait être, — dit Pierre Raimond; — ce cœur égoïste, ce caractère orgueilleux et têtu devait te faire payer cher... bien cher un jour... les sacrifices qu'il s'était imposés pour obtenir ta main... à tout prix. Mais cela ne peut pas se passer ainsi... tu comprends bien qu'il faudra que j'empêche cet homme de torturer de la sorte mon enfant chérie; tu t'es toujours admirablement conduite envers lui... il ne te brisera pas comme un jouet de son caprice.

— Mais que faire à cela? que faire?

— Sois tranquille... Dieu merci, j'ai encore de la force et de l'énergie.

— Oh! de grâce, pas de scènes violentes!

— Pas de violence... mais de la fermeté. J'ai le bon droit et la raison pour moi, je défends la cause de mon enfant... je suis tranquille. Mais d'abord, il me faut quitter ce logis... Heureusement j'ai vécu assez économiquement avec ce que tu m'as forcé d'accepter pour avoir mis une petite somme de côté... Jointe à la vente de ce modeste mobilier... elle assurera mon entrée à Sainte-Périne.

— Oh! mon père... jamais... jamais...

— Berthe... mon enfant... tu sais ce que je pense au sujet de ces asiles dus et ouverts à l'infortune honnête; et d'ailleurs, voyons, crois-tu que dans notre position je puisse avoir la moindre obligation à ton mari?

— Non, sans doute... Oh! jamais... après ses durs et humiliants reproches.

— Eh bien donc!... que faire? comment vivre?

— Écoute, mon bon père... Depuis la scène pénible qui a eu lieu ici... il y a quelques jours, lorsque mon mari a osé vous reprocher le secours qu'il vous accordait... j'ai bien réfléchi à votre position, et j'ai, je crois, trouvé un bon moyen de l'améliorer... si vous voulez toutefois me seconder.

— Parle... parle.

— Hélas! je suis aussi pauvre que vous, mais il me reste, Dieu merci, le talent que vous m'avez donné... Autrefois, il nous aida à vivre... depuis mon mariage, il a été ma consolation pendant de cruels moments de chagrins... il sera aujourd'hui notre ressource.

— Chère enfant... que veux-tu dire?

— Charles me laisse libre de vous consacrer les matinées du jeudi et du dimanche de chaque semaine... Qui m'empêche ces jours-là d'avoir ici, comme autrefois, des écolières dans la chambre que vous m'avez conservée? Je prierai quelques-unes de mes anciennes élèves de m'en chercher... et pour que l'amour-propre de mon mari n'en souffre pas, je donnerai, s'il le faut, les leçons sous mon nom de fille... De la sorte, bon père, vous ne manquerez de rien, et...

Pierre Raimond interrompit Berthe en la prenant dans ses bras avec attendrissement.

— Pauvre chère enfant... Non... je ne souffrirai pas que tu joignes les préoccupations de l'étude, du travail, à tes autres chagrins...

— Oh! mon père, ce sera, au contraire, pour moi la plus charmante des consolations... Voyons... me refuserez-vous le seul bonheur peut-être dont je puisse jouir?

— Non... eh bien, non... mon enfant bien-aimée... cette résolution est noble et belle... l'accepter... c'est l'apprécier ce qu'elle vaut...

— Vous consentez!... — s'écria Berthe avec une joie indicible.

— J'y consens... et cette nouvelle marque de l'élévation de ton cœur m'impose plus que jamais le devoir d'exiger que ton mari te traite avec les égards, les soins, le respect que tu mérites, et aussi vrai que je m'appelle Pierre Raimond... non-seulement je l'exigerai, mais je l'obtiendrai.

CHAPITRE XXIV

DÉCOUVERTE

Madame de Hansfeld, continuant d'écrire à M. de Morville sous un nom supposé, avait reçu plusieurs réponses. Un matin (quelques jours après que M. de Hansfeld eut sauvé la vie du père de Berthe de Brévannes), Iris, revenant du bureau de la poste, apporta une lettre à sa maîtresse.

Le cœur de la princesse battit de joie en reconnaissant l'écriture de M. de Morville.

Cette lettre était ainsi conçue :

« Voilà la cinquième fois que j'écris à ma mystérieuse amie, ses consolations me sont tellement douces et précieuses, elles me viennent si bien en aide pour supporter la tristesse où me plonge un amour malheureux, que je ne saurais trop la remercier de son tendre intérêt. Il y a pour moi un charme singulier dans ces confidences à la fois si vagues et si précises faites à une inconnue, qui apprécie l'état de mon cœur avec une délicatesse infinie... J'ai été frappé de ce que vous me dites sur *le bonheur d'aimer même sans espoir, de même qu'on aime Dieu pour Dieu,* et de trouver *dans la seule dévotion à l'objet adoré une pure et ineffable félicité.* Vos pensées, à ce sujet, sont en tout si semblables aux miennes... et cela dans leurs nuances les plus insaisissables, qu'à force de m'en étonner, il m'est venu à l'esprit une idée absurde, bizarre, folle... Cette idée est que... mais non... je n'oserai pas même vous l'écrire... du moins, avant de vous avoir avoué une autre de mes croyances... Je suis fermement convaincu que deux personnes, passionnément éprises l'une de l'autre, doivent avoir sur l'amour certaines idées absolument semblables... Aussi, en conséquence de toutes mes folles pensées, je suis assez fou pour conclure... que vous pourriez bien être... la femme que j'aime... sans espoir, et qui, à un bal de l'Opéra, m'a dit ces mots : *Faust* et *Childe-Harold...* lors d'une soirée que je n'oublierai de ma vie. »

En lisant ce passage, madame de Hansfeld tressaillit et devint pourpre de surprise, de bonheur et de confusion; elle continua de lire avec un violent battement de cœur.

« Pardonnez-moi cet espoir insensé... Si je me trompe, ces mots seront incompréhensibles pour vous; si je ne me trompe pas, il peut néanmoins vous convenir que je *n'aie pas deviné*, alors vous me répondrez que je suis dans l'erreur, et notre correspondance continuera comme par le passé.

» Maintenant, par quel pressentiment, par quel instinct ai-je été amené à croire que ces lettres m'étaient écrites par vous? Je l'ignore... Sans doute la présence de l'être aimé se manifeste en tout et partout, même malgré le mystère qui semble le plus impénétrable. Si l'on distingue entre mille voix... une voix adorée, pourquoi ne reconnaîtrait-on pas de même l'esprit, la pensée de la femme que l'on chérit? Si je ne me suis pas trompé... ce phénomène s'expliquerait plus encore par la sincérité que par la sagacité de mon amour. Alors... je vous en supplie, ne me refusez pas la seule consolation qui me reste... j'allais presque dire qui nous reste. Songez à tout le bonheur que nous pouvons encore espérer de cette correspondance... et puis quelle confiance absolue, aveugle, doit nous donner l'un pour l'autre mon étrange découverte ! Ne prouverait-elle pas autant en faveur de votre amour que du mien? Vous ne m'avez pas écrit un mot qui pût vous déceler, et pourtant je vous ai reconnue... Oh ! de grâce, répondez-moi ! Oui, nous pouvons être encore bien heureux, malgré la barrière infranchissable qui nous sépare. Croyant n'être pas aimé de vous, je vous fuyais obstinément, dans la crainte d'augmenter encore les chagrins d'une passion déjà si malheureuse ; mais si vous la partagiez... pourquoi me refuseriez-vous le bonheur de vous rencontrer souvent... tout en restant, aux yeux du monde, étrangers l'un à l'autre? J'ai juré... non de ne plus vous aimer, cela m'était impossible ; mais j'ai juré, lors même que vous répondriez à mon amour, de ne jamais porter atteinte à la sainteté de vos devoirs, et de ne jamais me présenter chez vous. En restant fidèle, comme je le dois, à ce serment, quels seraient nos torts? qu'aurions-nous à redouter? N'êtes-vous pas liée par votre amour comme je le suis par ma parole... parole dont je ne serais délié que le jour où je *pourrais aspirer à votre main?*

» Mais à quoi bon entrer dans de pareils détails si mon cœur se trompe... si vous n'êtes pas *vous?* Un mot encore... si j'ai deviné juste, je vous le jure sur l'honneur, personne au monde ne m'a rien dit qui pût me faire soupçonner que vous m'écriviez... Cette découverte est un de ces miracles de l'amour, qui ne semblent impossibles qu'aux impies et aux athées. » L. DE M. »

A la lecture de cette lettre, Paula fut pour ainsi dire éblouie. Cette preuve éclatante de divination dans l'amour la confondait et la ravissait à la fois. Ne fallait-il pas aimer immensément pour arriver à ce point de pénétration ?

Madame de Hansfeld croyait avec raison M. de Morville incapable d'un mensonge; aussi elle se livrait en toute sécurité aux enchantements de cette lettre, qu'elle relut plusieurs fois avec adoration.

Involontairement la princesse ressentit une sorte de frisson à ce passage où M. de Morville disait clairement qu'il ne serait délié de son serment que *si elle devenait veuve.*

Pour la première fois de sa vie, madame de Hansfeld eut une pensée qui lui fit horreur, et qu'elle se reprocha comme un crime.

. . . .

Elle chercha, pour ainsi dire, un refuge dans les nobles sentiments que devait lui inspirer l'amour de M. de Morville; comme lui, elle vit un avenir de bonheur dans cet attachement pur et ignoré. Il échapperait au moins à la grossière malignité du monde, et conserverait, caché dans l'ombre, toute sa délicatesse, toute sa fleur, tout son parfum...

Écrire souvent à M. de Morville, l'apercevoir quelquefois, se savoir aimée de lui... lui répéter sans cesse qu'elle l'aimait... n'avoir jamais à rougir de cette affection si passionnément partagée... quelles brillantes, quelles radieuses espérances !

Un léger frappement qu'elle entendit à sa porte rappela madame de Hansfeld à elle-même. Elle serra la lettre de M. de Morville dans un meuble à secret, et dit :

— Entrez.

La porte s'ouvrit, le prince de Hansfeld entra chez sa femme.

CHAPITRE XXV

DOULEUR

La physionomie du prince était froide et hautaine. On aurait difficilement cru que ses traits fins, mélancoliques et d'une délicatesse toute juvénile, pussent se prêter à cette expression de dureté glaciale.

La princesse regarda son mari avec autant de surprise que d'inquiétude. Jamais elle ne lui avait vu un pareil visage. Arnold était pâle et vêtu de noir.

Voulant dissimuler son embarras, Paula lui dit :

— Êtes-vous dans l'intention de sortir ce soir... Arnold ?

— Non, madame... je vous prie de m'accorder quelques moments...

— Je vous écoute.

— J'ai décidé que nous quitterions cet hôtel...

— Comme il vous plaira, monsieur ; seulement, après les dépenses toutes récentes que vous y avez faites...

— Cela me regarde.

— Je n'ai plus la moindre objection à élever. Je vous avouerai même franchement... que je suis fort contente d'abandonner ce quartier désert où vous aviez absolument voulu habiter.

— Je suis si bizarre, si original... Mais voici qui vous paraîtra, madame, plus original et plus bizarre encore... nous quitterons cet hôtel après-demain.

— Et où irons-nous loger, monsieur ?

— Vous partirez pour l'Allemagne.

— Vous dites, monsieur ?

— Que vous partirez pour l'Allemagne.

— C'est une plaisanterie, sans doute ?

— Je n'ai guère l'habitude de plaisanter.

— En ce cas, monsieur, puis-je savoir pour quel motif vous quittez si brusquement Paris au milieu de l'hiver?

— Je ne quitte pas Paris... madame... mais *vous*, vous quitterez Paris après-demain... Dans un mois, j'irai probablement vous rejoindre... Je l'ai résolu... cela sera.

Madame de Hansfeld regardait le prince avec stupeur. Souvent il s'était montré courroucé, violent; mais au milieu de ces emportements dont Paula cherchait en vain la cause, il y avait des élans de passion, des cris de désespoir dont elle était aussi apitoyée que blessée; jamais de sa vie le prince ne lui avait parlé de ce ton froid, dur et tranchant. Elle répondit donc avec une sorte de crainte causée par la surprise :

— J'espère, monsieur, que vous n'insisterez pas sur ce projet de voyage, lorsque vous saurez qu'il me serait extrêmement désagréable de quitter Paris en ce moment.

— Vous vous trompez, madame... vous partirez...

— Monsieur...

— Madame... après-demain vous partirez.

— Je ne partirai pas...

— Vraiment?

— D'ailleurs, je suis bien folle de prendre au sérieux ce que vous me dites... Quelquefois vos idées sont tellement... bizarres, vos caprices si étranges, vos volontés si éphémères, qu'il y a de l'enfantillage à moi de m'inquiéter de cette nouvelle fantaisie.

— Peu m'importe, madame, que vous vous inquiétiez, pourvu que, prévenue, vous obéissiez.

— Obéir... le mot est un peu dur... monsieur...

— Il est juste.

— Ainsi, monsieur... c'est un ordre?

— Un ordre.

— Si j'étais capable de m'y soumettre, avouez au moins qu'il serait bien tyrannique...

— Je serais très indulgent.

— Indulgent!... Et qu'avez-vous à me reprocher, monsieur? N'est-ce pas moi... qui ai mille fois été indulgente de supporter vos emportements, de les soigneusement cacher à tout le monde?... Ne m'avez-vous pas cent fois répété que, bien que nous vécussions sous le même toit... j'étais libre de mes actions?... Il est vrai que bientôt après vous veniez tout éploré renier vos paroles. Encore une fois, monsieur, tenez, j'ai tort de vous répondre... Je suis sans doute à cette heure, et comme vous, dupe d'une aberration de votre esprit.

— Je suis fou, n'est-ce pas, ainsi que mes bizarreries semblent le faire croire? Oh! il n'a pas tenu à vous que ces apparences, dont vous étiez la seule cause, que j'affectais par compassion pour vous (vous ne méritez pas que je vous explique le sens de ces paroles); il n'a pas tenu à vous, dis-je, que ces apparences ne devinssent une réalité... Mais je croyais au moins qu'éclairée par ces alternatives de passion et d'horreur...

— D'horreur! — s'écria la princesse.

— D'horreur, — reprit froidement le prince; — je croyais que vous auriez compris l'énormité de vos forfaits et l'opiniâtreté de ma passion qui leur survivait... Mais non!... pas même cela... Heureusement pour moi, à cette heure la passion est morte; votre dernier trait l'a tuée... Mais l'horreur survit... l'horreur, entendez-vous bien?

— Je vous entends, mon Dieu... mais je ne vous comprends pas.

— Mais je vous ai aimée, vous portez mon nom... cet abominable secret restera donc enseveli entre vous et moi. Ainsi donc, partez... au nom du ciel, partez... et remerciez-moi à genoux d'être aussi clément que je le suis.

Madame de Hansfeld regardait son mari avec épouvante; elle n'avait à se reprocher que son amour pour M. de Morville, et cet amour ne méritait pas les reproches affreux dont l'accablait le prince. Celui-ci pourtant semblait plein de raison; il n'y avait rien d'égaré dans son regard, d'altéré dans son accent.

Voulant voir s'il ferait allusion à l'amour qu'elle ressentait pour M. de Morville, amour que, par un hasard inexplicable, M. de Hansfeld avait peut-être pénétré, elle lui dit :

— Lorsque je vous ai épousé, monsieur, je vous l'ai dit loyalement... mon cœur n'était pas libre... j'ai aimé, passionnément aimé... Ce que je vous disais alors, à cette heure je vous le répète... Je ne vous aime pas d'amour ; mais devant Dieu qui m'entend, jamais je ne vous ai été infidèle...

— M'être infidèle ! — s'écria le prince, — ce serait une action louable auprès des crimes que vous avez commis.

— Moi ! — s'écria Paula en joignant les mains avec force, — mais c'est une calomnie aussi infâme qu'absurde...

— Comment... vous oserez nier qu'hier soir... Oh ! non, jamais ! — s'écria le prince en frémissant ; — jamais machination plus infernale n'est entrée dans une tête humaine. J'ai frissonné d'épouvante autant que de surprise... Et vous n'êtes pas à genoux... devant moi, les mains suppliantes... Et vous êtes là, froide, méprisante... Mais vous ne savez donc pas qu'il y a des juges et un échafaud, madame !

Paula, cette fois, trembla.

Jusqu'alors elle n'avait souffert des bizarreries de M. de Hansfeld que dans ses accès de colère ou plutôt de douleur désespérée. Il lui avait fait de vagues reproches, presque toujours suspendus par des réticences ; mais jamais il n'avait formulé contre elle une accusation aussi précise, aussi terrible.

La princesse crut sincèrement que la raison d'Arnold était égarée. Celui-ci prit la stupeur de la princesse pour un aveu tacite, et lui dit d'une voix plus calme, mais avec une indignation profonde et concentrée :

— Vous voyez bien qu'il faut que vous partiez, madame, non par égard pour vous, mais par égard pour mon nom... Je serai censé vous accompagner. Je passe pour fou, — ajouta-t-il avec un sourire amer, — on ne s'étonnera pas de mon départ précipité. Je resterai ici sous un nom emprunté. Excepté madame de Lormoy et un homme de ses amis qui est venu dans sa loge, personne ne me connaît; cette fable sera donc facilement admise... D'ailleurs, je fréquenterai peu le monde; et dans un mois ou deux, avant peut-être, je quitterai Paris pour aller vous rejoindre en Bohême, où vous vous rendrez sous la conduite de Frantz, qui a mes ordres... Alors je vous dirai mes volontés, sinon je vous les écrirai. Ce soir, vous irez à l'Opéra; on répandra le bruit de mon départ subit... Ce sera une bizarrerie de plus; vous pourrez l'attribuer à l'aberration de mon caractère... on y croira sans peine. Vous partirez dans une voiture fermée; tous mes gens vous suivront; on croira facilement que je vous ai accompagnée. Un mot encore. Le mépris et l'exécration que vous m'inspirez sont tels, que je tiens à vous bien persuader que c'est non par clémence, mais par respect pour mon nom que je ne dévoile pas ici tous vos crimes... Mais prenez bien garde; à la moindre hésitation de votre part à m'obéir, soit ici, soit ailleurs, je surmonte ce dégoût, et je vous abandonne à la vengeance divine et humaine.

Et le prince sortit.

Madame de Hansfeld l'avait écouté sans l'interrompre, se disant qu'il fallait toujours se garder de contrarier les fous.

Iris entra d'un air effrayé :

— Ah! marraine... quel malheur! — s'écria-t-elle.

— Qu'as-tu?...

— D'après vos ordres, je suis allée au troisième rendez-vous que m'a donné Charles de Brévannes...

— Eh bien?

— Je lui ai dit que vous ne vouliez pas consentir à le voir...

— Ensuite?

— Il s'est écrié les yeux brillants de fureur : « Dis à ta maîtresse que je suis là... que si elle ne me donne pas un rendez-vous prochain où tu assisteras... j'y consens... ce soir je répands partout l'histoire de Raphaël Monti... ta maîtresse me comprendra... »

— Il a dit cela?... il a dit cela?...

— Et il a ajouté : « Elle doit savoir que je puis la perdre, et je la perdrai. »

— Malheur!... malheur à moi! Et M. de Morville?... Que pensera-t-il de moi?... Il croira ces calomnies... le malheureux Raphaël y a bien cru!

— Vous lui indiquerez un rendez-vous dans un endroit retiré... Le Luxembourg, m'a-t-il dit, ou le jardin des Plantes... Vous y viendrez avec moi... et il s'y trouvera... Sinon... il parlera. Que faire?... que faire?... Ce méchant homme est capable de tout...

Après quelques moments de réflexion, Paula dit à Iris d'une voix ferme :

— Donne-moi... du papier... une plume...

— Que voulez-vous faire?

— Donner à M. de Brévannes un rendez-vous où tu viendras.

— Y pensez-vous, marraine? écrire... laisser une lettre de vous entre les mains de cet homme? Quelle imprudence!... Mais... il ne connaît pas votre écriture?

— Non...

— Si j'écrivais pour vous?

— Tu as raison... écris...

Après-demain, à dix heures, au jardin des Plantes... sous le cèdre du labyrinthe...

— As-tu écrit?

— Oui, marraine.

— Signe... *Paula Monti.*

— Et s'il veut abuser de ce billet, — dit Iris après avoir signé, — il sera dupe de sa propre infamie...

— Quand lui remettras-tu cette lettre?

— A l'instant... Il attend votre réponse à la petite porte du quai d'Anjou.

— Va vite et reviens...

— Et j'aurai bien des choses à vous dire que j'apprends à l'instant.

— Qu'est-ce?

— Depuis huit jours... le prince est allé quatre fois chez un vieil homme, nommé Pierre Raimond, qui demeure ici près...

— Eh qu'importe!

— Mais Pierre Raimond est le père de Berthe de Brévannes, que vous trouvez si jolie.

— Que dis-tu?

— Et c'est chez Pierre Raimond que Berthe a deux fois rencontré le prince...

— Lui... lui?

— Sous un faux nom... sous celui d'Arnold Schneider...

— Ah! maintenant... je comprends tout, — s'écria la princesse en mettant ses deux mains sur son front.

— Quoi donc, marraine?

— Tu le sauras plus tard... laisse-moi.

Iris sortit.

Quelques minutes après, trompé par les perfides paroles d'Iris, M. de Brévannes, ivre d'une espérance insensée, couvrait de baisers passionnés le billet qu'il croyait avoir été écrit par la princesse de Hansfeld.

DEUXIÈME PARTIE

CHAPITRE PREMIER

LE LIVRE NOIR

En proposant à madame de Hansfeld de répondre pour elle à M. de Brévannes au sujet de l'entrevue qui devait avoir lieu au jardin des Plantes, non-seulement Iris empêchait la princesse de commettre un acte imprudent, mais, à l'insu de celle-ci, elle la rendait complice d'un projet diabolique.

On se souvient sans doute d'un *livre noir*, dont Iris avait parlé à M. de Brévannes, et dans lequel, disait-elle, la princesse écrivait presque chaque jour ses plus secrètes pensées.

Rien n'était plus faux.

Jamais Paula n'avait possédé un livre pareil; mais il importait au projet d'Iris que M. de Brévannes crût à ce mensonge, et il devait y croire en reconnaissant dans ce livre une écriture pareille à celle du billet que madame de Hansfeld lui avait fait remettre.

On s'étonnera peut-être de la profonde dissimulation d'Iris et de l'opiniâtre et ténébreuse audace de ses desseins. On comprendra peut-être aussi difficilement son affection sauvage, sa jalousie furieuse, qui tournaient presque à une monomanie féroce.

Malheureusement, les faits principaux de cette histoire, les traits saillants du caractère d'Iris sont d'une grande réalité.

Il s'est trouvé une jeune fille aux passions ardentes, implacables, qui les a réunies, concentrées dans l'attachement aveugle qu'elle avait pour sa bienfaitrice, attachement singulier, qui tenait de la vénération filiale par son religieux dévouement, de la tendresse maternelle par sa familiarité charmante et pure, de l'amour par sa jalousie vindicative.

Si, dans la suite de cette histoire, on trouve chez Iris une assez grande puissance d'imagination jointe à un esprit inventif, rusé, adroit, hardi; si quelques-unes de ses combinaisons semblent ourdies avec une perfidie, avec une habileté ordinairement rares chez une fille de cet âge, nous le répéterons, la solitude avait singulièrement développé ses facultés naturelles, incessamment tendues vers un même but; forcée d'agir seule et à l'ombre de la plus profonde dissimulation, tout moyen lui semblait bon pour arriver à ce terme unique de ses désirs:

Isoler sa maîtresse de toute affection;

Faire, pour ainsi dire, le *vide* autour d'elle, et lui devenir d'autant plus nécessaire que tous les autres attachements lui manqueraient.

Ce dernier vœu d'Iris avait été jusqu'alors trompé.

Sans doute madame de Hansfeld ressentait pour sa demoiselle de compagnie un véritable attachement, lui témoignait une confiance sans bornes, se montrait à son égard affectueuse et bonne; mais cet attachement ne suffisait pas au cœur d'Iris.

Elle éprouvait d'amers, de douloureux ressentiments de ce qu'elle appelait une déception; mais comme elle ne pouvait haïr sa maîtresse, son exécration s'accumulait sur les personnes qui inspiraient quelque intérêt à la princesse.

Ces explications étaient nécessaires pour préparer le lecteur aux incidents qui vont suivre.

Dans les deux entretiens qui succédèrent à sa première entrevue avec M. de Brévannes, Iris, d'après l'ordre de Paula, avait tâché de deviner quelles étaient les intentions de cet homme.

Si infâme qu'elle fût, la calomnie qu'il pouvait répandre était redoutable pour madame de Hansfeld. Raphaël avait cru à son abominable mensonge; comment le monde, ou plutôt M. de Morville (c'était le monde pour Paula), n'y croirait-il pas?

Madame de Hansfeld ne savait que résoudre. Depuis qu'elle aimait M. de Morville, elle abhorrait plus encore M. de Brévannes ; aussi n'eut-elle pas assez d'indignation, assez de mépris pour qualifier l'audace de ce dernier, lors de ses tentatives pour obtenir une entrevue avec elle, par l'intermédiaire d'Iris. Mais celle-ci fit sagement observer à sa maîtresse que la colère de M. de Brévannes serait dangereuse, et qu'au lieu de l'exaspérer il fallait tâcher de l'éconduire doucement.

Malheureusement l'amour violent et opiniâtre du mari de Berthe ne s'accommoda pas de ces ménagements. Ainsi qu'on l'a vu, lors de son troisième entretien avec Iris, il lui déclara positivement qu'il parlerait si la princesse lui refusait plus longtemps une entrevue.

Iris avait continué de jouer son double rôle pour augmenter la confiance de M. de Brévannes, feignant de ne pas avoir à se louer de sa maîtresse afin d'éloigner tout soupçon de connivence, et paraissant très flattée des galantes cajoleries de M. de Brévannes.

Elle lui laissait entendre que madame de Hansfeld semblait éprouver à son égard une sorte de colère mêlée d'intérêt... bizarre ressentiment qu'Iris ne s'expliquait pas, disait-elle, car elle était censée ignorer ce qui s'était passé à Florence entre M. de Brévannes et Paula. Telle était la source des secrètes espérances du mari de Berthe, espérances nées de son aveugle amour-propre et augmentées par les fausses confidences d'Iris.

Ceci posé, nous conduirons le lecteur dans la petite maison que possédait M. de Brévannes dans la rue des Martyrs, et qu'il occupait alors tout seul.

C'était le lendemain du jour où Iris lui avait remis le prétendu billet de la princesse. En le recevant, M. de Brévannes avait osé pour la première fois parler du *livre noir*, de son désir de le posséder pendant un moment.

Iris, après des difficultés sans nombre, avait répondu qu'il serait peut-être possible de soustraire ce livre le lendemain, pour quelques heures seulement, la princesse devant aller passer la matinée chez madame de Lormoy, tante de M. de Morville.

M. de Brévannes avait demandé à la jeune fille d'apporter le précieux memento rue des Martyrs; il le lirait en sa présence et le lui remettrait à l'instant, avec la récompense due à un tel service, récompense qu'elle promit d'accepter pour ne pas éveiller les soupçons de M. de Brévannes.

Ce dernier attendait donc Iris dans le petit salon dont nous avons parlé.

Si l'on n'a pas oublié le caractère de M. de Brévannes, son indomptable opiniâtreté, son orgueil, son acharnement à réussir dans ce qu'il entreprenait; si l'on pense que sa volonté, son obstination, sa vanité, étaient mises en jeu par un amour profond, exalté, contre lequel il se débattait depuis deux ans, on concevra avec quelle violence passionnée il désirait être aimé de madame de Hansfeld, cette femme si séduisante, si enviée, si respectée.

Il était midi. M. de Brévannes attendait Iris avec une extrême impatience dans la petite maison de la rue des Martyrs.

Madame Grassot, gardienne de cette mystérieuse demeure, restait à l'étage supérieur. La jeune fille arriva; M. de Brévannes courut à sa rencontre.

Iris paraissait tremblante et effrayée. M. de Brévannes la rassura et la fit entrer dans le salon; elle tenait à la main un petit album relié en maroquin noir et fermé par une serrure d'argent. Frémissant de joie et d'impatience à la vue de ce livret, M. de Brévannes prit sur la cheminée une bague ornée d'un assez gros brillant, la passa au doigt d'Iris, malgré sa faible résistance.

— De grâce, charmante Iris, — lui dit-il, — recevez ce faible gage de ma reconnaissance. Cette jolie main n'a pas besoin d'ornement, mais c'est un souvenir que je vous demande en grâce de porter... Vous m'avez promis de l'accepter.

— Sans doute... mais je ne sais si je dois... ce diamant...

— Qu'importe le diamant!... c'est seulement de la bague qu'il s'agit.

— Et c'est aussi la bague que j'accepte, — dit Iris avec un sourire d'une tristesse hypocrite, — puisque ma condition m'expose à de certaines récompenses.

— Si j'ai choisi ce diamant, — reprit M. de Brévannes, — c'est qu'il offre l'emblème de la pureté et de la durée de ma reconnaissance.

Et il tendit la main vers le livre noir.

— Non, non, — dit Iris, en paraissant encore combattue par le devoir, — cela est horrible... Je me damne pour vous.

— Mais quel mal faites-vous?... c'est tout au plus une indiscrétion... ma chère Iris; puisque votre maîtresse est souvent injuste envers vous, c'est de votre part une petite vengeance permise... et innocente.

— Oh! je suis inexcusable, je le sens... et puis, une fois que vous aurez lu ce livre... vous oublierez la pauvre Iris... vous n'aurez plus besoin d'elle... Mais de quoi me plaindrai-je, n'aurez-vous pas d'ailleurs payé ma trahison? — ajouta-t-elle avec amertume.

« Cette petite fille s'est affolée de moi, — pensa M. de Brévannes, — comment diable m'en débarrasserai-je? Est-ce que maintenant qu'elle a ma bague elle ne voudrait plus se dessaisir du livre? »

Il reprit tout haut d'un ton pénétré :

— Vous vous trompez, Iris. D'abord, je ne me croirai jamais quitte envers vous... Quant à vous oublier... ne le craignez pas... Pour mon repos, je voudrais le pouvoir... Il faut toute la gravité des choses dont j'ai à entretenir votre maîtresse pour me distraire un peu de mon amour pour vous... Iris, car je vous aime... Mais ne parlons pas de cela maintenant... De graves intérêts sont en jeu... Comment se trouve votre maîtresse?

10

— Elle est rêveuse et triste depuis qu'elle vous a accordé l'entrevue que vous demandiez si impérieusement.

— Elle m'y a forcé... J'étais si malheureux de son refus, que je me suis oublié jusqu'à lui faire cette menace, que je ne regrette plus, car j'ai ainsi obtenu ce que je désirais dans son intérêt et dans le mien... Mais elle est rêveuse et triste, dites-vous ?

— Oui... quelquefois elle reste longtemps comme accablée... puis, tout à coup elle se lève impétueusement et marche pendant quelque temps avec agitation.

— Et à quoi attribuez-vous ses préoccupations ?

— Je ne sais...

— Ce livre que vous hésitez à me confier et que je n'ose plus vous demander nous l'apprendrait.

— Oh ! je ne tiens pas à savoir les secrets de la princesse... C'est pour vous être agréable, pour vous obéir, que j'ai soustrait ce livre... la clef est à son fermoir, je ne l'ai pas ouvert.

— Eh bien, ouvrons-le... Maintenant, ce que vous appelez la méchante action est commis. Il ne s'agit plus que de me rendre un grand service. Hésitez-vous encore ? Je sais que je n'ai d'autre droit à cette bonté de votre part que...

— Tenez, tenez, lisez vite, — dit Iris en détournant la tête et en donnant l'album à M. de Brévannes. — Ce que je fais est infâme ; mais je ne puis résister à l'influence que vous avez sur moi.

« Influence d'une volonté ferme, » pensa M. de Brévannes en ouvrant précipitamment le livre noir, où il lut ce qui suit, pendant qu'Iris, accoudée à la cheminée, la figure dans ses mains, et n'ayant pas l'air de voir sa dupe, l'examinait attentivement dans la glace.

CHAPITRE II

PENSÉES DÉTACHÉES

Iris avait écrit les passages suivants d'une main en apparence émue et mal affermie, comme si les idées se fussent pressées confuses et désordonnées dans la tête de la princesse :

« Je viens de le revoir à la Comédie-Française. Toutes mes douleurs, tous mes regrets se sont réveillés à son aspect.

» Il me poursuivra donc partout... Jamais je n'ai éprouvé une commotion plus violente ; être obligée de tout cacher aux regards pénétrants du monde, aux regards indifférents de mon mari... Est-ce la haine, l'indignation, la colère, qui m'ont ainsi bouleversée ?

» Oui... n'est-ce pas de la haine, de l'indignation, de la colère que je dois ressentir contre celui qui a tué le fiancé à qui j'étais promise et que j'aimais depuis mon enfance ? Ne dois-je pas exécrer celui qui m'a déshonorée par une calomnie infâme ?... Oh ! oui... je le hais... je le hais, et pourtant !... »

Ici se trouvaient quelques mots absolument indéchiffrables; ils terminaient ce premier passage, et fournirent à M. de Brévannes le texte d'une foule de conjectures.

Ces mots *et pourtant !* lui semblaient surtout une réticence d'un heureux augure... il continua.

« J'étais tellement épouvantée de ma pensée de tout à l'heure, que je n'ai osé continuer... ni confier au papier... hélas ! mon seul confident... ce qui causait mon effroi...

» Je devrais dire ma honte... Quel abîme que notre âme!... quels contrastes !... Oh ! non, non ; je hais cet homme... Il y a dans la persistance avec laquelle il a poursuivi son dessein quelque chose d'infernal... et si ce que je ressens à son égard diffère de la haine, c'est qu'un vague effroi se joint à cette haine. Oui, c'est cela sans doute... Et puis il s'y joint encore une sorte de regret de voir une volonté si ferme, une opiniâtreté si grande employées à mal faire, à nuire, à calomnier !

» En se vouant à de nobles desseins, quels admirables résultats n'eût-il pas obtenus!...

» Oui, je suis épouvantée quand je songe à l'habileté avec laquelle il est parvenu à s'introduire autrefois chez nous, à se rendre indispensable à nos intérêts ; avec quelle dissimulation impénétrable il m'avait caché son amour... dont il ne m'a parlé qu'une seule fois ; avec quelle indignation je l'ai accueilli...

» Ne devais-je pas croire, quoiqu'il m'ait dit le contraire, que les soins qu'il rendait à ma tante étaient sérieux ? M'étais-je trompée ? voulais-je me tromper à cet égard ?

» L'abominable calomnie dont j'ai été victime ne m'a pas même instruite de la vérité. Pauvre tante ! que de chagrins elle m'a causés, sans le savoir !...

» Il n'a manqué à cet homme que de placer mieux son amour, son dévouement passionné... Sans doute, il eût vaillamment aimé une femme libre de son cœur... Mais pourquoi m'a-t-il aimée, moi ? N'étais-je pas fiancée à Raphaël ? Ne m'avait-il pas souvent entendu parler de notre prochain mariage?... Et après un premier et dernier aveu... il a recouru à la plus infâme calomnie pour déshonorer celle à qui une fois, une seule fois, il avait parlé d'amour...

» Il me semble que je suis soulagée en épanchant ainsi les pensées qui me sont si douloureuses... Oui, cela m'aide à lire dans mon cœur...

» Hélas ! j'étais déjà si malheureuse ! avais-je besoin de ce surcroît de chagrins ?... Oh ! soyez maudit, vous qui m'avez presque forcée à un mariage sans amour... en tuant mon fiancé... que j'aimais tendrement...

» Oui ; je l'aimais d'un attachement d'enfance qui s'était changé avec les années en un sentiment plus vif que l'amitié, mais plus calme que l'amour...

» Quelle est ma vie maintenant? Horrible... horrible... avec toutes les apparences du bonheur... si la richesse est le bonheur... à jamais enchaînée à un homme qui bien souvent, hélas! me fait regretter le sort de Raphaël.

» Pauvre Raphaël! mourir si jeune!... Hélas! en provoquant M. de Brévannes, il cédait à un élan de juste et courageux désespoir... et pourtant son meurtrier a, de son côté, non sans raison, invoqué le droit de légitime défense...

» Il n'importe, Raphaël au moins ne souffre plus; moi je souffre chaque jour; chaque instant de ma vie est un supplice... Que faire?

» Se résigner.

» Pour sortir de ma douloureuse apathie, il m'a fallu revoir cet homme, qui a causé tous mes chagrins.

» Chose étrange! je m'étais fait une idée tout autre de ce que je devais, selon moi, ressentir à son aspect... Oui, je l'avoue avec horreur (qui saura jamais cet aveu?), mon courroux, mon exécration, ne me semblent pas à la hauteur de ses crimes...

» En vain je maudis ma faiblesse... en vain je me dis que cet homme m'a calomniée d'une manière infâme; en vain je me répète qu'il a tué Raphaël, qu'il est presque l'auteur des maux que j'endure... qu'il peut à cette heure me perdre... et malgré moi j'ai la lâcheté de penser que c'est l'amour que je lui ai inspiré qui l'a plongé dans cet abîme d'horribles actions... Oserai-je le dire? je suis quelquefois capable de l'excuser. »

M. de Brévannes sentait son cœur battre avec violence, son orgueil effréné, l'aveuglement de sa passion, servaient Iris au delà de toute espérance.

Rien de plus vulgaire, de plus suranné, mais aussi de plus vrai que cet adage : *On croit ce que l'on désire.*

Dans ces pages qu'il supposait écrites par madame de Hansfeld, M. de Brévannes voyait la preuve d'une impression qui tenait à la fois de la haine et de l'amour, de la terreur et de l'admiration.

Admiration à peine avouée, il est vrai, mais qui, selon la vanité de M. de Brévannes, n'était que de l'amour ignoré ou combattu.

Une circonstance assez étrange, habilement exploitée par Iris, contribuait à augmenter l'erreur de M. de Brévannes : il n'avait fait qu'un seul aveu à Paula, et, d'après les fragments que nous venons de citer, il pouvait croire que celle-ci n'avait pas répondu à sa passion par jalousie des soins apparents qu'il rendait à sa tante, enfin, il pouvait aussi croire son abominable calomnie, sinon oubliée, du moins presque excusée par ces mots prétendus de la princesse :

« C'est l'amour que je lui ai inspiré qui l'a plongé dans cet abîme d'horribles actions ; je me sens quelquefois capable de l'excuser. »

Quant à la mort de Raphaël, que Paula aimait d'un *sentiment plus vif que l'amitié, plus calme que l'amour*, ce meurtre, presque justifié par l'agression de cet infortuné, était, il est vrai, une des causes qui combattaient le plus vivement l'irrésistible penchant de madame de Hansfeld pour M. de Brévannes.

Sans l'autorité du livre noir, il eût fallu un complet aveuglement pour expliquer ainsi la conduite de madame de Hansfeld ; mais M. de Brévannes, croyant lire un écrit tracé par elle, avait trop d'orgueil et d'amour pour ne pas accepter cette interprétation d'ailleurs si naturelle.

Pourquoi M. de Brévannes se serait-il défié d'Iris ? Pourquoi l'aurait-il crue capable d'une si étrange supercherie ? Quant à la princesse, dans quel but aurait-elle écrit ces pages que personne ne devait lire ?

En supposant que, d'accord avec Iris, elle eût autorisé cette communication afin de persuader à M. de Brévannes que ses torts étaient effacés par l'amour, un tel dessein ne pouvait que le flatter.

On comprendra donc qu'il continua la lecture du livre noir avec un intérêt et un espoir croissants.

« Que me veut donc cet homme ? Il est parvenu à se ménager une entrevue avec Iris ; pauvre enfant, simple et ingénue ; il lui a proposé de se charger d'une lettre pour moi, elle a refusé ? Que peut-il donc me vouloir ?... quelle est donc son audace ? comment supporterait-il mon regard ?

» Cet homme est fou... qu'a-t-il à me dire ? penserait-il à excuser sa conduite ? mais je...

» Hier, je n'ai pu continuer ; j'ai été interrompue par l'arrivée de mon mari.

» Le prince a donc toute sa vie étudié les effets de la douleur, pour porter des coups plus assurés ? Mais c'est un monstre !... mais il a des raffinements de tortures inouïs !... Oh ! maintenant, je comprends pourquoi je ne hais pas assez M. de Brévannes... toute ma vie s'est usée contre mon bourreau.

» Et être pour la vie... pour la vie enchaînée à cet homme !... Ne pouvoir briser ces liens odieux... que par la mort...

» Oh ! qu'elle me frappe donc, qu'elle me frappe bientôt... puisqu'il faut que l'un de nous deux meure pour rompre cette horrible union, que ce soit moi... plutôt que mon mari... »

M. de Brévannes frémit à ces paroles, et s'écria en s'adressant à Iris :

— La princesse est donc bien malheureuse ?
— Bien malheureuse !... — répondit sourdement Iris.
— Son mari est donc sans pitié pour elle ?
— Sans pitié...

M. de Brévannes continua de lire :

« Oui, oui, la mort... Je ne mérite pas de vivre... j'ai été infidèle à la mémoire de Raphaël... je ne mérite aucune commisération ; si mon mari est un monstre de cruauté, que suis-je donc, moi, qui ne puis détacher ma pensée de l'homme qui a causé tous mes maux, en tuant mon fiancé?...

» Oh! j'ai honte de moi-même... Il faut que j'écrive ces horribles choses... que je les voie, là, matériellement... sous mes yeux... pour que je les croie possibles...

» Arriver, mon Dieu! à ce dernier degré d'abaissement!

» Est-ce ma faute, aussi? La douleur déprave tant... Oui... elle déprave, elle rend criminelle... car, quelquefois, brisée par le désespoir, je m'écrie : — Puisqu'il était dans la destinée de M. de Brévannes d'être meurtrier... pourquoi le sort, au lieu de livrer Raphaël à ses coups, ne lui a-t-il pas livré mon bourreau? »

Ces pages s'arrêtaient là.

Iris avait voulu sans doute laisser M. de Brévannes réfléchir mûrement sur ce vœu homicide.

Il s'écria vivement en fermant le livre :

— Iris, vous n'avez rien lu de ce qui est écrit là?...

La jeune fille parut n'avoir pas entendu ces paroles ; elle regardait fixement M. de Brévannes.

— Iris, — reprit-il, — vous n'avez rien lu de ces pages?...

— Rien... rien, — dit-elle en sortant de sa rêverie, — que m'importe ce livre ?

« Elle ne songe qu'à moi, — pensa-t-il, — son indiscrétion n'est pas à craindre. »

Il referma le livre, le rendit à la jeune fille et lui dit :

— Vous avez, sans le savoir, rendu le plus grand service à votre maîtresse.

— Vous l'aimez? — lui demanda brusquement Iris, en attachant sur lui un regard perçant.

— Moi! — dit M. de Brévannes de l'air du monde le plus détaché, — singulière preuve d'amour que de cruellement menacer la femme qu'on aime. Non, non, je n'ai pas d'amour pour elle... l'austère amitié peut seule recourir à des moyens si extrêmes...

— Il faut bien vous croire, — dit tristement Iris en reprenant le livre.

— Adieu, Iris, à demain, — dit M. de Brévannes ; — vous rappellerez bien à madame de Hansfeld l'entrevue qu'elle m'a promise.

— Elle n'y manquera pas... Mais j'y songe... au nom du ciel, que rien ne puisse lui faire soupçonner que vous avez lu dans ce livre ; je serais perdue.

— Rassurez-vous, ma chère Iris, j'aurai l'air d'être aussi étranger qu'elle à ses pensées les plus secrètes... Rien ne trahira la connaissance que j'en ai. Promettez-moi seulement de m'apporter encore ce livre... il serait pour moi de la dernière importance de le consulter ensuite de l'entrevue que j'aurai demain avec votre maîtresse... Me le promettez-vous ?

— Encore mal faire... encore abuser de sa confiance... Ah! maintenant je n'ai plus le droit de me plaindre de son injustice.

— Iris, je vous en supplie...

— Vous me le demandez, n'est-ce pas pour moi plus qu'un ordre?

Dans sa reconnaissance, M. de Brévannes prit la main d'Iris, et, l'attirant près de lui, voulut la baiser au front; la jeune fille le repoussa violemment et fièrement, à la grande surprise de M. de Brévannes, qui croyait combler les vœux de la jeune fille en se montrant si *bon seigneur*.

En arrivant sur le quai, Iris jeta à la rivière la bague qu'elle avait reçue pour prix de sa trahison.

Après avoir attentivement lu le livre noir, M. de Brévannes tomba dans une méditation profonde. Il n'en doutait pas, il était aimé, mais madame de Hansfeld combattait de toutes ses forces ce penchant involontaire.

Son mari la rendait si horriblement malheureuse, qu'elle allait quelquefois jusqu'à désirer sa mort.

Quoique le vœu lui parût toucher à l'exagération, M. de

Brévannes regardait toutes ces circonstances comme favorables pour lui, et il attendait avec anxiété le moment du rendez-vous que madame de Hansfeld lui avait donné pour le lendemain au jardin des Plantes.

CHAPITRE III

ARNOLD ET BERTHE

Madame de Brévannes avait plusieurs fois rencontré chez Pierre Raimond M. de Hansfeld sous le nom d'Arnold Schneider; il avait sauvé la vie du vieux graveur, rien de plus naturel que ses visites à ce dernier.

Berthe, ayant résolu de recommencer d'enseigner le piano pour subvenir aux besoins de son père, venait chez lui trois fois par semaine et y restait jusqu'à trois heures pour donner, en sa présence, ses leçons de musique.

On n'a pas oublié que Berthe avait fait sur M. de Hansfeld une impression profonde la première fois qu'il l'avait aperçue à la Comédie-Française. Lorsqu'il la rencontra ensuite chez Pierre Raimond, qu'il venait d'arracher à une mort presque certaine, vivement frappé de la circonstance qui le rapprochait ainsi de Berthe, Arnold y vit une sorte de fatalité qui augmenta encore son amour.

Le charme des manières de M. de Hansfeld, la grâce de son esprit, ses prévenances respectueuses, presque filiales, pour Pierre Raimond, changèrent bientôt en une affection sincère la reconnaissance que le vieillard avait d'abord vouée à son sauveur.

Arnold était simple et bon, il parlait avec un goût et un savoir infini des grands peintres, objet de l'admiration passionnée du graveur qui avait employé une partie de sa vie à reproduire sur le cuivre les plus belles œuvres de Raphaël, du Vinci et du

Titien ; il avait montré à Arnold ces travaux de sa jeunesse et de son âge mûr ; Arnold les avait appréciés en connaisseur et en habile artiste.

Ses louanges ne décelaient pas le complaisant ou le flatteur; modérées, justes, éclairées, elles en étaient plus précieuses à Pierre Raimond, qui avait la conscience de son art ; comme les artistes sérieux et modestes, il connaissait mieux que personne le fort et le faible de ses ouvrages. Ce n'était pas tout : Arnold semblait par ses opinions politiques appartenir à ce parti exalté de la jeune Allemagne, qui offre beaucoup d'analogie avec certaines nuances de l'école républicaine.

Grâce à ces nombreux points de contact, la récente intimité de Pierre Raimond et d'Arnold se resserrait chaque jour davantage. Ce dernier était de bonne foi, il ressentait véritablement de l'attrait pour ce rude et austère vieillard, qui conservait dans toute leur ardeur les admirations et les idées de sa jeunesse.

M. de Hansfeld était d'une excessive timidité; les obligations de son rang lui pesaient tellement que, pour leur échapper, il avait affecté les plus grandes excentricités. Ses goûts, ses penchants, se portaient à une vie simple, obscure, paisiblement occupée d'arts et de théories sociales. Aussi, même en l'absence de Berthe, il trouvait dans les deux pauvres chambres de Pierre Raimond plus de plaisir, de bonheur, de contentement, qu'il n'en avait trouvé jusqu'alors dans tous ses palais.

S'il avait seulement voulu dissimuler ses assiduités auprès de Berthe sous de trompeuses prévenances envers le graveur, celui-ci avait trop l'instinct du vrai pour ne pas s'en être aperçu, et trop de rigide fierté pour ne pas fermer sa porte à Arnold.

Pierre Raimond n'ignorait pas que son jeune ami trouvait Berthe charmante, et qu'il admirait autant son talent d'artiste que la candeur de son caractère, que la grâce de son esprit.

Dans son orgueil paternel, loin de s'alarmer, Pierre Raimond se réjouissait de cette admiration. N'avait-il pas une confiance aveugle dans les principes de Berthe? Ne devait-il pas la vie à Arnold? Comment supposer que ce jeune homme au cœur noble, aux idées généreuses, abuserait indignement des relations que la reconnaissance avait établies entre lui et l'homme qu'il avait sauvé?

Aux yeux de Pierre Raimond, cela eût été plus infâme encore que de déshonorer la fille de son bienfaiteur.

Enfin, Arnold avait dit appartenir au peuple, et, dans l'exagération de ses idées absolues, Pierre Raimond lui accordait une confiance qu'il n'eût jamais accordée au prince de Hansfeld.

Berthe, d'abord attirée vers Arnold par la reconnaissance, avait peu à peu subi l'influence de cet être bon et charmant. Il assistait souvent, en présence du vieux graveur, aux leçons de musique de Berthe; il était lui-même excellent musicien, et quelquefois Berthe l'écoutait avec autant d'intérêt que de plaisir parler savamment d'un art qu'elle adorait, raconter la vie des grands compositeurs d'Allemagne, et lui exposer, pour ainsi dire, la poétique de leurs œuvres et en faire ressortir les innombrables beautés.

Que de douces heures ainsi passées entre Berthe, Arnold et Pierre Raimond! Celui-ci ne savait pas la musique; mais son jeune ami lui traduisait, lui expliquait pour ainsi dire la pensée musicale des grands maîtres, l'analysant phrase par phrase, et faisant pour l'œuvre de Mozart, de Beethoven, de Gluck, ce qu'Hoffmann a si merveilleusement fait pour *Don Juan*.

Berthe, profondément touchée des soins d'Arnold pour Pierre Raimond, leur attribuait à eux seuls la vive sympathie qui, chaque jour, la rapprochait davantage du prince. Celui-ci était d'autant plus dangereux qu'il était plus sincère et plus naturel; rien dans son langage, dans ses manières, ne pouvait avertir madame de Brévannes du péril qu'elle courait.

La conduite d'Arnold était un aveu continuel, il n'avait pas besoin de dire un mot d'amour; si par hasard il se trouvait seul avec Berthe, son regard, son accent, étaient les mêmes qu'en présence du graveur. Celui-ci rentrait-il, Arnold pouvait toujours finir la phrase qu'il avait commencée.

Comment madame de Brévannes se serait-elle défiée de ces relations si pures et si paisibles? Jamais Arnold ne lui avait dit : Je vous aime; jamais elle n'avait un moment songé qu'elle pût l'aimer, et déjà ils étaient tous deux sous le charme irrésistible de l'amour.

Nous le répétons, par un singulier hasard, ces trois personnes, sincères dans leurs affections, sans défiance et sans arrière-pensée, s'aimaient : Arnold aimait tendrement le vieillard et sa fille, ceux-ci lui rendaient vivement cette affection; tous trois enfin se trouvaient si heureux, que par une sorte d'instinct conservatif du bonheur, ils n'avaient jamais songé à analyser leur félicité, ils en jouissaient sans regarder en deçà ou au delà.

La seule chose qui aurait pu peut-être éclairer Berthe sur le sentiment auquel son cœur s'ouvrait de jour en jour, était l'espèce d'indifférence avec laquelle elle supportait les duretés de son mari; elle s'étonnait même vaguement de ressentir alors si peu des blessures naguère si douloureuses...

Lorsque son père, profondément irrité contre M. de Brévannes, lui avait sérieusement, presque sévèrement demandé compte des procédés de M. de Brévannes, elle n'avait pas menti en répondant que depuis quelque temps elle ne s'en tourmentait plus.

Le vieillard avait eu d'autant plus de foi aux paroles de Berthe, que peu à peu elle redevenait calme, souriante, et que sa physionomie, autrefois si triste, révélait alors la plus douce quiétude.

Peut-être blâmera-t-on l'aveugle confiance de Pierre Raimond; cette confiance aveugle était une des nécessités de son caractère.

Ces antécédents posés, nous conduirons le lecteur dans le modeste réduit de Pierre Raimond, le lendemain du jour où

M. de Hansfeld avait signifié à sa femme qu'elle devait quitter Paris dans trois jours.

CHAPITRE IV

INTIMITÉ

Un bon feu petillait dans l'âtre, au dehors la neige tombait et la bise faisait rage; Pierre Raimond était assis d'un côté de la cheminée, Arnold de l'autre; depuis que le prince était amoureux, ses traits reprenaient une apparence de force et de santé, quoique son visage fût toujours un peu pâle.

Une grande discussion s'était élevée entre Pierre Raimond et Arnold, car pour compléter le charme de leur intimité, ils différaient de manière de voir sur quelques questions artistiques, entre autres sur la façon de juger Michel-Ange.

Arnold, tout en rendant un juste hommage à l'immense génie du vieux tailleur de marbre, ne ressentait pour ses productions aucune sympathie, quoiqu'il comprît l'admiration qu'elles inspiraient; le goût délicat et pur d'Arnold, surtout épris de la beauté dans l'art, s'effrayait des sombres et terribles écarts du fougueux Buonarroti, et leur préférait de beaucoup la grâce divine de Raphaël.

Pierre Raimond défendait son vieux sculpteur avec énergie, et il se passionnait autant pour la fière indépendance du caractère de Michel-Ange que pour la gigantesque puissance de son talent.

— Votre tendre Raphaël avait l'âme amollie d'un courtisan, — disait le vieillard à Arnold, — tandis que le rude créateur du *Moïse* et de la chapelle Sixtine avait l'âme républicaine; et il devait menacer, comme il l'en a menacé, le pape Jules de le jeter en bas de son échafaudage s'il lui manquait de respect.

M. de Hansfeld ne put s'empêcher de sourire de l'exaltation de Pierre Raimond, et répondit :

— Je ne nie pas l'énergie un peu farouche de Michel-Ange; il était, malheureusement, d'un caractère morose, fier, taciturne, ombrageux, altier et difficile.

— Malheureusement!... Qu'entendez-vous par ce mot... malheureusement?

— J'entends qu'il était malheureux, pour les sincères admirateurs de ce grand homme, de ne pouvoir nouer avec lui des relations agréables et douces.

— Je l'espère bien... Est-ce que vous le prenez pour un Raphaël, pour un homme banal comme votre héros? Car, — ajouta le graveur avec un accent de dédain, — il n'y avait personne au monde d'un caractère plus facile, plus insinuant, plus aimable que votre Raphaël.

— Vous reconnaissez au moins ses qualités...

— Ses qualités!!! c'est justement à cause de ces qualités insupportables que je le déteste comme homme... quoique je le vénère comme artiste.

— Et moi, mon cher monsieur Raimond, c'est justement à cause des défauts du caractère diabolique de Michel-Ange qu'il m'est antipathique, comme homme, quoique je m'incline devant son génie.

— Votre admiration n'est pas naturelle; elle est forcée... elle est exagérée, — s'écria le graveur.

— Comment! — dit Arnold stupéfait, — vous détestez Raphaël à cause de ses qualités... moi, je n'aime pas Michel-Ange à cause de ses défauts... et vous m'accusez d'exagération?

— Certainement... on n'est grand homme, on n'est Michel-Ange qu'à certaines conditions. J'admire dans le lion jusqu'à ses instincts sauvages et féroces; il n'est lion qu'à condition d'être sauvage et féroce, il ne peut avoir les vertus d'un mouton comme votre Raphaël.

— Mais au moins permettez-moi d'aimer dans Raphaël ces vertus de mouton, qui sont, si vous le voulez, les conséquences de sa nature, de son talent...

— A votre aise : admirez, si vous trouvez qu'un tel caractère mérite l'admiration... Quant à moi, physiquement parlant, je ne mets pas seulement en balance la fade figure du beau, du céleste Raphaël, tout couvert de velours et de broderies, avec le mâle visage de mon vieux Buonarroti, sombre, farouche, hâlé par le soleil, et vêtu d'une souquenille à moitié cachée par son tablier de cuir de tailleur de pierre! Allons donc! est-ce que ces deux natures peuvent se comparer seulement? Ah! ah! ah!... quel plaisant contraste!... Je vois d'ici... le divin Raphaël...

— Le divin Raphaël aurait fléchi le genou et respectueusement baisé la puissante main du vieux Michel-Ange, son maître et son aïeul dans l'art, — dit doucement Arnold en tendant la main à Pierre Raimond.

— Vous avez raison, — reprit celui-ci en répondant avec effusion au témoignage de cordialité de M. de Hansfeld. — Je suis un vieux fou... aussi emporté qu'à vingt ans...

A ce moment Berthe entra.

Il eût été difficile de peindre la ravissante expression de sa physionomie en voyant son père et Arnold se serrer ainsi la main. Ses yeux se remplirent de larmes de bonheur.

— Viens à mon secours, enfant, — dit Pierre Raimond. — Je suis battu... ma folle barbe grise est obligée de s'incliner devant cette vénérable moustache blonde... Il reste calme comme la raison, et je m'emporte... comme si j'avais tort...

— Et le sujet de cette grave discussion? — dit Berthe en souriant et en regardant alternativement Arnold et son père.

— Michel-Ange... — dit Pierre Raimond.

— Raphaël... — dit Arnold.

— Comment, monsieur Arnold, vous ne pouvez pas céder à mon père?

— Je voudrais bien voir qu'il me cédât sans discussion!... Je ne veux pas qu'il cède... mais qu'il soit convaincu...

— Quant à cela, monsieur Raimond... j'en doute... les convictions ne s'imposent pas, et Raphaël...

— Mais Michel-Ange...

— Allons, — dit Berthe, — pour vous mettre d'accord, je vais jouer l'air de *Fidelio*, que M. Arnold aime tant... qu'il vous l'a aussi fait aimer, mon père.

— Avouez, don Raphaël, — dit en riant le vieillard à Arnold, — qu'elle a plus de bon sens que nous.

— Je le crois, seigneur Michel-Ange ; madame Berthe sait bien que quand on l'écoute on ne songe guère à parler.

— Oh! monsieur Arnold, je ne suis pas dupe de vos flatteries.

— Pour le lui prouver, mon enfant, commence l'ouverture de *Fidelio*; tu sais que c'est mon morceau de prédilection depuis que notre ami m'en a fait comprendre les beautés.

Berthe commença de jouer cette œuvre avec amour; la présence d'Arnold semblait donner une nouvelle puissance au talent de la jeune femme.

Au bout de quelques minutes, M. de Hansfeld parut complétement absorbé dans une profonde et douloureuse méditation; quoiqu'il eût plusieurs fois entendu Berthe jouer ce morceau, jamais les tristes souvenirs qu'il éveillait en lui n'avaient été plus péniblement excités.

Berthe, qui de temps en temps cherchait le regard d'Arnold, fut effrayée de sa pâleur croissante, et s'écria :

— Monsieur Arnold... qu'avez-vous? mon Dieu!... comme vous êtes pâle!

— Votre main est glacée, mon ami, — dit Pierre Raimond, qui était assis à côté de M. de Hansfeld.

— Je n'ai rien... rien, — répondit celui-ci; — mais je suis d'une faiblesse ridicule... Certains airs sont pour moi... de véritables dates... et plusieurs motifs de *Fidelio*... se rattachent à un passé bien triste...

— J'avais pourtant déjà joué ce morceau, — dit Berthe en quittant le piano et en venant s'asseoir à côté de son père.

— Sans doute... J'étais alors tout au plaisir d'entendre votre exécution. Mais à cette heure, je ne sais pourquoi... Oh! pardon... pardon de ne pouvoir vaincre mon émotion...

Et M. de Hansfeld cacha son visage entre ses mains.

Berthe et le vieillard se regardèrent tristement, partageant le chagrin de leur ami sans le comprendre.

Après quelques moments de silence, Arnold releva la tête. Il est impossible de rendre l'expression de tristesse navrante dont son pâle et doux visage était empreint. Une larme vint aux yeux de Berthe; par un mouvement d'ingénuité charmante, elle prit la main de son père pour l'essuyer.

— Vous souffrez, — dit le vieillard à Arnold. — Que notre amitié n'est-elle plus ancienne! vous pourriez peut-être apaiser vos chagrins en les épanchant...

— Oh! bien souvent j'y ai pensé... mais la honte m'a retenu, — dit Arnold avec une sorte d'accablement.

— La honte! — s'écria Raimond avec surprise.

— Ne vous méprenez pas sur ce mot... mon ami, — dit Arnold; — Dieu merci! je n'ai rien fait dont j'aie à rougir... Seulement, j'ai honte de ma faiblesse... j'ai honte d'être encore si sensible à des souvenirs qui devraient être aussi méprisés qu'oubliés.

— Ne craignez rien; nous vous comprendrons... nous vous plaindrons. Ma pauvre enfant a souvent aussi bien pleuré ici à propos de souvenirs qui, comme les vôtres, devraient être aussi méprisés qu'oubliés.

— Mon père!

— Tenez... Arnold, — dit le graveur, — si je désire votre confiance, c'est que nous aussi nous aurions peut-être de tristes aveux à vous faire...

— Vous aussi, vous avez été malheureux? — dit Arnold.

— Bien malheureux, — répondit le vieillard; — mais, Dieu merci! ces mauvais jours sont, je crois, passés. Il me semble que vous nous avez porté bonheur. Non-seulement vous m'avez sauvé la vie, mais, cette vie, vous me l'avez rendue charmante. Oui, depuis bien longtemps je n'avais rencontré personne dont l'esprit eût autant de rapports avec le mien. Je ne sais quelle est l'influence de votre heureuse étoile; mais, depuis que nous vous connaissons, ma pauvre Berthe elle-même est moins triste... ses chagrins domestiques semblent adoucis... Vous avez enfin été pour nous l'heureux augure d'une vie douce et calme.

— Oh! ce que vous dit mon père est bien vrai, monsieur Arnold, — dit Berthe. — Si vous saviez combien il vous aime! et lorsque je suis seule avec lui en quels termes il parle de vous!

— C'est vrai, — dit le vieillard. — Si vous nous entendiez, vous verriez que vous n'avez pas d'amis plus sincères... Berthe vous est si reconnaissante de ce que vous m'avez sauvé la vie, qu'après moi vous êtes ce qu'elle aime le plus au monde.

— Oh! oui... pauvre père, — dit Berthe en embrassant le vieillard.

M. de Hansfeld écoutait Pierre Raimond avec une vénération profonde. Ce langage franc et loyal était aussi nouveau que flatteur pour lui. Ne fallait-il pas qu'il inspirât une bien noble confiance à Pierre Raimond pour que celui-ci ne craignît pas de lui parler ainsi devant sa fille!

Berthe elle-même, loin de se montrer confuse, embarrassée, semblait confirmer ce que disait son père; son front rayonnait de candeur et de sérénité.

En présence de cette noble franchise, M. de Hansfeld rougit de sa dissimulation; il fut sur le point d'apprendre à Pierre Raimond son véritable nom; mais il redouta l'indignation que cet aveu tardif exciterait peut-être chez le vieux graveur, dont il connaissait d'ailleurs les préventions antiaristocratiques; il trouva donc une sorte de *mezzo termine* dans la demi-confidence qu'il fit à Berthe et à son père.

Après quelques moments de silence, il dit à Pierre Raimond :

— Vous avez raison, mon ami... vous m'avez donné l'exemple de la confiance... je vous imiterai... Peut-être vous inspirerai-je un peu d'intérêt par quelques rapports entre ma position et celle de votre fille... car vous m'avez dit que son mariage n'était pas heureux... et c'est aussi à mon mariage que j'ai dû d'atroces chagrins.

— Vous êtes marié?... si jeune, — dit Raimond avec étonnement.

— Depuis deux ans.

— Et votre femme... — dit Berthe.

— Elle est en Allemagne, — répondit M. de Hansfeld après un moment d'hésitation.

— Et quelques passages de l'ouverture de *Fidelio* que jouait Berthe vous ont sans doute rappelé de douloureux souvenirs?

— Hélas! oui. Lorsque j'ai connu la femme que j'ai épousée, j'étais dans tout le feu de ma première admiration pour cet opéra de Beethoven... J'ai toujours eu l'habitude d'attacher mes pensées du moment à certains passages de la musique que j'aime... pensées qui, pour moi, deviennent pour ainsi dire les paroles des airs que j'affectionne le plus; eh bien, l'opéra de *Fidelio* me rappelle ainsi toutes les phases d'un amour malheureux.

— Ah! maintenant je comprends votre émotion, — dit Berthe en secouant la tête avec tristesse.

— Voyons, mon ami, — dit cordialement Pierre Raimond, — jamais vous ne parlerez à des cœurs plus sympathiques.

Et M. de Hansfeld raconta ainsi qu'il suit l'histoire de son mariage avec Paula Monti; histoire vraie en tous points, sauf la substitution du nom d'Arnold Schneider à celui de Hansfeld.

CHAPITRE V

RÉCIT

— Orphelin presque en naissant, — dit le prince, — j'ai été élevé par un vieux serviteur de ma famille. Nous habitions un village retiré, nous y vivions dans une complète solitude. Le pasteur était peintre et musicien; il reconnut en moi quelques dispositions pour ces arts auxquels je consacrais tout mon temps.

Ces premières années de ma vie furent paisibles et heureuses. J'aimais le vieux Frantz comme un père; il avait pour moi les soins les plus tendres; il me reprochait seulement de fuir les exercices violents, de ne sortir de mon cabinet d'études que pour quelques rares promenades dans nos belles montagnes. Je n'avais aucun des goûts de mon âge; j'étais sérieux, taciturne, mélancolique; la musique me causait des ravissements presque extatiques, auxquels je m'abandonnais avec délices... A dix-huit ans, j'entrepris avec mon vieux serviteur un voyage en Italie. Pendant deux ans j'étudiai les chefs-d'œuvre des grands maîtres dans les différentes villes où je m'arrêtai, voyant peu de monde et me trouvant heureux de ma vie indolente, rêveuse et contemplative... J'arrivai à Venise; mon culte pour les arts avait jusqu'alors rempli ma vie, l'admiration passionnée qu'ils m'inspiraient suffisait à occuper mon cœur... A Venise, le hasard me fit rencontrer une femme dont l'influence devait m'être funeste. Cette femme, que j'ai épousée, se nommait Paula Monti...

— Elle était belle? — demanda Berthe.

— Très belle... mais d'une beauté sombre... Étrange contraste! j'ai toujours été faible et timide; je me suis épris d'une femme au caractère énergique et viril... C'était mon premier amour... Sans doute j'obéis plus à l'instinct, au besoin d'aimer, qu'à un sentiment réfléchi, et je devins passionnément amoureux de Paula Monti ; elle accueillit mes soins avec indifférence ; je ne me rebutai pas ; elle me semblait très malheureuse. J'eus quelque espoir, je redoublai d'assiduités, et je demandai formellement sa main à sa tante. J'étais riche alors, ce mariage lui parut inespéré ; elle y consentit. J'eus avec Paula une entrevue décisive... Je dois le dire, elle m'avoua qu'elle avait ardemment aimé un homme qui devait être son mari, et quoique cet homme fût mort, son souvenir vivait encore si présent et si cher à sa pensée, qu'il l'absorbait tout entière, et que mon amour lui était indifférent. Cet aveu me fit mal ; mais je vis dans la franchise de Paula une garantie pour l'avenir ; je ne désespérai pas de vaincre, à force de soins, la froideur qu'elle me témoignait... Elle ne me cacha pas que, sans l'incessante influence d'un passé qu'elle regrettait amèrement, elle aurait peut-être pu m'aimer.

Alors je me laissai bercer des plus folles espérances ; ma passion était vraie... Paula Monti en fut touchée ; mais sa délicatesse s'effrayait encore de la disproportion de nos fortunes. La perte d'un procès venait de complétement ruiner sa famille. Je surmontai ses scrupules ; elle me promit sa main... mais en me répétant encore qu'elle ne pouvait m'offrir qu'une affection presque fraternelle.

Cependant cette froide union fut pour moi un bonheur immense. D'abord mes espérances s'accrurent ; à part quelques moments de profonde tristesse, le caractère de Paula était mélancolique, mais égal, quelquefois même affectueux. Déjà j'entrevoyais un avenir plus heureux, lorsqu'un jour... Oh ! non, non, jamais je n'aurai la force de continuer, — reprit le prince en cachant sa figure entre ses mains.

Berthe et son père se regardèrent en silence, n'osant pas demander à Arnold la suite d'un récit qui lui semblait si pénible. Pourtant il poursuivit :

— Pourquoi cacherais-je ses crimes ? Mon indulgence n'a-t-elle pas été une faiblesse coupable? Je dois en porter la peine. Nous étions allés passer l'été à Trieste. Depuis plusieurs jours, Paula se montrait d'une humeur sombre, irritable ; je la voyais à peine. Lors de ces accès de noire tristesse, elle ne voulait auprès d'elle qu'une jeune bohémienne qu'elle avait recueillie par charité. Cette pauvre enfant était, par reconnaissance, tendrement dévouée à ma femme.

Pour l'intelligence du récit qui va suivre, — continua le prince, — il me faut entrer dans quelques particularités minutieuses. Au bout du jardin de notre maison de Trieste était un pavillon où nous allions prendre le thé presque chaque soir. Un soir Paula m'avait à grand'peine promis d'y venir passer une heure... J'espérais ainsi la distraire de ses tristes pensées.

Jamais je n'oublierai l'expression morne et désolée de sa physionomie pendant cette soirée ; elle accueillit presque avec colère et dédain quelques mots de tendresse que je lui adressais.

Douloureusement blessé de sa dureté, je sortis du pavillon.

Après quelques tours de jardin, je me calmai peu à peu, me rappelant que Paula m'avait prévenu qu'elle était encore quelquefois sous le coup de souvenirs pénibles. Je rentrai dans le pavillon. Elle n'y était plus. On avait servi le thé pendant mon absence, je trouvai préparée la tasse de lait sucré que je prenais chaque soir ; je sus gré à Paula de cette attention dont pourtant je ne profitai pas... J'avais un épagneul que j'affectionnais beaucoup... Machinalement je lui présentai la tasse que Paula m'avait apprêtée ; il la but avidement, et presque aussitôt le malheureux animal tomba par terre, trembla convulsivement, et mourut après quelques minutes d'agonie...

— Oh! je comprends... mais cela est horrible!... — s'écria Pierre Raimond.

Berthe regarda son père avec surprise.

— Qu'y a-t-il donc, mon père?... — dit-elle ; puis, éclairée par un moment de réflexion, elle ajouta avec horreur : — Oh! non, non, c'est impossible... monsieur Arnold... c'est impossible! une femme est incapable d'un crime si affreux.

— N'est-ce pas ? — reprit Arnold avec amertume. — Après quelques réflexions, j'ai dit comme vous... c'est impossible... j'ai attribué au hasard ce fait effrayant, je me suis même cruellement reproché d'avoir pu un moment soupçonner Paula.

— Et lorsque vous revîtes votre femme, — dit Pierre Raimond, — quel fut son accueil?

— Il fut calme, confiant; et si j'avais alors conservé quelques doutes, ils eussent été à l'instant dissipés : le soir, j'avais laissé Paula sombre, presque courroucée; le lendemain, je la trouvai tranquille, affectueuse et bonne... elle me tendit la main en me demandant pardon de m'avoir si brusquement quitté la veille...

— C'est d'une inconcevable hypocrisie, — dit Pierre Raimond.

— Oh! non, non, elle n'était pas coupable, son calme le prouve, — dit Berthe.

— Je pensais comme vous, — reprit M. de Hansfeld; — il y avait tant de sincérité dans son accent, dans son regard; ses paroles étaient si naturelles, qu'accablé de remords, de honte, je tombai à ses pieds en fondant en larmes et en lui demandant pardon... Elle me regarda d'un air surpris. Je n'osai m'expliquer davantage. Innocente, mon soupçon était un abominable outrage. Je lui répondis que je craignais de l'avoir contrariée la veille... Elle me crut, et cette scène n'eut pas d'autre suite.

Comment vous expliquer ce qui se passa en moi depuis ce jour?... Mon fol amour pour Paula augmenta pour ainsi dire en raison des torts que je me reprochais envers elle; je ne pouvais me pardonner d'avoir osé accuser une femme qui m'avait donné tant de preuves de franchise.

— En effet, — dit Berthe, — lorsque vous avez demandé sa main, pourquoi vous aurait-elle dit que son cœur n'était pas libre, au risque de manquer un mariage si avantageux pour elle?... Non, non, elle était innocente de cet horrible crime.

— Et vous n'aviez pas d'ennemis ? — dit Pierre Raimond.

— Aucun, que je sache...

— Mais comment vous êtes-vous expliqué la mort subite, convulsive, de cet épagneul, mort dans laquelle se retrouvaient tous les symptômes d'un empoisonnement ?

— Je parvins à m'étourdir sur ce fait inexplicable, à empêcher pour ainsi dire ma pensée de s'y arrêter, tant je voulais croire à l'innocence de Paula. J'expiais douloureusement cet atroce soupçon ; vingt fois je fus sur le point de lui tout avouer ; mais je n'osais pas · son affection pour moi était déjà si tiède, si incertaine... un tel aveu me l'eût à jamais aliénée. Pourtant... pour mon repos, j'aurais dû tout lui dire, car elle commença de trouver quelques-unes de mes paroles étranges ; mes réticences involontaires lui semblèrent incohérentes ; quelquefois, profondément touché d'un mot ou d'une attention tendre de sa part, je m'écriais dans une sorte d'égarement : « Oh ! je suis bien coupable... pardonnez-moi... j'ai eu tort... »

Elle me demandait la signification de ces mots ; je revenais à moi, et au lieu de m'expliquer, je lui réitérais les protestations les plus passionnées... Hélas ! bientôt la pâle affection que j'en avais obtenue par tant de soins, avec tant de peine, fit place à une nouvelle froideur... Elle me regardait quelquefois d'un air inquiet et craintif... ses accès d'humeur sombre redoublèrent... alors aussi... les soupçons que j'avais d'abord si énergiquement repoussés revinrent à ma pensée ; puis je les chassais de nouveau ; quelquefois j'examinais malgré moi avec défiance les mets qu'on me servait ; puis, rougissant de cette crainte si insultante pour Paula, je quittais brusquement la table...

Dans cette lutte sourde et concentrée, ma santé s'altéra, mon caractère s'aigrit ; Paula me témoigna un éloignement de plus en plus prononcé.

— Quelle vie... mon Dieu ! quelle vie ! — s'écria Berthe en essuyant ses yeux humides.

— Hélas ! — dit M. de Hansfeld, — cela n'était rien encore.

Nous quittâmes Trieste à la fin de l'automne ; ma femme voulait aller passer l'hiver à Genève, puis venir ensuite en France; surpris par un orage violent, nous nous arrêtâmes à quelques lieues de Trieste, dans une misérable auberge à la tombée de la nuit. La tempête redoubla de fureur, un torrent que nous devions traverser était débordé ; il fallut nous résigner à passer la nuit dans cette demeure. L'endroit était désert. Il me sembla que le maître de l'auberge avait une figure sinistre. Je proposai à ma femme de veiller le plus tard possible, et de sommeiller ensuite sur une chaise, afin de pouvoir partir avant le jour, dès que les chemins seraient praticables. Notre suite se composait de deux domestiques à moi et de la jeune fille qui accompagnait Paula. J'avais pour cette enfant toutes les bontés possibles, je savais en cela plaire à ma femme ; d'ailleurs, Iris (c'est le nom de cette bohémienne) m'était presque aussi dévouée qu'à sa maîtresse. Nous occupions, pendant cette nuit fatale... oh ! bien fatale... une petite chambre dont l'unique porte ouvrait sur un cabinet où se trouvait Frantz, mon vieux serviteur... Paula ne pouvait cacher son effroi ; le vent semblait ébranler la maison jusque dans ses fondements; nous veillâmes tous deux assez tard. Seuls dans cette chambre, je m'étais assis sur un mauvais grabat, pendant que ma femme reposait dans un fauteuil. Je succombai au sommeil, malgré tous mes efforts.

J'ignore depuis combien de temps je dormais, lorsque je fus brusquement éveillé par une douleur aiguë à la partie interne du bras gauche. L'obscurité la plus complète régnait dans cette pièce. Mon premier soin fut de saisir la main que je sentais peser sur moi... Cette main frêle et délicate tenait un stylet très aigu...

— Mon Dieu ! — s'écria Berthe épouvantée en joignant les mains.

— Encore... une tentative... Mais cela est effroyable ! — dit Pierre Raimond.

Arnold continua :

— Grâce à l'obscurité, on avait enfoncé le stylet entre mon corps et mon bras gauche, étroitement serré contre moi. A la légère résistance que rencontra la lame en glissant dans cet étroit intervalle, on dut croire qu'elle pénétrait dans ma poitrine. Cette erreur me sauva ; j'en fus quitte pour une légère blessure au bras.

— Quel bonheur ! — dit Berthe.

— Je vous l'ai dit, mon premier mouvement en m'éveillant fut de saisir la main que je sentais peser sur moi; tout à coup cette main devint glacée ; j'etendis l'autre bras, je touchai une robe de femme... Je sentis un parfum léger, mais pénétrant, dont se servait habituellement Paula... Une épouvantable idée me traversa l'esprit... Je me rappelai le poison de Trieste... Je n'eus plus aucun doute... Cette révélation fut si foudroyante que je ne sais ce qui se passa en moi ; ma raison s'égara ; pendant quelques secondes, je me crus le jouet d'un horrible songe... Durant cet instant de vertige, la main que je tenais s'échappa sans doute... Quand je revins à moi, j'étais seul, toujours dans les ténèbres. — Frantz!... Frantz!... m'écriai-je en frappant à la cloison qui séparait ma chambre du cabinet où était mon domestique. Frantz ne dormait pas ; en une minute il entra tenant une lampe à la main.

— Et votre femme ? — s'écria Berthe.

— Figurez-vous ma surprise... ma stupeur... c'était à douter de ma raison : Paula était profondément endormie dans un fauteuil auprès de la cheminée.

— Elle feignait de dormir... — s'écria Raimond.

— Je vous dis que c'était à devenir fou ; elle dormait, ou plutôt elle simulait si parfaitement un profond et paisible sommeil, que sa respiration douce, régulière, n'était pas même accélérée par la terrible émotion qu'elle devait ressentir ; sa figure était calme, sa bouche légèrement entr'ouverte, son teint faiblement coloré par la chaleur du sommeil, et sa physionomie, ordinairement sérieuse, était presque souriante.

— Mais cela est à peine croyable ! — s'écria Pierre Raimond ; — comment ! votre femme dormait paisiblement après une pareille tentative ?

— Son sommeil était, — vous dis-je, — d'une sérénité si profonde, que je ne pouvais non plus en croire mes yeux. Debout, pâle, immobile, je la contemplais d'un air hagard.

— Et il n'y avait pas d'autre femme que la vôtre dans cette auberge ? — demanda Berthe.

— Il n'y avait qu'elle.

— Et cette jeune fille, cette bohémienne ? — dit Pierre Raimond.

— Elle était couchée dans une pièce qui donnait sur la chambre où veillait Frantz ; il ne dormait pas, il avait de la lumière, il était impossible d'entrer chez nous sans qu'il le vît.

— Il faut donc le croire... cette fois, c'était bien elle, — dit Berthe. — Un tel crime est-il possible, mon Dieu !

— Une dissimulation pareille m'épouvante encore plus que le crime, — dit Pierre Raimond.

— Une dernière preuve d'ailleurs ne me laissait presque aucun doute, — dit Arnold. — Sur le plancher, aux pieds de ma femme, je reconnus une dague florentine, arme précieuse, ciselée par Benvenuto Cellini, qui avait été, je crois, léguée à Paula par son père.

— Dès lors vous n'avez plus gardé aucun ménagement ! — s'écria le graveur ; — et c'est ensuite de ce nouveau crime que vous avez relégué cette infâme en Allemagne ?

— Si j'hésitais à vous raconter cette horrible histoire, mon ami, — reprit le prince d'un air confus, — c'est que j'avais la conscience de ma faiblesse, ou plutôt de l'inexplicable influence que Paula conservait sur moi...

— Comment ! après cette nouvelle tentative...

— Oh ! si vous saviez ce qu'il y a d'affreux dans le doute...

— Mais ce coup de poignard ? — dit Pierre Raimond.

— Mais ce sommeil si profond ? mais ce réveil si doux, si paisible ?

— Lorsqu'elle vous vit blessé, que dit-elle ? — s'écria Berthe.

— Vous peindre son angoisse, sa stupeur, ses soins empressés, me serait impossible. De l'air du monde le plus naturel, elle s'écria qu'il fallait faire partout des perquisitions. Elle avait aussi remarqué, la veille, la sinistre physionomie du maître de cette auberge ; comme moi elle s'épuisait en vaines conjectures. Frantz affirmait n'avoir vu passer personne, et qu'on avait dû s'introduire par une fenêtre qui s'ouvrait sur un balcon ; mais cette fenêtre se trouva parfaitement fermée. L'accent de Paula fut si naturel, que mon vieux serviteur, qui ne l'aimait pas, qui avait vu mon mariage avec peine, n'eut pas un instant la pensée d'accuser ma femme.

— Mais cette petite main frêle que vous avez saisie ?... mais cette senteur de parfum particulier à votre femme ? — s'écria Pierre Raimond.

— Je vous le répète... ma raison s'égarait dans ce dédale de contradictions singulières. Paula, aidée de Frantz, voulut elle-même panser ma blessure ; rien dans ses manières, dans son langage, n'était affecté.

— Commettre un tel crime et faire montre de tant d'hypocrisie... c'était là le comble de la scélératesse ! — dit le graveur.

— Sans doute, et la monstruosité même d'un tel caractère éveillait encore mes doutes, malgré l'évidence. Pour comble de fatalité, Paula, soit intérêt, soit pitié, soit calcul, ne s'était jamais montrée plus affectueuse, je dirais presque plus tendre, qu'en me prodiguant les premiers soins après cet accident.

— Ruse, ruse infernale ! — s'écria Pierre Raimond.

— C'était peut-être le remords de son crime, — dit Berthe.

— Mon malheur voulut que j'hésitasse tour à tour entre ces convictions si diverses... Il eût été moins funeste pour moi de croire Paula tout à fait coupable ou tout à fait innocente ; mais au contraire... par une inconcevable mobilité d'impressions, je passais tour à tour envers elle de l'amour passionné à des accès de haine et d'horreur ; mes angoisses de Trieste n'étaient rien auprès des tortures que j'endurais alors... Une tête plus faible que la mienne n'eût pas résisté à ces secousses. Quelquefois, après avoir témoigné à ma femme, par quelques paroles incohérentes, la terreur qu'elle m'inspirait, réfléchissant que, malgré d'effrayantes apparences, je n'avais pas de certitude réelle, que je me trompais peut-être, je poussais des sanglots déchirants en lui demandant pardon. Elle finit par croire ma raison égarée... Que vous dirai-je? Je trouvais d'abord une satisfaction amère à laisser prendre quelque consistance à ce bruit, puis à l'augmenter et à l'accréditer par des bizarreries calculées. Le monde m'était odieux, je voulais ainsi échapper à ses exigences. Ce n'était pas tout : dès qu'on me crut sujet à des moments de folie, je pus, à l'abri de ce prétexte, me livrer sans scrupule à mes accès de méfiance, sans que mes précautions, ainsi attribuées à un dérangement d'esprit, pussent compromettre ou accuser ma femme. Tantôt, croyant ma vie menacée, je m'enfermais seul pendant des journées entières, ne mangeant que du pain et des fruits que mon fidèle Frantz allait m'acheter lui-même ; et encore souvent, dans ma terreur insensée, je n'osais pas même toucher à ces aliments... D'autres fois, rougissant de mon effroi, convaincu de l'innocence de Paula, je revenais à elle avec un repentir déchirant; mais son accueil était glacial, méprisant.

— Pauvre Arnold! — dit Pierre Raimond avec émotion. — Sans doute vous êtes faible; mais cette faiblesse même dérivait d'une noble source... vous craigniez d'accuser injustement Paula. En effet, c'est quelque chose d'effrayant que de dire à quelqu'un, et cela sans preuves certaines : Vous êtes homicide... vous avez voulu deux fois m'assassiner...

— N'est-ce pas ? surtout lorsqu'il s'agit d'adresser ces foudroyantes paroles à une femme que l'on a passionnément aimée, surtout lorsqu'à côté de preuves matérielles presque irrécusables, il est pour ainsi dire d'autres preuves morales toutes contraires; lorsque enfin quelquefois une voix secrète, une révélation occulte, vous dit avec une irrésistible autorité : Non, cette femme n'est pas coupable... Oh ! je vous l'assure, c'était un enfer... un enfer...

— Maintenant, — dit Berthe, — je conçois que vous ayez feint d'être insensé.

— Mais, — dit Pierre Raimond, — une dernière tentative ne vous a laissé aucun doute...

— Aucun, cette fois... Le crime me parut avéré... ou plutôt, comme mon amour s'était usé et éteint dans ces luttes, dans ces angoisses continuelles, j'ai eu cette fois plus de courage que je n'en avais eu jusque-là.

— Vous ne l'aimez plus, enfin ? — dit Berthe.

— Non ; car en admettant que j'eusse été aussi insensé que je le paraissais, je méritais au moins quelque pitié, quelque intérêt... et ma femme ne m'en témoignait aucun. Profitant de la solitude où je vivais (nous habitions alors une grande ville), elle courait les fêtes et s'informait à peine de moi. Cette dureté de cœur me révolta... Ou ma femme était coupable, et ma générosité à son égard aurait dû toucher l'âme la plus perverse; ou elle était innocente, alors les accès de douleur auxquels je me livrais après l'avoir vaguement accusée auraient dû l'émouvoir.

— Mais pourquoi n'avez-vous jamais, avec elle, abordé franchement cette question? Pourquoi n'avoir jamais nettement formulé vos reproches ? — dit Pierre Raimond.

— Songez-y, il me fallait lui dire : « Je vous soupçonne, je vous accuse d'avoir voulu m'assassiner deux fois... » Ne pouvais-je pas me tromper ?

— En effet, cette position était affreuse, — dit Berthe. — Et le dernier trait qui a amené votre séparation, quel est-il ?

— Il y a très peu de temps de cela, — dit M. de Hansfeld en baissant les yeux. — J'occupais avec ma femme une maison isolée : je ne sais pourquoi mes soupçons étaient revenus avec une nouvelle violence ; je sortais rarement de mon appartement. Quelquefois pourtant, le soir, je montais à un petit belvédère situé au faîte de notre demeure ; c'était une espèce de terrasse très élevée, entourée d'une légère grille à hauteur d'appui, sur laquelle je m'accoudais ordinairement pour regarder au loin les tristes horizons que présente une grande ville pendant la nuit ; je passais là quelquefois de longues heures dans une rêverie profonde. Un soir, la Providence voulut qu'au lieu de m'accouder et de me pencher comme d'habitude sur la balustrade... j'y posai la main... A peine l'eus-je touchée que, à mon grand effroi, elle céda et tomba avec un fracas horrible...

— Ciel ! — s'écria Berthe.

— La hauteur était si grande, que cette grille de fer fut brisée en morceaux en tombant sur le pavé.

— Quelle atroce combinaison ! — dit Pierre Raimond en levant les mains au ciel.

— Ma mort était inévitable si je me fusse appuyé sur cette rampe... Qui pouvais-je accuser, si ce n'est Paula ? Personne n'avait d'intérêt à ma mort. Ignorant qu'une faillite m'avait enlevé presque toute ma fortune, elle se souvenait sans doute que dans des temps plus heureux je lui avais fait donation de mes biens. Cette idée ne m'était jamais venue tant qu'avait duré mon amour... Il m'a toujours semblé impossible de soupçonner d'une infamie les gens que j'aime... J'aurais pu, à la rigueur, croire ma femme capable d'obéir à un mouvement de haine insensée, mais non d'agir par un calcul si lâche et si odieux ; pourtant, une fois mon amour éteint, en présence de ce nouveau piége si meurtrier, je ne reculai devant aucune supposition. Seulement, pour éviter de tristes scandales, je me contentai de déclarer à Paula qu'elle quitterait à l'instant la ville que nous habitions, que je ne la reverrais jamais, et que j'étais assez indulgent, ou plutôt assez faible pour la livrer à ses seuls remords... Que vous dirai-je de plus? à quoi bon vous indigner en vous parlant de l'audace avec laquelle cette femme brava mes reproches, de l'horrible hypocrisie avec laquelle elle affecta de les attribuer à l'égarement de ma raison? Tant de cynisme et d'effronterie me révolta... je la quittai... De ce moment ma vie fut bien triste... mais au moins j'étais délivré d'une horrible appréhension.

Quelque temps après je vous rencontrai, — ajouta M. de Hansfeld en tendant la main à Pierre Raimond. — Tout à l'heure vous parliez d'heureuse étoile... Vous aviez raison, la mienne m'a fait me trouver sur votre chemin... Avant d'avoir eu le bonheur de vous sauver la vie, j'étais seul, abattu et sous le coup de bien amers souvenirs ; tout a changé pour moi, j'ai trouvé en vous un ami ; mes chagrins sont passés, et si je pouvais compter sur la durée de nos relations, je n'aurais été de ma vie plus heureux...

— Et pourquoi, mon ami, ces relations vous manqueraient-elles jamais? Le charme du commerce des honnêtes gens est dans sa sûreté : qui pourrait altérer notre amitié? N'est-elle pas basée sur des services rendus, sur des services réciproques? N'est-elle pas également chère à ma fille, à vous, à moi ?... Et puis enfin les tristes motifs qui nous font trouver dans cette intimité si douce une sorte de refuge contre des pensées cruelles, ces motifs existeront toujours : pour vous, ce sont les crimes de votre femme ; pour Berthe, la cruelle conduite de son mari ; pour moi, le ressentiment des chagrins de mon enfant...

— Vous avez raison, nous n'avons pas le droit de douter de l'avenir.

— Mon Dieu! que vous avez dû souffrir, monsieur Arnold! — dit tristement Berthe.

— Si vous avez témoigné quelque faiblesse, — dit Pierre Raimond, — votre conduite a été admirable de mansuétude... C'est le propre d'une âme pleine de délicatesse et d'élévation que de s'imposer les cruelles tortures du doute plutôt que de risquer un reproche... terrible... bien terrible... si contre toute probabilité votre femme eût été innocente... Ce long récit de vos infortunes me donne de nouvelles preuves de la bonté de votre cœur ; et comme on a toujours les défauts de ses qualités, je trouve même dans l'espèce de faiblesse qu'on pourrait vous reprocher une preuve de délicatesse exquise.

— Vous êtes trop indulgent, mon ami...

— Je suis juste... et aussi peu flatteur que Michel-Ange... Est-ce bien cela ? — ajouta le vieillard en riant.

— Voici l'heure de mes leçons, — dit Berthe ; — cette triste confidence finit à temps ; j'en suis tout attristée. Ah ! monsieur Arnold, quelles souffrances !... Il vous faudra bien du bonheur pour les oublier...

A ce moment, deux écolières de Berthe arrivèrent et rompirent la conversation.

M. de Hansfeld quitta Pierre Raimond et sa fille, un peu soulagé par l'aveu qu'il venait de leur faire, mais regrettant encore l'incognito qu'il gardait envers eux.

Désirant avant tout éloigner sa femme, qu'il voulait faire partir le lendemain, M. de Hansfeld revint à l'hôtel Lambert.

CHAPITRE VI

MENACES

Madame de Hansfeld se trouvait dans une cruelle perplexité : son mari exigeait d'elle qu'elle partît le lendemain pour l'Allemagne ; il lui fallait ainsi renoncer à M. de Morville, nécessairement retenu à Paris par la santé chancelante de sa mère.

L'éloignement de Paula pour le prince se changea en aversion, en haine profonde ; elle croyait ce sentiment presque excusé par les bizarreries et par les duretés de son mari. Le dernier coup qu'il lui portait était surtout affreux ; la forcer de quitter Paris au moment même où sa passion pour M. de Morville, si longtemps cachée, si longtemps combattue, allait être aussi heureuse qu'elle pouvait l'être...

Iris, en révélant à sa maîtresse que le prince se rendait souvent chez Pierre Raimond, sous un nom supposé, pour y rencontrer madame de Brévannes, avait excité la colère de Paula contre Berthe ; c'était sans doute pour garder plus facilement un incognito qui favorisait son amour que le prince exigeait le départ de madame de Hansfeld.

Après de mûres réflexions, Paula crut entrevoir quelque chance de salut dans la passion même de son mari pour madame de Brévannes.

Malgré l'ordre du prince, madame de Hansfeld n'avait annoncé son départ à personne, et ne se préparait nullement à ce voyage, espérant que peut-être son mari renoncerait à sa première détermination. Quant à ses menaces de dévoiler les crimes de sa femme et de l'abandonner à la justice des hommes, Paula n'y avait vu qu'une nouvelle preuve de l'aberration de l'esprit d'Arnold.

Jusqu'alors les différents accès de ce qu'elle appelait la *folie* de M. de Hansfeld lui avaient presque inspiré autant de commisération que d'effroi. Mais dans son dernier entretien, le prince s'était montré si dur, si injuste, elle se voyait si cruellement sacrifiée à l'affection qu'il ressentait pour Berthe, que, blessée dans ce qu'elle avait de plus précieux au monde... son amour pour M. de Morville, Paula partageait sa haine entre son mari et madame de Brévannes.

Telles étaient les réflexions de madame de Hansfeld, lorsque le prince entra chez elle ; il sortait de chez Pierre Raimond ; son air était encore plus ferme, encore plus impérieux que la veille.

— Il me semble, madame, que vous ne vous hâtez pas de faire vos préparatifs de départ, — lui dit-il sèchement. — Du reste, comme vous ne verrez et ne recevrez personne au château de Hansfeld, où je vous envoie, vous n'avez pas besoin d'un grand attirail de toilette... Vous pouvez emporter vos diamants... je vous les abandonne... Frantz, que je charge de vous conduire en Allemagne, est incorruptible... Si j'avais pu hésiter à vous laisser ces pierreries... ç'aurait été dans la crainte de vous donner les moyens de gagner votre guide...

Madame de Hansfeld interrompit son mari :

— Je vous remercie, monsieur, de me procurer cette occasion de vous rendre ces pierreries.

Et, se levant, elle alla prendre dans un secrétaire un grand écrin qu'elle remit au prince.

— J'ai autrefois accepté ces présents... depuis longtemps j'aurais dû les remettre entre vos mains.

— Soit, — dit le prince en les prenant avec indifférence ;— la tendresse la plus vive, l'affection la plus dévouée, n'ont pu vous désarmer... ma générosité devait être aussi impuissante... Il est vrai,— ajouta-t-il avec un sourire de mépris écrasant,— que j'avais par contrat disposé en votre faveur de la plus grande partie de ma fortune... et qu'après ma mort vous hériticz de tout... des pierreries comme du reste...

— Monsieur...

— Seulement, comme vous m'avez paru un peu pressée de jouir de ces avantages, j'ai trouvé moyen, en dénaturant une partie de ma fortune, de neutraliser ces dons d'autrefois... Je vous dis cela pour vous convaincre que si je mourais demain... vos espérances intéressées seraient déçues. J'aurais dû vous prévenir plus tôt... cela vous eût évité... quelques actions un peu *hasardées* que votre vif désir d'être veuve explique, mais n'excuse pas, — ajouta M. de Hansfeld avec une sanglante ironie.

Ces mots cruels firent une étrange impression sur madame de Hansfeld.

Parfaitement indifférente aux reproches qu'ils renfermaient

et qu'elle ne comprenait pas, car elle ne les méritait en rien, elle ne fut frappée que de leur injustice et de leur cruauté.

M. de Hansfeld fût alors tombé mort à ses pieds qu'elle aurait été loin de le regretter ; car à ce moment même elle se souvint que M. de Morville lui avait écrit : *Mon amour sera toujours malheureux, puisque je ne puis prétendre à votre main.*

Néanmoins la princesse eut bientôt honte et horreur de sa pensée, ou plutôt de son vœu barbare ; elle répondit froidement à son mari :

— Je ne veux pas comprendre le sens de vos paroles, monsieur ; il est si odieux qu'il en est ridicule. Quant à la question d'intérêt, vous le savez... c'est contre mon gré que vous m'avez si magnifiquement avantagée ; je trouve naturel que vous reveniez sur ces dispositions.

— Tant d'hypocrisie dans les paroles, tant d'audace dans les actions les plus criminelles, — dit le prince à demi-voix et comme s'il se fût parlé à lui-même, — voilà ce qui confondait ma raison et me faisait toujours douter des crimes de cette femme. Heureusement, à cette heure, elle est dévoilée tout à fait... car mon fatal amour est éteint...

Puis il reprit en s'adressant à Paula :

— Je suis venu ici, madame, pour vous ordonner de presser les préparatifs de votre départ. Il faut que demain soir vous ayez quitté Paris...

— Monsieur... je ne quitterai pas Paris...

— Vous préférez alors que je parle, madame ?

— Voilà plusieurs fois que vous me faites cette menace, monsieur... Pour l'amour du ciel, parlez donc... je saurai enfin ce que vous avez à me reprocher...

— Vous comptez trop sur le respect que j'ai pour mon nom et sur ma crainte d'un terrible scandale. Prenez garde... ne me poussez pas à bout. Croyez-moi, partez... partez...

— Franchement, monsieur, je ne suis pas votre dupe... Vous

voulez m'effrayer... me forcer de quitter Paris... et pourquoi ? pour faire croire aussi à votre départ et conserver ainsi plus facilement votre incognito...

— Que dites-vous, madame ?

— Et continuer, grâce à cet incognito, à être favorablement accueilli par Pierre Raimond, père de madame de Brévannes...

— Madame, prenez garde...

— De madame de Brévannes, dont vous êtes épris... et que vous rencontrez souvent chez son père.

A ces mots, le prince resta frappé de stupeur; son pâle visage devint pourpre; après un moment de silence, il s'écria :

— Pas un mot de plus, madame... pas un mot de plus !

— Vous aimez cette femme, — ajouta madame de Hansfeld.

— Pas un mot de plus, vous dis-je, madame !

— Ainsi, elle vous donne déjà des rendez-vous chez son père; c'est un peu prompt, — ajouta madame de Hansfeld avec mépris.

— Vous êtes indigne de prononcer seulement le nom de cet ange !... — s'écria le prince.

— Vraiment; eh bien, je suis curieuse de savoir ce que le mari de cet *ange* pensera de vos entrevues avec sa femme.

— Vous oseriez ?...

— Surtout lorsqu'il saura que c'est sous un nom supposé que vous vous introduisez chez Pierre Raimond.

— Mais vous avez donc juré de me mettre hors de moi !... — s'écria le prince avec rage. — Vous parlez de folie... mais c'est vous qui êtes folle, malheureuse femme, de jouer ainsi que vous le faites avec votre destinée.

— L'avenir prouvera qui de vous ou de moi est insensé, monsieur. Il y a longtemps, d'ailleurs, que vous m'avez habituée aux égarements de votre raison... je ne sais si à cette heure même vous êtes dans votre bon sens. En tout cas, retenez bien ceci : je vous déclare que si vous vous obstinez à me faire quitter Paris... je fais tout savoir à M. de Brévannes.

— Silence, madame... silence.

— Soit, je me tairai... mais vous savez à quelles conditions.

— Des conditions à moi!... vous osez m'en imposer!...

— Je l'ose, car je veux croire qu'à part votre monomanie de m'adresser des reproches incompréhensibles, vous êtes ordinairement un homme de bon sens... Nous avons des motifs de nous ménager mutuellement sur certains sujets... Votre raison n'est pas très saine, je pourrais me mettre sous la protection des lois; mais il me répugnerait d'attirer l'attention publique par un procès contre vous et de livrer à la malignité des curieux les secrets de notre intérieur... Vous devez craindre de votre côté que M. de Brévannes n'apprenne que vous vous occupez de sa femme... restons donc dans les termes où nous sommes... Je n'ai aucune prétention sur votre cœur... le mien ne vous a jamais appartenu, agissez donc librement... S'il vous est même nécessaire de feindre une absence, je consens à me prêter à cette supercherie et à dire que vous avez quitté Paris... Tout ce que je vous demande en retour, monsieur, c'est de me permettre de rester ici quelque temps... mes prétentions, je crois, ne sont pas exorbitantes.

M. de Hansfeld était stupéfait de l'assurance de Paula. Malheureusement pour lui, elle possédait un secret qu'il tremblait de voir ébruiter. Cette considération, plus que la crainte des scandales d'un procès, suffisait pour le mettre jusqu'à un certain point dans la dépendance de sa femme.

Il est impossible de peindre ses regrets de savoir la princesse instruite des visites qu'il rendait à Pierre Raimond et du motif qui l'attirait chez le graveur. La réputation de Berthe était, pour ainsi dire, à la merci d'une femme pour laquelle Arnold ressentait autant de mépris que d'horreur.

Sans doute la conduite de madame de Brévannes était irréprochable; mais le moindre soupçon, mais la simple découverte du véritable nom du prince suffirait pour exciter la défiance de Pierre Raimond, l'empêcher de recevoir désormais

Arnold Schneider... d'un mot la princesse pourrait soulever ces orages!

Qu'on juge de la colère du prince, il se trouvait presque sous la domination de Paula.

Celle-ci triomphait; elle sentait la force de sa position: gagner du temps, rester à Paris, voir quelquefois M. de Morville, lui écrire souvent, après lui avoir peut-être avoué qu'il ne s'était pas trompé sur l'auteur de la mystérieuse correspondance dont nous avons parlé... tel était le vœu le plus ardent de madame de Hansfeld; et, grâce au secret qu'elle possédait, elle pouvait réaliser ce vœu.

Elle profita de l'espèce d'accablement de son mari pour ajouter :

— Cela est convenu, monsieur, vous emportez vos pierreries. Je renonce à tous les avantages que vous m'avez faits; mon seul but est de vivre aussi éloignée et séparée de vous qu'il me sera possible... plus encore même, si cela se peut, que par le passé... mon silence est à ce prix... Vous le voyez, monsieur... vous êtes venu ici la menace aux lèvres... Les rôles sont changés.

— Non! — s'écria le prince dans un accès d'indignation violente, — non, la femme qui a trois fois attenté à mes jours n'osera pas tenir un tel langage... et me menacer, moi!... moi, dont la clémence a été si folle... moi qui, par un reste de ménagement stupide, ai toujours reculé devant cette accusation terrible qui pouvait vous mettre en face de l'échafaud!

Madame de Hansfeld regarda son mari avec stupeur.

— Monsieur, prenez garde! votre raison s'égare!...

— Je vous dis que, par trois fois, vous avez voulu m'assassiner, madame!

— Moi?

— Vous, madame... Et le pavillon de Trieste?... et l'auberge déserte de la route de Genève?... et la dernière tentative que l'on a faite, il y a deux jours, contre ma vie?...

— Moi ? moi ?... Mais il est impossible que vous disiez cela sérieusement, monsieur ! — s'écria Paula. — Dans quel but aurais-je commis un crime si noir ? mais c'est affreux, mais rien dans ma conduite n'a pu autoriser vos effroyables soupçons...

— Des soupçons ?... madame, dites donc des certitudes.

— Des certitudes ? et sur quels faits ? sur quelles preuves les basez-vous ? Mais j'ai tort de discuter avec vous ; en vérité, c'est de la folie.

— Vous osez parler de ma folie... mais cette folie était de la clémence, madame... je pouvais ainsi m'isoler dans ma défiance, m'entourer de précautions, sans en expliquer la cause, car cette cause vous aurait perdue.

Madame de Hansfeld regardait son mari avec une surprise croissante ; elle ne pouvait croire à ce qu'elle entendait.

— Maintenant, monsieur, — dit-elle en rassemblant ses souvenirs, — toutes vos bizarreries, toutes vos réticences s'expliquent... Cette odieuse accusation a du moins le mérite d'être précise... ma justification sera d'autant plus facile...

— Vous prétendez...

— Me justifier... oui, et j'exige que vous m'écoutiez.

— Cette audace me confond... Autrefois j'ai pu en être dupe... mais à cette heure...

— A cette heure, monsieur, vous allez me dire sur quoi repose votre accusation ; quelles sont vos preuves. Je les dissiperai une à une ; il n'y a pas de logique plus puissante que celle de la vérité.

M. de Hansfeld, confondu de cette assurance, regardait à son tour sa femme avec un étonnement profond. Elle était si calme, elle semblait aller de si bonne foi au-devant d'explications qu'une conscience criminelle aurait redoutées, que ses doutes revinrent en foule.

— Comment, madame ! — s'écria-t-il, — vous niez qu'à Trieste, un soir, après une assez pénible discussion, vous ayez tenté de vous débarrasser de moi en jetant, dans une tasse de

12.

lait qu'on m'avait servie, un poison si violent qu'un épagneul que j'aimais beaucoup est mort un instant après l'avoir bue ?

— Moi... moi... du poison ? — s'écria-t-elle en joignant les mains avec horreur. — Mais qui a pu, grand Dieu ! vous inspirer de tels soupçons ? En quoi les ai-je mérités ? Comment, depuis cette époque vous me croyez capable d'un tel crime ?

— Et ce crime n'est pas le seul, madame.

— Si les autres ne vous sont pas plus prouvés que celui-là, monsieur, Dieu vous demandera compte de ces terribles accusations...

Après un silence et une réflexion de quelques moments, Paula reprit :

— Oui, oui, maintenant je me rappelle la circonstance à laquelle vous faites allusion, et aussi une autre qui me disculpe entièrement et dont vous pourrez vous informer auprès de Frantz, en qui vous avez, je crois, toute confiance. Je me souviens parfaitement que lorsqu'après une pénible discussion, vous êtes sorti du pavillon ; on ne nous avait pas encore servi le thé.

— Il est vrai, c'est en rentrant dans ce kiosque que j'ai trouvé la tasse que vous m'aviez servie sans doute pendant mon absence...

— Vous vous trompez. Heureusement les moindres détails de cette soirée me sont présents. Je quittai le pavillon après vous ; au moment où j'allais descendre, Frantz apporta le thé, il le déposa devant moi sur la table et m'accompagna jusqu'à notre maison, où je l'occupai une partie de la soirée. Interrogez-le à l'instant, et que je meure s'il contredit une seule de mes paroles.

— Mais qui a donc pu jeter ce poison dans ma tasse ?

— Je prétends me disculper, mais non pas éclairer cet horrible mystère...

— Vous seriez disculpée sans doute si Frantz confirmait vos paroles... Mais l'assassinat de l'auberge de la route de Genève ?

— Après votre premier soupçon, — dit Paula en souriant avec amertume, — celui-ci ne me surprend pas. Pourtant vous auriez dû vous souvenir que je dormais profondément et que vous avez eu beaucoup de peine à m'arracher au sommeil. Quant aux soins que je vous ai donnés après ce funeste événement, je ne crois pas que vous les suspectiez !

— Mais ce stylet qui vous appartenait et qui a servi au crime ?

— Je ne m'explique pas plus que vous cet étrange incident... Cette dague assez précieuse et jusqu'alors fort inoffensive me servait de couteau à papier, et je la serrais habituellement dans mon nécessaire à écrire... Mais j'y songe, cette fois encore Frantz peut témoigner en ma faveur... Il gardait les clefs des coffres de notre voiture, il avait lui-même serré ce nécessaire, qu'il n'ouvrit qu'à Genève. En partant de Trieste, il l'avait mis en ordre avec Iris. Informez-vous auprès d'eux si la dague y était enfermée... Ils vous l'affirmeront, j'en suis sûre. Or, pendant ce voyage, je ne vous ai pas quitté d'un moment, et Frantz a toujours eu sur lui les clefs de la voiture ; comment aurais-je pris cette dague ?

Ce que disait madame de Hansfeld paraissait parfaitement vraisemblable ; le prince croyait entendre de nouveau cette voix secrète qui lui avait si souvent répété : « Paula n'est pas coupable. »

Le prince sentit encore ses soupçons se dissiper presque complétement ; quoiqu'il n'aimât plus Paula, il avait un caractère si généreux qu'il regrettait amèrement d'avoir accusé madame de Hansfeld, et déjà il s'imposait l'obligation (si elle se justifiait complétement) de lui faire une éclatante et solennelle réparation.

— Vous avez, monsieur, — dit-elle, — une dernière accusation à porter contre moi... Veuillez vous expliquer... Terminons, je vous prie, cet entretien, qui, vous le concevez, doit m'être bien pénible...

— Avant-hier, madame, la grille de fer qui entoure la petite terrasse du belvédère de l'hôtel a été sciée au niveau des dalles, elle ne tenait plus à rien; au lieu de m'y appuyer comme de coutume, j'y portai machinalement la main... la balustrade est tombée.

— Quelle horreur! — s'écria Paula; — et vous avez cru... mais pourquoi non... ce crime n'est pas plus horrible que les autres... J'aurai plus de peine à me disculper cette fois... tout ce que je puis vous dire... c'est qu'avant-hier je suis sortie à onze heures du matin pour aller déjeuner chez madame de Lormoy, je suis rentrée à quatre heures, et vos gens ont pu voir que depuis cette heure jusqu'au moment où je suis partie pour l'Opéra... je n'ai pas quitté mon appartement... il m'aurait fallu traverser la cour pour aller dans votre galerie qui communique seule avec l'escalier du belvédère, et personne n'entre chez vous à l'exception de Frantz... Interrogez-le... peut-être par lui saurez-vous quelque chose; quant à moi, je n'ai à ce sujet rien à vous dire de plus.

Après quelques moments de silence, M. de Hansfeld se leva et dit à sa femme :

— Ce que vous m'apprenez, madame, change toutes mes résolutions. Ce départ, que j'exigeais, je ne l'exige plus. Lorsque j'aurai causé avec Frantz je vous reverrai.

Et le prince sortit de chez sa femme d'un air profondément abattu.

CHAPITRE VII

RÉFLEXIONS

Tout entière à la surprise, à l'effroi que lui causaient les accusations de son mari, madame de Hansfeld, pendant cet entretien, n'avait songé qu'à se disculper; le prince sorti, elle put réfléchir plus profondément.

D'abord elle sentit s'augmenter son indignation contre un homme qui osait la croire coupable de forfaits si noirs, puis elle éprouva pour lui une sorte de reconnaissance en songeant que, moins généreux, il aurait pu parler haut de ces soupçons, auxquels le hasard donnait tant de vraisemblance.

Par un rapprochement bizarre, Paula se souvint en même temps de ces mots de M. de Morville : *Mon amour ne saurait être heureux que si je pouvais obtenir votre main.*

Entre ces paroles et les terribles accusations de son mari, madame de Hansfeld vit un rapprochement étrange, fatal, qui la frappa.

En admettant que les mystérieuses et homicides tentatives auxquelles le prince avait été exposé eussent réussi, elle se serait trouvée libre... elle aurait pu épouser celui qu'elle idolâtrait et le rendre ainsi le plus heureux des hommes.

Il n'y eut d'abord rien de criminel dans les pensées de Paula.

Que de fois les cœurs les plus purs, les caractères les plus élevés, se sont passagèrement laissé entraîner non pas même à des vœux, mais seulement à de simples suppositions qui, réalisées, eussent été de grands crimes.

Combien de femmes pieusement résignées, endurant avec une douceur angélique les plus mauvais traitements d'un mari brutal et méchant, ont dit : « Hélas! que n'ai-je épousé un homme généreux et bon ! »

Il n'y a rien de meurtrier dans cette supposition, elle n'exprime pas même l'espérance ou le désir de voir la fin des tortures que l'on souffre, et pourtant cette supposition contient le germe d'un vœu meurtrier... c'est l'instinct de conservation qui s'éveille et qui cherche vaguement les moyens de fuir la douleur.

Bien des êtres souffrants s'arrêtent à cette exclamation, et leur vie n'est qu'un long et triste gémissement.

D'autres, blessés plus à vif ou moins résignés, s'écrient :
— Oh! si j'étais délivré de mon bourreau!... D'autres enfin :
— Pourquoi la mort ne m'en débarrasse-t-elle pas?

Que l'on suive attentivement les conséquences, la logique de ces plaintes, de ces espérances, de ces vœux... on arrivera toujours à un résultat *véniellement* meurtrier.

C'est toujours plus ou moins l'effrayante et fatale *nécessité* qui conduit Macbeth de crime en crime.

Que d'honnêtes gens ont frémi, épouvantés du nombre de crimes *platoniques* qu'ils étaient entraînés à commettre par une première pensée juste en apparence !

Pour Paula, une des idées résultant de son entretien avec M. de Hansfeld fut donc celle-ci :

— Mon mari, que je n'aime pas ; mon mari, que j'ai épousé par obsession ; mon mari, qui a de moi une opinion si infâme qu'il m'a crue capable d'avoir trois fois attenté à ses jours... mon mari aurait pu mourir... et sa mort me permettait de récompenser l'amour le plus passionné.

En vain Paula, qui pressentait la funeste attraction de cette idée, voulut la fuir... Elle y revint sans cesse, et presque à son insu, de même qu'on revient sans cesse et malgré soi au point central d'un labyrinthe où l'on est égaré.

Nous le répétons, rien de plus effrayant que l'entraînement forcé de certaines réflexions.

A cette idée succéda celle-ci :

— La personne qui attentait avec acharnement aux jours de M. de Hansfeld doit vivre dans notre intérieur... Par quel motif veut-elle cette mort ?

Après quelques moments de méditation, Paula, frappée d'une clarté soudaine, se rappela certains mots mystérieux d'Iris, l'attachement aveugle, presque sauvage de cette jeune fille, la haine qu'elle avait quelquefois montrée contre le prince lorsqu'elle, Paula, lui disait ses regrets d'avoir épousé cet homme capricieux et fantasque ; plus elle y réfléchit, plus elle crut être sur la trace du véritable auteur de ce crime... Son premier mouvement fut bon... Épouvantée de l'opiniâtreté féroce avec laquelle Iris poursuivait sa trame homicide, craignant qu'elle ne s'arrêtât pas là, elle voulut l'interroger et la confondre.

Une heure après le départ du prince, Iris, mandée par sa maîtresse, entrait dans la chambre de celle-ci.

CHAPITRE VIII

INTERROGATOIRE

Madame de Hansfeld hésitait sur la manière d'ouvrir la conversation et d'arriver à la connaissance de la vérité, elle craignait qu'en lui parlant avec rigueur, Iris, effrayée, s'obstinât dans une négation absolue. Elle crut avoir trouvé le moyen d'éviter cet écueil.

— M. de Hansfeld sort d'ici, — dit-elle tristement à Iris. — Je sais enfin la cause de toutes les étrangetés qui m'avaient fait croire sa raison égarée.

— Ce motif, marraine ?

— Trois fois on a attenté à ses jours...

— C'est un rêve... comme il en fait tant.

— Trois fois, te dis-je, on a attenté à ses jours... il en a les preuves...

— Alors, il connaît le coupable ?...

— Il croit le connaître.

— Et le coupable, marraine ?

— C'est moi...

— Vous ?...

— Il le croit...

— Il vous a menacée ?...

— Oui.

— Et de quoi ?

— De la justice... des tribunaux...

— Vous êtes innocente, que vous importe ?

— Mais le scandale d'un procès... mais la honte d'être soupçonnée...

— Je pourrai vous suivre, au moins... Votre pauvre Iris ne vous abandonnera pas... elle... Dans un tel malheur son dévouement vous sera nécessaire.

Cette naïveté franche fit frémir Paula; elle commença d'entrevoir une partie de la vérité; elle redoubla donc de prudence, de réserve, tendit la main à Iris, et lui dit :

— Sans doute, dans une telle extrémité tes soins me seraient bien doux; mais, par intérêt pour toi, je les refuserais...

— Marraine !...

— Rien au monde ne me les ferait accepter.

— Par intérêt pour moi, vous les refuseriez?

— Oui, Marianne ou une autre de mes femmes m'accompagnerait.

— Mais moi, moi ?

— Je prierais le prince de te renvoyer en Allemagne avant le procès... Il ne me refuserait pas cela.

— Marraine... je ne vous comprends pas. Pourquoi m'éloigner de vous lorsque tout le monde vous abandonnerait sans doute ?

— Parce que ton attachement pour moi est connu... parce qu'il pourrait te faire paraître complice de crimes dont je suis pourtant innocente.

— Mais moi... je veux rester auprès de vous; tant mieux, si l'on me croit votre complice.

— Mais moi, Iris, j'exigerais ton départ... A tous les chagrins qui m'accablent, à tous ceux qui vont m'accabler encore, je ne voudrais pas joindre celui de te voir malheureuse.

Iris réfléchit un moment; sa maîtresse l'examinait avec attention; la jeune fille reprit froidement :

— Puisque le prince vous accuse, marraine, je vais aller le trouver et lui dire que je suis votre complice... Ainsi, l'on ne me séparera pas de vous.

Paula fut effrayée : Iris était capable de cette démarche.

— Mais, malheureuse enfant! t'avouer ma complice, c'est te dire coupable... c'est m'accuser... c'est peut-être me pousser à l'échafaud!

— Eh bien, j'y monterai avec vous!

— Que dis-tu? — s'écria la princesse, épouvantée du regard triomphant d'Iris et de l'infernale résolution de sa physionomie.

— Je dis, — reprit la bohémienne avec une exaltation farouche, — je dis que la part que j'ai dans votre vie, marraine, est misérable; je dis que mon vœu le plus ardent serait de vous voir dans une position telle, que mon dévouement pour vous fût votre suprême bonheur, votre seule joie, votre seule consolation; je dis que j'aimerais autant vous voir morte qu'indifférente à ce que je ressens pour vous... que j'aime comme ma mère, comme ma sœur, comme mon Dieu; je dis que ceux que vous avez aimés, c'est-à-dire Raphaël et Morville, n'ont pas fait pour vous la millième partie de ce que j'ai fait moi-même, et ils ont occupé, et ils occupent votre vie, votre pensée tout entière, tandis que moi je ne suis rien pour vous... Cela est injuste, marraine... bien injuste.

— Osez-vous parler ainsi, vous que j'ai recueillie, comblée de mes dons?... Et qu'avez-vous donc fait pour reconnaître mes bontés?

— Vous me demandez ce que j'ai fait, marraine? Eh bien, je vais vous le dire, à cette heure... car il faut que notre destinée s'accomplisse. Ce que j'ai fait? J'ai fait tuer Raphaël par M. Charles de Brévannes, d'abord...

— Toi... toi!... Mon Dieu! elle m'épouvante.

— Oui, moi... Vous ne saviez pas ce que c'était que Raphaël... Vingt fois, en voyant vos larmes, vos regrets, j'ai été sur le point de vous dire : « Vous n'avez rien à regretter... Raphaël était indigne de vous... » Mais je ne voulais pas parler... je vous dirai tout à l'heure pourquoi.

— Malheureuse! explique-toi... que veux-tu dire? Tout ceci n'est-il qu'une sanglante raillerie?

— Non, non, Iris ne raille pas lorsqu'il s'agit de vous... Écoutez-moi donc. Vous m'aviez laissée à Venise, cela me fit une peine horrible; vous ne vous en êtes pas seulement aperçue, ou, du moins, mon chagrin vous a été indifférent... mon désir de vous accompagner vous a semblé importun... Mon Dieu!... il fallait me laisser périr dans la rue plutôt que de faire naître en moi une reconnaissance dont les témoignages vous devaient être à charge.

— Mais cette malheureuse est folle... Et que faisait cela à Raphaël?

— Vous m'aviez laissée à Venise; je vous l'ai dit, cela me causa une violente douleur; je ne pus me résigner à rester dans l'ignorance de votre vie et à recevoir seulement de temps à autre quelque froide lettre de vous. A force de prières, je parvins à obtenir d'Inès, votre camériste, qu'elle me tiendrait au courant de vos actions. Vous ne savez pas ce qu'il m'a fallu de persévérance, de promesses, de séductions, pour intéresser à mon désir cette indifférente fille, et l'amener à m'écrire presque chaque jour... Par cela... jugez ce qu'est mon attachement pour vous.

— Je ne sais s'il faut l'exécrer, la plaindre ou l'admirer, — se dit Paula.

— Peut-être je mérite à la fois la pitié, la haine et l'admiration, — reprit Iris. — Mais écoutez encore... Par Inès, je sus que Charles de Brévannes vous obsédait de soins, que le bruit public vous accusait de l'aimer, mais que cela était faux... Vous ne songiez qu'à Raphaël, dont vous parliez presque toujours avec votre tante en présence d'Inès... Pendant ce temps Raphaël vous trompait...

— Raphaël!... oh! tu mens... tu mens...

— Il vous trompait, vous dis-je, vous en aurez la preuve. Il était venu à Venise pour dégager sa parole; il était fiancé avec une jeune Grecque de Zante... nommée Cora... Je vous le prouverai... Il connaissait votre confiance en moi, il m'attribuait sur vous une influence que je n'avais pas... Ce fut donc à moi qu'il fit les premiers aveux de sa trahison, en me suppliant de vous en instruire avec tous les ménagements possibles. De moi... ce coup devait vous paraître moins cruel.

— Mais son duel avec Brévannes?

— Tout à l'heure... laissez-moi continuer. En entendant les lâches et parjures paroles de Raphaël, je fus à la fois joyeuse et courroucée.

— Joyeuse?

— Oui, car je hais presque autant ceux qui vous aiment que ceux qui vous sont ennemis.

— Mais c'est le démon... que cette insensée!... Ah! maudit soit le jour où je t'ai rencontrée sur mon chemin!...

— Maudit soit ce jour pour nous deux peut-être. En apprenant la trahison de Raphaël, je fus donc joyeuse et courroucée; pour vous venger à l'instant, là... sous mes yeux, je dis à Raphaël qu'il avait tort de prendre de tels ménagements; que vous l'aviez dès longtemps imité, sinon prévenu dans son insouciance, car, depuis votre arrivée à Florence, vous étiez la maîtresse d'un Français, de Charles de Brévannes...

— Mais Inès t'avait écrit le contraire...

— Mais elle m'avait aussi écrit que les apparences étaient contre vous, et que le bruit public vous accusait... Je ne croyais que porter un coup douloureux à l'amour-propre de Raphaël : mon attente fut dépassée... L'orgueil des hommes est si féroce, que ce traître, qui vous avait sacrifiée, se révolta en se croyant trompé à son tour. J'irritai encore sa colère. La vanité offensée fit ce que l'amour n'avait pu faire... Raphaël partit furieux pour Venise avec Osorio, afin de se venger de votre prétendu parjure. Oui... cet homme qui naguère oubliait sans remords ses promesses les plus saintes, parce qu'il se croyait éperdument aimé de vous, se reprit d'une folle passion lorsqu'il se vit dédaigné. Vous savez le reste... comment son erreur fut encore augmentée par la fatuité de Brévannes... qui le tua après l'avoir convaincu de votre infidélité...

— Cela est-il possible, mon Dieu?

— Ces preuves de la trahison de Raphaël, je vous les donnerai... vous dis-je... Elles consistent dans une lettre pour vous qu'il m'avait apportée à Venise, et dans laquelle il vous prévenait de son prochain mariage avec cette Grecque... Après le duel, Osorio m'écrivit pour me supplier de ne pas vous remettre cette lettre, voulant venger son ami en vous laissant croire que vous étiez la seule coupable, et que Raphaël vous avait toujours aimée, ainsi qu'il vous l'écrivait dans son dernier billet.

— Mais pourquoi m'as-tu laissée à mes remords?... Pourquoi, en me voyant rester si longtemps fidèle au souvenir d'un homme qui m'avait trompée... ne m'as-tu pas dit qu'il était indigne de moi?...

— Pourquoi?...

— Oui.

— Parce que j'aimais mieux vous voir éprise d'un mort... que d'un vivant.

— Et lorsque je te faisais part de mes scrupules d'aimer M. de Morville, et d'être ainsi infidèle au souvenir de Raphaël, pourquoi d'un mot n'as-tu pas fait évanouir mes regrets?

— Je vous le répète... parce que j'aimais mieux vous voir éprise d'un mort que d'un vivant... et puis j'espérais que le souvenir de Raphaël surmonterait votre amour pour M. de Morville.

— Mais tu le hais donc aussi, M. de Morville? — s'écria madame de Hansfeld, reculant épouvantée de ce que le génie infernal de cette fille pouvait imaginer et exécuter.

Avant de répondre, Iris resta quelques moments silencieuse, puis elle reprit d'un air sombre :

— Je vous l'ai dit... ceux qui vous aiment et que vous aimez, je les hais presque autant que vos ennemis... Cela est mon sentiment, cela est mon impression.

— Ainsi, M. de Morville...

— Mais parce que je suis jalouse de votre affection, — reprit Iris en interrompant sa maîtresse, — mais parce que je souffre... oh! bien cruellement, de vous voir dépenser des trésors d'attachement pour des êtres qui ne vous chérissent pas comme moi... il ne s'ensuit pas que je pousse l'égoïsme jusqu'à vouloir vous priver d'un bonheur, par cela seulement que ce bonheur fait mon désespoir; non, non. Quelquefois, dans mes mauvais jours... j'ai de ces pensées, mais je les chasse.

— Ainsi, — reprit madame de Hansfeld avec amertume, — vous me permettez d'aimer M. de Morville?

— Je ferai mieux que cela, — dit la bohémienne en jetant un regard perçant sur sa maîtresse.

Sans pouvoir se rendre compte ni de ce qu'elle éprouvait, ni de la signification de ce regard, madame de Hansfeld baissa la tête et rougit.

Iris reprit d'un ton plus humble :

— Maintenant que je vous ai dit, marraine, ce qui concernait Raphaël... je dois vous dire... ce qui concerne le prince...

— Elle va tout avouer... enfin, — dit la princesse.

CHAPITRE IX

RÉVÉLATIONS

Après un moment de silence, Iris reprit, en attachant son regard scrutateur sur madame de Hansfeld :

— Vous n'aviez épousé le prince qu'avec regret, et pour assurer un avenir à votre tante; plusieurs fois vous me l'avez dit.

— Cela est vrai...

— Vous m'avez dit encore que, grâce à la générosité de

M. de Hansfeld, la plus grande partie de sa fortune devait vous appartenir après sa mort...

— Ah! malheureuse... vous m'épouvantez... Ainsi ces tentatives réitérées...

Sans répondre à sa maîtresse, Iris continua :

— Peu de temps après votre mariage, votre tristesse a redoublé... Je n'ai plus hésité, et un soir, à Trieste, sans que personne me vît... dans une tasse de lait...

— Mais vous êtes un monstre!

— J'avais pris mes précautions... Si le crime eût été découvert, moi seule pouvais être accusée... et d'ailleurs, je me serais avouée la seule coupable.

— C'est horrible! horrible!... Et vous n'avez pas reculé devant l'énormité du crime que vous alliez commettre?

— Vous désiriez être veuve...

— Vous l'ai-je jamais dit? me l'étais-je seulement dit à moi-même?

— Vous regrettiez de vous être mariée... je vous rendais votre liberté...

— Mais vous n'avez donc aucune notion du mal et du bien?

— Le bien... c'est votre bonheur... le mal... c'est votre chagrin...

— Qui pourrait croire, mon Dieu! à cette sauvage et féroce exaltation?... Comment votre main n'a-t-elle pas tremblé? comment avez-vous pu méditer un tel crime? comment surtout avez-vous pu récidiver?

— Après la première tentative... vous avez été encore plus triste que d'habitude... Vous vous êtes souvent plainte à moi de tout ce que vous faisait souffrir l'inégalité du caractère du prince; devant moi, bien souvent vous avez maudit le jour où vous aviez consenti à ce mariage; quelquefois même, en déplorant votre triste existence, vous regrettiez de n'être pas morte... Alors une seconde fois j'ai voulu le tuer... dans cette auberge isolée; je m'étais introduite dans sa chambre par le balcon de la fenêtre entr'ouverte; je l'avais presque refermée en m'en allant, après le coup manqué...

— Non, non, je ne puis croire à ce que j'entends... si jeune... et un pareil sang-froid, un tel endurcissement...

— Si vous saviez la douleur que je ressens de vos douleurs... si vous saviez combien vos larmes retombent brûlantes sur mon cœur... vous comprendriez mon sang-froid, mon endurcissement, comme vous dites... Oui... si vous saviez à quel point la vie me pèse depuis que j'ai la conviction d'être si peu pour vous... vous comprendriez que j'ai voulu assurer votre bonheur en risquant une vie qui m'est indifférente. Si je n'ai tenté plus souvent, c'est que le prince s'est entouré de telles précautions...

— Assez!... assez! tu me fais horreur... Et maintenant?... que vais-je faire? j'ai l'aveu de ton crime...

— Peu m'importe.

— Croyez-vous que je puisse à cette heure vous garder près de moi... vous qui trois fois avez tenté de donner la mort à l'homme généreux et bon qui simulait la folie pour ne pas m'accuser?

— Maintenant comme autrefois... vous désirez la mort de cet homme généreux et bon...

— Taisez-vous...

— S'il mourait, vous épouseriez M. de Morville...

Paula resta un moment comme écrasée sous ces foudroyantes paroles; puis elle reprit avec indignation :

— Et qui vous donne le droit de scruter ma pensée? Et parce que la mort de M. de Hansfeld me rendrait la liberté, est-ce une raison pour que je la désire?

— Oui... vous la désirez...

— Sortez! sortez!...

— Oh! grâce! grâce! marraine... — dit Iris en tombant à genoux devant Paula... Puis elle continua d'une voix déchirante : — Je suis bien coupable, je suis bien criminelle; je sais toute l'étendue, toutes les conséquences des actions que j'ai commises; j'ai agi avec réflexion... Mais, je vous le répète, pour moi, le mal, c'est votre chagrin; le bien, c'est votre bonheur... peu m'importe le reste! Pourquoi donc me chasseriez-vous? Est-ce pour moi que j'ai cherché à commettre les crimes qui vous épouvantent? N'était-ce pas avant tout... vous, et toujours vous, que je voulais servir?...

— Mais me servir par de tels moyens... c'était me rendre votre complice!

— Eh bien! je me repens... je vous demande pardon à genoux... mais ne me chassez pas; ce serait vouloir ma mort! Oui... si vous me chassez, je me tuerai... Vous me connaissez... vous savez si j'en suis capable... Je tiens à la vie, parce que je puis vous être utile encore...

— Non, non; va-t'en... Tu veux mourir?... Eh bien! meurs!... ce sera un bienfait pour le monde... et pour moi... Depuis les accusations du prince et tes révélations, je me sens dans une atmosphère de trahisons et de crimes qui m'épouvante; on dirait qu'elle m'oppresse, qu'elle me pénètre... J'aurais peur de devenir aussi criminelle que toi. Va-t'en... va-t'en, te dis-je... va-t'en...

Iris se leva pâle et triste, prit la main de sa maîtresse qu'elle baisa, et fit un pas vers la porte.

Madame de Hansfeld crut lire dans les traits de la jeune fille une si effrayante résolution qu'elle s'écria :

— Iris!... restez!...

Iris revint sur ses pas et interrogea Paula du regard.

— Mais enfin, — s'écria la princesse, — que dire au prince? Une fois convaincu de mon innocence... il voudra connaître le coupable... que lui répondrai-je, s'il m'interroge? Ses soupçons, d'ailleurs, ne t'atteindront-ils pas? Et maintenant, mon Dieu!... j'y pense... ne pourra-t-il pas croire que tu as agi par mon ordre, ou du moins sous mon inspiration?... Vois dans quel affreux dédale tu m'as jetée!...

— Marraine, permettez-moi de rester ici... Si je suis chassée de cette maison, que ce ne soit pas par vous, au moins : je saurai me résigner si le prince exige mon départ, ou s'il m'accuse; mais que ce coup terrible ne vienne pas de vous!

— Mais en admettant même que les soupçons de M. de Hansfeld ne t'atteignent pas, n'est-il pas criminel à moi de garder dans ma maison une créature qui trois fois a attenté à la vie de mon mari, et qui pourrait peut-être, par la même monomanie sauvage, y attenter encore?

— Marraine, si vous l'exigez... jamais plus je n'attenterai aux jours du prince...

— Si je l'exige... Mon Dieu! pouvez-vous en douter?

— Eh bien!... je vous le jure *sur vous* (c'est pour moi le seul serment que je puisse faire), je vous jure sur vous de respecter les jours de M. de Hansfeld comme je respecterai les vôtres... — dit la bohémienne avec un air singulier et en regardant Paula comme si elle eût voulu pénétrer au plus profond de son cœur. — Mais si jamais vous vouliez épouser M. de Morville sans avoir à vous reprocher la mort du prince, mort à laquelle je serais aussi étrangère que vous... dites un mot, ou plutôt... non, pas même une parole... — et Iris, jetant les yeux autour d'elle comme pour chercher quelque chose, et avisant sur la cheminée une épingle d'or surmontée d'une boule d'émail constellée de perles, la prit et ajouta : — Vous n'auriez qu'à me remettre cette épingle, et, sans qu'aux yeux de Dieu et des hommes ni vous, ni moi, fussions pour rien dans la mort du prince... vous pourriez épouser M. de Morville... Ce que je vous dis ne doit pas vous étonner... Vous n'avez pas d'autre désir que ce mariage, je n'ai pas d'autre désir que de vous voir heureuse.

Avant que la princesse pût lui répondre, Iris disparut.

13.

CHAPITRE X

AVEUX

Le vieux graveur et sa fille s'étaient profondément émus du récit de M. de Hansfeld. Berthe avait plaint Arnold, obligé de lutter tour à tour contre son amour et contre d'horribles soupçons; elle trouvait entre elle et lui une étrange conformité de position : tous deux, enchaînés pour jamais à des êtres indignes de leur affection, devaient passer leur vie dans des regrets ou des espérances stériles.

Pourtant elle s'avouait que son malheur aurait été plus grand encore, si elle n'eût pas rencontré dans le sauveur de son père un homme qui lui inspirait une sympathie aussi vive qu'honorable.

Elle ne prévoyait, elle n'ambitionnait d'autre bonheur que celui de voir souvent Arnold et de l'entendre causer avec Pierre Raimond d'une façon si intéressante et si enjouée; nous ne disons rien du ravissement de la jeune femme lorsque le vieux graveur, resté seul avec elle, s'extasiant sur le savoir et sur l'esprit d'Arnold, le plaçait au-dessus de tous les hommes qu'il avait connus.

Le lendemain du jour où madame de Hansfeld avait eu avec Iris la conversation que nous avons reproduite, M. de Brévannes, aigri par une préoccupation et une anxiété violentes, avait de nouveau brutalisé sa femme, dont la présence lui devenait de plus en plus insupportable; persuadé que, libre et garçon, il aurait eu plus de loisir, plus de facilités pour mettre à fin son aventure avec madame de Hansfeld, le matin même du jour dont nous parlons, il avait fait à sa femme une scène violente.

Berthe n'était plus au temps où elle s'éplorait sur ces injustices, elle s'accusait même de s'en consoler trop facilement, en songeant que chez son père elle pouvait rencontrer Arnold.

Elle se rendit donc chez Pierre Raimond.

Qu'on juge de la joie du vieillard lorsqu'il vit entrer sa fille, qu'il n'attendait que le lendemain.

— Quel bonheur! chère enfant, je n'espérais pas te voir aujourd'hui... Allons... je devine... quelque nouvelle brutalité. Ma foi! maintenant que les grossièretés de ce méchant homme, auxquelles tu deviens de plus en plus indifférente, me valent une longue visite de toi... je sens ma haine de beaucoup diminuer; si tu n'es pas heureuse, du moins tu n'es plus malheureuse... c'est un progrès, et je ne désespère pas... de... Mais à quoi bon te parler de ces rêveries d'un vieux fou?

— Oh! dites... mon père, dites.

— Eh bien! en prenant ainsi l'habitude de te laisser passer la moitié de ta vie chez moi, j'espère qu'un jour il ne te refusera pas la permission de venir habiter tout à fait ici...

— Ah! je n'ose le croire... il sait trop la joie que cela me causerait...

— Peut-être... Mon Dieu! si cela était, juge donc aussi de ma joie, à moi... Hélas! cette séparation ne saurait être consentie que par lui; les lois sont ainsi faites, qu'il y a mille tortures qu'une pauvre femme est obligée de souffrir et dont on peut l'accabler impunément... S'il faut tout dire, je crois que cet homme a quelque mauvaise passion au cœur; son redoublement de brutalité, son besoin de t'éloigner de lui, tout me le dit. S'il en est ainsi, une séparation ne lui coûtera pas... Que nous faut-il de plus? Depuis le peu de temps que tu t'es remise à donner des leçons, tu refuses des écolières... Ce gain modeste nous suffira pour nous faire vivre... Tu reprendras ta chambre de jeune fille; nous verrons notre ami Arnold presque chaque jour. Que nous faudra-t-il de plus?

— Oh! rien, mon père, mais ce rêve est trop beau.

— Encore une fois... qui sait!... Quoique je connaisse ton

attachement pour moi, chère enfant... la compagnie d'un vieillard est si triste, que j'aurais eu presque un remords à accepter ton dévouement... Mais don Raphaël Arnold, — ajouta Pierre Raimond en souriant, — égayera quelquefois notre solitude, et à ce propos, mon enfant... vois donc ce que les cœurs honnêtes gagnent... à être honnêtes... Sans la profonde estime qui nous unit tous trois, et qui rend notre intimité si douce, que de bonheur perdu ! Si j'avais cru Arnold capable de t'aimer criminellement et de souiller indignement les relations sacrées du bienfaiteur et de l'obligé... il eût été privé de notre amitié, qui lui est aussi nécessaire que la sienne nous l'est, à nous.

En ce moment, on frappa à la porte du graveur.

— Entrez, — dit-il.

La porte s'ouvrit... Arnold parut.

— Quel heureux hasard ! — s'écria Pierre Raimond, — vous venez à propos, mon cher Arnold... Mais qu'avez-vous ? vous semblez soucieux, préoccupé, triste !

— En effet, monsieur Arnold, vous ne répondez pas, vous avez l'air accablé, auriez-vous quelque chagrin ? Quelque mauvaise nouvelle de votre femme, peut-être...

Arnold tressaillit, sourit tristement et répondit :

— Vous dites vrai... il s'agit de ma femme.

— Comment ! cette misérable ose encore relever la tête après votre... je dirai le mot... après votre faiblesse ?... — s'écria Pierre Raimond. — Oh ! cette fois soyez sans pitié, pas de ménagements pour des crimes semblables. Prenez garde d'aller trop loin par excès de générosité... il y a un abîme entre la générosité et une indifférence coupable pour les méchants...

M. de Hansfeld était si abattu qu'il ne chercha pas à interrompre Pierre Raimond ; lorsque celui-ci eut parlé, il lui dit tristement :

— Ma femme n'est pas coupable... et moi je vous ai

trompé... je me suis introduit chez vous sous un faux nom... je dois vous faire cet aveu.

— Que voulez-vous dire, monsieur ? — s'écria le vieillard en se levant brusquement.

Berthe, pâle, effrayée, regardait M. de Hansfeld avec une douloureuse anxiété ; Pierre Raimond était sombre et sévère.

— Expliquez-vous, monsieur... je ne puis qualifier votre conduite avant de vous avoir entendu.

— Je vous dirai tout ; seulement daignez réfléchir que rien ne m'obligeait à l'aveu que je vous fais... Si j'agis ainsi, c'est pour rester digne de votre amitié.

— Digne de mon amitié après un tel mensonge ! N'y comptez plus, monsieur.

— Peut-être serez-vous indulgent, veuillez donc m'écouter... Lorsque le hasard me mit à même de vous secourir, et qu'à mon tour secouru par vous je fus transporté dans cette maison, mon premier mouvement fut de vous déclarer mon véritable nom... mais à ce moment votre fille entra...

— Eh bien !... monsieur... que fait cela ?

— Je la connaissais.

— Vous la connaissiez ? — dit le vieillard avec étonnement.

— Moi !... — s'écria Berthe.

— De vue seulement, — reprit Arnold. — Oui, quelques jours auparavant, j'avais rencontré votre fille aux Français ; on l'avait nommée devant moi, et plus tard j'entendis rendre un juste hommage à la noble et austère fierté de son père.

— A cette heure, monsieur... ces louanges sont de trop... — s'écria Pierre Raimond avec impatience.

— Je ne vous loue pas, monsieur... je vous explique la raison qui m'a fait vous cacher mon titre... puisque le hasard veut que j'aie un titre...

— Vous avez, monsieur, très habilement trompé la confiance d'un vieillard et la candeur d'une jeune femme ; je vous en félicite...

— J'ai eu tort ; mais voici pourquoi j'ai agi de la sorte... Connaissant votre antipathie pour certaines classes de la société... je craignais donc que ma position ne fût un obstacle aux relations que je désirais déjà si vivement nouer avec vous...

— Pour tâcher de séduire ma fille, sans doute ! abuser de ce qu'il y a de plus saint... la reconnaissance d'un obligé... Ah ! vous et les vôtres... vous serez toujours les mêmes, — dit amèrement Pierre Raimond ; puis il reprit avec indignation :

— Et moi qui tout à l'heure encore parlais de la noble confiance qui rend certaines relations si douces entre les gens de bien...

— Ah ! monsieur, — dit Berthe au prince, avec un accent de tristesse profonde, — vous ne savez pas tout le mal que nous cause votre conduite peu loyale... Mon père avait en vous une foi si aveugle...

— Je mérite ces reproches... et c'est volontairement que je suis venu m'y exposer.

— Mais qui êtes-vous donc, monsieur ? — s'écria le graveur.

— Le prince de Hansfeld !... — dit tristement Arnold en baissant la tête.

— Vous habitez l'hôtel Lambert... ici près ?

— Le prince de Hansfeld ! — répéta Berthe avec une surprise mêlée d'intérêt et d'effroi.

— En vous racontant sous un nom supposé les suites funestes de mon mariage, je vous disais vrai ; mon nom seul avait été changé. Alors, convaincu de la culpabilité de ma femme, surtout après la dernière tentative que je vous ai racontée, j'étais décidé à l'obliger de quitter la France... Aujourd'hui même, j'aurais fait répandre le bruit que je partais avec elle, abandonnant l'hôtel Lambert ; conservant précieusement l'incognito à l'abri duquel je m'étais créé des relations si chères, je voulais vivre obscurément... ou plutôt heureusement dans une retraite voisine de la vôtre... Quelques promenades, ma solitude et notre intimité chaque jour plus resserrée, voilà quelle était mon ambition... Il me faut renoncer à ces rêves... Hier, en vous quittant, je suis entré chez madame de Hansfeld ; irrité de voir que ses préparatifs de départ n'étaient pas encore faits, exaspéré par son audace, j'articulai enfin le terrible reproche que je n'avais jamais eu le courage de lui faire.

— Et elle n'était pas coupable ? — s'écria Berthe. — Ah ! je le savais bien... de tels crimes étaient impossibles.

— Ma femme était innocente, — répéta M. de Hansfeld ; — elle s'est justifiée avec franchise et dignité... Les raisons qu'elle m'a données m'ont paru convaincantes ; et un vieux serviteur, en qui j'ai toute confiance... m'a confirmé... qu'il avait été matériellement impossible à madame de Hansfeld de faire aucune de ces trois tentatives sur ma vie... Je ne puis dire les impressions contraires dont je fus agité après cette découverte... Tantôt je m'applaudissais d'avoir, malgré les preuves en apparence les plus positives, écouté la voix secrète qui me disait : Elle est innocente ; tantôt je me reprochais vivement les accusations, les réticences bizarres qui avaient dû torturer cette malheureuse femme, et changer en haine la faible affection qu'elle me portait ; je songeais avec douleur aux chagrins que mes soupçons odieux lui avaient causés ; je le sentais, j'avais beaucoup à expier, beaucoup à me faire pardonner. Cette découverte n'a pas ranimé mon amour pour ma femme... il s'est à jamais éteint au milieu de ces doutes incessants ; mais par cela même que je ne l'aime plus, je dois redoubler envers elle d'égards et de soins... Maintenant... voici pourquoi je viens vous apprendre une chose que vous eussiez peut-être toujours ignorée... Je regarderais comme indigne de moi de surprendre, grâce à des faits dont à cette heure je connais la fausseté, un intérêt qui eût encore resserré les liens d'affection qui nous unissaient... Bien souvent même j'avais été sur le point de vous révéler mon véritable nom... mais la crainte d'exciter votre indignation par cet aveu tardif m'a toujours retenu...

Maintenant vous savez tout... encore une fois, je ne veux pas nier mes torts ; seulement songez à ce que je souffrais, aux consolations ineffables que je trouvais ici, et peut-être me pardonnerez-vous d'avoir reculé devant la crainte de perdre un pareil bonheur.

Pierre Raimond était resté pensif pendant que M. de Hansfeld parlait ; peu à peu sa dure physionomie perdit son expression d'amertume et de colère ; un peu avant qu'Arnold eût cessé de parler, Pierre Raimond fit même un signe de tête approbatif en regardant Berthe, comme pour applaudir aux paroles de M. de Hansfeld. Berthe, les yeux baissés, était dans une tristesse profonde ; elle connaissait trop son père pour espérer qu'après l'aveu du prince il consentirait encore à le recevoir ; il lui fallait donc renoncer à la seule consolation qui l'aidât à supporter ses chagrins ; cette idée était affreuse.

Après quelques moments de silence, Pierre Raimond tendit la main à M. de Hansfeld et lui dit :

— Bien... très bien... Vous triomphez de mes préventions... car vous allez noblement au-devant d'un sacrifice... qui devra vous coûter autant qu'à nous... et il nous coûtera beaucoup...

— Je ne dois donc plus vous revoir ? — dit tristement Arnold...

— Cela est impossible... J'ai pu accueillir chez moi mon sauveur et lier avec lui une amitié que notre égalité de position autorisait... Confiant dans la loyauté de l'homme qui m'avait sauvé la vie, j'ai pu voir sans scrupules son affection honnête et pure pour ma fille... mais de tels rapports ne peuvent plus durer maintenant... Un pauvre artisan comme moi ne fréquente pas de princes. Enfin, je puis pardonner la ruse dont vous vous êtes servi pour entrer chez moi ; mais ce serait l'approuver que de souffrir désormais vos visites.

— Mon Dieu ! croyez...

— Je crois que cette séparation vous sera pénible... bien pénible... pas plus qu'à nous, pourtant...

— Oh! non... — murmura Berthe, qui ne put retenir ses larmes.

— Et encore, — reprit Pierre Raimond, — vous avez, vous, les plaisirs de votre rang...

— Les plaisirs... le croyez-vous?

— Les devoirs... si vous voulez. Vous avez à faire oublier à votre femme les chagrins que vous lui avez causés, et, pour une âme généreuse, c'est une occupation noble et grande. Mais nous... que nous reste-t-il pour remplacer une intimité bien chère à notre cœur? Tant que j'aurai cette pauvre femme auprès de moi, je vous regretterai moins ; mais lorsque je serai seul! Ma fille elle-même devenait presque insouciante des chagrins qui l'accablaient chez elle, en songeant à la joie douce et calme qui l'attendait ici... Maintenant, encore une fois, que lui reste-t-il? les regrets d'un passé qu'il aurait mieux valu pour elle ne pas connaître.

— Mon père, j'aurai du courage, — reprit Berthe. — Ne me restez-vous pas?

— Oui... et nous parlerons souvent de lui... je te le promets, —ajouta le vieillard en tendant la main à Arnold, qui la serra tendrement dans les siennes.

— Allons, du courage, monsieur Arnold, — dit Berthe en tâchant de sourire à travers ses larmes. — Mon père vous l'a dit : nous ne vous oublierons jamais ; nous parlerons bien souvent de vous. Adieu... et pour toujours, adieu...

M. de Hansfeld pouvait à peine contenir son émotion ; il répondit d'une voix altérée : — Adieu, et pour toujours, adieu... Croyez... et...

Mais il ne put achever ; les sanglots étouffèrent sa voix, et il cacha sa figure dans ses mains.

— Vous le voyez, — dit-il après un moment de silence à Pierre Raimond qui le contemplait tristement, — faible... toujours faible... Que vous devez me mépriser, homme rude et stoïque...

Sans lui répondre, Pierre Raimond s'écria tout à coup :

— Mon Dieu ! maintenant j'y songe... votre femme est innocente... soit... mais ce crime si obstinément répété... qui l'a commis ? A Trieste, ici, des étrangers pouvaient en être accusés... mais en voyage, dans cette auberge, il faut que ce soit quelqu'un de votre maison, à moins d'une coïncidence extraordinaire.

— Je me suis fait aussi cette question, et elle est demeurée pour moi inextricable... En voyage, nous n'étions accompagnés que de trois personnes : un vieux serviteur qui m'a élevé, une jeune fille recueillie par madame de Hansfeld, mon chasseur qui nous servait de courrier et que j'ai depuis très longtemps à mon service. Soupçonner mon vieux Frantz ou une jeune fille de dix-sept ans d'un crime si noir, si inutile, serait absurde ; il ne resterait donc que le chasseur... Mais quoique bon et dévoué, si vous connaissiez la bêtise de ce malheureux garçon, vous comprendriez que, plutôt que de le croire coupable, j'accuserais mon vieux Frantz ou la demoiselle de compagnie de ma femme.

— Mais cependant... ces tentatives...

— Tenez, mon ami, mes injustes soupçons m'ont déjà causé trop de malheurs pour que j'ose encore en avoir...

— Mais ces tentatives sont réelles... Si on les renouvelle ?

— Tant mieux... Hier je les aurais redoutées... aujourd'hui j'irais au-devant...

— Ah ! monsieur Arnold... et les amis qui vous restent... Comment ! vous ne ferez aucune perquisition pour découvrir le coupable ?

— Aucune... A quoi bon ?... Ne viens-je pas de vous dire : *Adieu... et pour toujours ?*

Et M. de Hansfeld sortit désespéré.

CHAPITRE XI

LE RENDEZ-VOUS

Ce matin-là même M. de Brévannes devait rencontrer madame de Hansfeld au jardin des Plantes.

Il s'y rendit vers onze heures.

La lecture du livre noir, ce mystérieux confident des plus intimes pensées de Paula, avait donné au mari de Berthe presque des espérances ; les secrets qu'il croyait avoir surpris se résumaient ainsi :

« Madame de Hansfeld se reprochait de ne pas haïr assez M. de Brévannes, meurtrier de Raphaël.

» Le prince la rendait si malheureuse, qu'elle désirait sa mort. »

Iris avait surtout recommandé à M. de Brévannes de ne faire en rien soupçonner à la princesse qu'il connaissait, pour ainsi dire, ses plus secrètes pensées.

Ce conseil servait trop les intérêts de M. de Brévannes pour qu'il ne le suivît pas scrupuleusement.

Madame de Hansfeld venait à cette entrevue avec moins de sécurité que M. de Brévannes ; elle le savait capable de la calomnier indignement ; la portée de ses calomnies pouvait être terrible et arriver jusqu'à M. de Morville.

Paula devait donc beaucoup ménager cet homme qui lui inspirait une aversion profonde, et lui témoigner une menteuse bienveillance, afin de paralyser pendant quelque temps ses médisances.

Mais madame de Hansfeld ne s'abusait pas... Du moment où M. de Brévannes se verrait joué, il se vengerait par la calomnie, et sa vengeance pouvait avoir une funeste influence sur l'amour de M. de Morville.

Le plus léger soupçon devait être mortel à cet amour idéal, désintéressé, romanesque, et surtout basé sur une estime et sur une confiance réciproques.

Madame de Hansfeld se rendit au jardin des Plantes avec Iris, malgré l'horreur que lui inspiraient les crimes de cette jeune fille. Elle n'avait pu se passer d'elle dans cette circonstance.

Onze heures sonnaient lorsque Paula et la bohémienne arrivèrent au pied du labyrinthe; le froid était vif, le jour pur et beau; dans cette saison les promeneurs sont rares, surtout en cet endroit; les deux femmes atteignirent le fameux *cèdre* sans rencontrer personne.

M. de Brévannes était depuis une demi-heure assis au pied de cet arbre immense; il se leva à la vue de madame de Hansfeld.

Celle-ci cacha difficilement son émotion; après plusieurs années elle revoyait un homme qu'elle avait tant de raisons de détester. Son cœur battit avec violence, elle dit tout bas à Iris de ne pas la quitter.

M. de Brévannes, vain et orgueilleux, interpréta cette émotion à son avantage; il contemplait avec ravissement l'admirable figure de Paula, que le froid nuançait des plus vives couleurs. Sa taille charmante se dessinait à ravir sous une robe de velours grenat fourrée d'hermine.

Le mari de Berthe se laissait entraîner aux plus folles espérances en songeant qu'à force d'opiniâtreté il avait obtenu un rendez-vous de cette femme, qui réunissait tant de grâces à tant de dignité, tant de charmes à une si haute position sociale; ce qui, pour M. de Brévannes, n'était pas la moindre des séductions de la princesse.

Plein d'espoir et d'amour, il s'approcha de Paula et lui dit respectueusement :

— Avec quelle impatience, madame, j'attendais ce moment... Combien je vous sais gré... de votre excessive bonté pour moi!

— Vous savez mieux que personne, monsieur, par qui cette démarche m'est imposée, — dit amèrement la princesse en faisant allusion aux menaces de M. de Brévannes.

— Je vous comprends, madame, — dit M. de Brévannes; — mais si vous saviez dans quel égarement peut vous jeter une passion violente à laquelle on est en proie depuis des années! Ah! que de fois je me suis souvenu avec délices de ce temps où je vous voyais chaque jour... où, à l'abri de l'amour que je feignais pour votre tante...

— Assez, monsieur... assez... vous ne m'avez pas sans doute demandé cet entretien pour me parler d'un passé... que pour tant de raisons vous devez tâcher d'oublier.

— L'oublier... le puis-je? Ce souvenir a effacé tous les souvenirs de ma vie.

— Veuillez me répondre, monsieur. En insistant avec tant d'opiniâtreté pour obtenir ce rendez-vous, quel était votre but?

— Vous parler de mon amour plus passionné que jamais, vous intéresser... presque malgré vous, aux tourments que je souffre...

— Écoutez, monsieur de Brévannes, — dit froidement Paula en l'interrompant, — il y a deux ans, vous m'avez une fois parlé de votre amour... je ne vous ai pas cru... Le silence que vous avez ensuite gardé sur cette prétendue passion m'a prouvé que votre aveu était sans conséquence... Lorsqu'on m'a dit votre obstination à me rencontrer ici, j'ai attribué ce désir à un tout autre motif que celui de me parler d'un amour qui m'offense et qui me rappelle d'atroces calomnies...

— Eh bien, je ne vous parlerai plus de cet amour... je me contenterai de vous aimer sans vous le dire... Attendant tout du temps, de la sincérité du sentiment que je vous porte, permettez-moi seulement de vous voir quelquefois... J'aurais pu demander à l'un de nos amis communs de vous être présenté; j'ai préféré d'attendre votre agrément avant de tenter cette démarche.

— Je ne reçois que quelques personnes de mon intimité, monsieur, — reprit sèchement Paula. — M. de Hansfeld vit très seul... il m'est impossible... surtout après votre étrange aveu, de changer en rien mes habitudes.

M. de Brévannes ne put réprimer un mouvement de dépit et de colère qui rappela à madame de Hansfeld qu'elle devait ménager cet homme; elle ajouta d'un ton plus familier :

— Songez, de grâce, à tout ce qui s'est passé à Florence... et avouez qu'il m'est impossible de vous recevoir... lors même que je le désirerais.

Ces derniers mots, seulement dits par madame de Hansfeld pour adoucir l'effet de son refus, parurent à M. de Brévannes fort encourageants. Il se souvint à propos des confidences du livre noir, et prit la froideur contrainte de la princesse pour de la réserve et de la dissimulation à l'endroit d'un amour qu'elle ne voulait pas s'avouer encore; il crut devoir ménager ces scrupules, certain qu'après quelques refus de pure convenance, Paula lui accorderait les moyens de la voir.

M. de Brévannes reprit :

— Je n'ose vous supplier encore, madame, de permettre que je vous sois présenté. Pourtant... quel inconvénient y aurait-il? Croyez-moi, loin d'abuser de cette faveur... j'en userais avec la plus extrême réserve....

— Je vous assure, monsieur, que cela est impraticable... Sous quel prétexte, d'ailleurs?... que dirais-je à M. de Hansfeld?

— Que j'ai eu l'honneur de vous connaître en Italie... Et puis, un homme marié, — ajouta-t-il en souriant, — n'inspire jamais de défiance. Je pourrais même, et seulement pour la forme, avoir l'honneur de vous amener madame de Brévannes... quoiqu'elle ne soit pas digne de vous occuper un moment.

Cette proposition de M. de Brévannes frappa vivement Paula.

Sachant le prince très épris de Berthe, elle ne put dissimuler un sourire d'ironie en entendant M. de Brévannes parler de présenter sa femme à l'hôtel Lambert.

Un vague pressentiment dont madame de Hansfeld ne put se rendre compte, lui dit que cette circonstance pourrait peut-être servir un jour sa haine contre M. de Brévannes. Elle reprit avec un embarras affecté :

— Si cela était possible... j'aurais le plus grand plaisir à connaître madame de Brévannes... car j'ai beaucoup de raisons pour croire que vous la jugez trop sévèrement. Aussi, dans le cas où il me serait permis de vous recevoir, ce serait uniquement, entendez-vous bien, uniquement à cause de madame de Brévannes; je vous en préviens, monsieur.

« Il en est toujours ainsi, les femmes n'ont pas de meilleure amie que celle à qui elles enlèvent un mari; elle s'est trahie, » se dit M. de Brévannes, et il reprit tout haut :

— Vous sentez, madame, combien je serais heureux de tout ce qui pourrait rendre mes relations avec vous plus suivies; permettez-moi donc alors, pour l'amour de madame de Brévannes, — dit-il avec un nouveau sourire, — de vous la présenter en vous demandant la permission de l'accompagner quelquefois.

— Très rarement, monsieur, surtout dans les premiers temps de ma liaison avec madame de Brévannes, — ajouta madame de Hansfeld après un moment d'hésitation.

— Je ne veux pas chercher les raisons qui vous obligent à agir ainsi, madame... mais je m'y soumets.

Et il pensa :

« C'est un chef-d'œuvre d'habileté sans doute; le prince est jaloux; elle veut d'abord éloigner les soupçons de son mari et capter la confiance de ma femme. »

— A ces conditions, — reprit madame de Hansfeld en baissant les yeux, — je vous permettrais de me présenter madame de Brévannes... mais il serait formellement entendu que désormais vous ne me diriez jamais un mot... d'un amour aussi vain qu'insensé.

— Je demanderais une modification à cette clause, madame... Je m'engagerais à faire tout au monde pour vous oublier... seulement, afin de m'encourager et de me fortifier dans ma bonne résolution, vous me permettriez quelquefois de venir vous instruire des résultats de mes efforts... et comme selon vos désirs je ne vous verrais que très rarement chez vous... vous daigneriez peut-être quelquefois m'accorder les moyens de vous rencontrer ailleurs?

— Monsieur...

— Seulement pour m'entendre vous dire que je tâche de vous oublier... Le sacrifice que je fais n'est-il pas assez grand pour que vous m'accordiez au moins cette compensation?

— C'est une étrange manière d'oublier les gens que celle-là... Mais si vous la croyez d'un effet certain, monsieur... un jour peut-être je consentirai à revenir ici.

— Ah! madame, que de bontés!

— Mais prenez garde, si je ne suis pas satisfaite des progrès de votre indifférence, vous n'obtiendrez pas une seule entrevue de moi.

— Je crois pouvoir vous promettre, madame, que vous n'aurez pas à regretter la grâce que vous m'accordez...

Après un moment de silence, Paula reprit :

— Vous devez trouver surprenant, monsieur, qu'après ce qui s'est autrefois passé entre nous...

— Madame...

— Je n'en veux pas dire davantage... Un jour vous saurez le motif de ma conduite et de ma générosité... Mais il se fait tard, je dois rentrer... Dites-moi quelle est la personne qui me présentera madame de Brévannes?

— Madame de Saint-Pierre, cousine de M. de Luceval. Elle avait bien voulu m'offrir ses bons offices.

— Je la rencontre, en effet, assez souvent dans le monde. Rappelez-lui donc cette promesse, monsieur... et j'accueillerai sa demande...

— Vous vous retirez déjà?... Mon Dieu! j'aurais tant de

choses à vous dire... Encore un mot, encore... de grâce!...

— Impossible... Iris, venez...

La jeune fille revint auprès de sa maîtresse, et descendit les rampes du labyrinthe après avoir échangé un regard d'intelligence avec M. de Brévannes.

Le mari de Berthe devait être d'autant plus dupe du stratagème d'Iris au sujet du livre noir, que, par suite des révélations de la bohémienne au sujet de l'infidélité de Raphaël, Paula n'avait pas témoigné l'horreur qu'elle aurait dû ressentir à la vue du meurtrier de son fiancé.

Cette circonstance donnait une nouvelle autorité au recueil des pensées intimes de madame de Hansfeld.

M. de Brévannes, aussi glorieux que ravi de l'empressement de madame de Hansfeld à se rapprocher de Berthe, se crut le seul et véritable motif de cette liaison, qui devait sans doute, plus tard, assurer et faciliter ses relations journalières avec Paula.

En attendant avec une vive et confiante impatience le moment de connaître par le livre noir l'impression vraie que cette entrevue avait causée à madame de Hansfeld, M. de Brévannes rentra donc chez lui le cœur léger et content.

Peu de temps auparavant, Berthe était revenue de chez son père triste et accablée; elle venait de voir M. de Hansfeld, sans doute pour la dernière fois; il lui fallait à tout jamais renoncer aux doux et beaux rêves dont elle s'était bercée.

Apprenant que sa femme était chez elle, M. de Brévannes s'y rendit à l'instant même.

CHAPITRE XII

PROPOSITIONS

M. de Brévannes ne réfléchit pas un moment à tout ce qu'il y avait d'humiliant et d'odieux dans le rôle qu'il préparait à sa femme; nulle considération, nul scrupule ne pouvait empêcher cet homme d'aller droit à son but.

Dans cette circonstance, en songeant à se servir de Berthe comme d'un moyen, il se dit avec une sorte de forfanterie cynique : — Voici la première fois que mon mariage m'aura été bon à quelque chose.

Il crut néanmoins nécessaire de prendre envers sa femme un ton moins dur que d'habitude pour la décider à se laisser présenter à la princesse de Hansfeld. Berthe allait peu dans le monde; elle était fort timide; or, s'attendant à quelques difficultés de sa part, il préférait les vaincre par la douceur, ses menaces pouvant rester vaines devant un refus obstiné de sa femme.

Celle-ci s'attendait si peu à la visite de son mari, qu'elle donnait un libre cours à ses larmes en pensant à M. de Hansfeld qu'elle ne devait plus revoir.

Pour la première fois elle sentait à quel point elle l'aimait. Elle avait le courage de ne pas maudire cette séparation cruelle, en songeant au trouble qu'une passion coupable aurait apporté dans sa vie. Ne voyant plus Arnold, du moins elle serait à l'abri de tout danger.

Une consolation pareille coûte toujours bien des larmes; aussi la jeune femme eut-elle à peine le temps d'essuyer ses yeux avant que son mari fût près d'elle.

Berthe avait assez de sujets de chagrin pour que M. de Brévannes ne s'étonnât pas de la voir pleurer; il fut néanmoins contrarié de ces larmes, car il ne pouvait, sans transition, parler à sa femme des plaisirs du monde et de sa présentation à madame de Hansfeld. Réprimant donc un léger mouvement d'impatience, il dit doucement à Berthe, en n'ayant pas l'air de s'apercevoir de sa tristesse (cela rendait la transition d'autant plus rapide) :

— Pardon... ma chère amie... Je vous dérange...

— Non... non, Charles... vous ne me dérangez pas, — dit

Berthe en essuyant de nouveau ses larmes, qu'elle se reprochait presque comme une faute.

— Ce matin, vous avez vu votre père?

— Oui... vous m'avez permis d'y aller... quand je...

— Oh!... — dit M. de Brévannes en interrompant Berthe, — ce n'est pas un reproche que je vous fais. Je n'aime pas le caractère de votre père, il me serait impossible de vivre avec lui; mais je rends justice à sa loyauté, à l'austérité de ses principes, et je suis parfaitement tranquille quand je vous sais chez lui.

Berthe n'avait rien à se reprocher; pourtant son cœur se serra comme si elle eût abusé de la confiance de son mari, qui, pour la première fois depuis bien longtemps, lui parlait avec bonté; elle baissa la tête sans répondre.

M. de Brévannes continua :

— Et puis, enfin, ces visites à votre père sont vos seules distractions... depuis notre arrivée à Paris... A l'exception de cette première représentation des Français, vous n'êtes allée nulle part... aussi je songe à vous tirer de votre solitude...

— Vous êtes trop bon, Charles; vous le savez, j'aime peu le monde... je suis accoutumée depuis longtemps à la vie que je mène. Ne vous occupez donc pas de ce que vous appelez mes plaisirs...

— Allons, allons, vous êtes une enfant, laissez-moi penser et décider pour vous à ce sujet-là... Vous ne vous en repentirez pas...

— Mais, Charles...

— Oh! je serai très opiniâtre... comme toujours, et plus que jamais; car il s'agit de vous être agréable... malgré vous. Oui... une fois votre première timidité passée, le monde, qui vous inspire tant d'effroi, aura pour vous mille attraits...

Berthe regardait son mari, toute surprise de ce changement extraordinaire dans son accent, dans ses manières. Il lui parlait avec une douceur inaccoutumée au moment même où elle se reprochait de porter une trop vive affection à M. de Hansfeld. L'angoisse, nous dirons presque le remords de la jeune femme, augmentait en raison de l'apparente bienveillance de son mari; elle répondit en rougissant :

— En vérité, Charles, je suis bien reconnaissante de ce que vous voulez faire pour moi... je m'en étonne même.

— Pauvre chère amie, sans y songer, vous m'adressez là un grand reproche.

— Oh! pardon, je ne voulais pas...

— Mais ce reproche, je l'accepte, car je le mérite... Oui, depuis notre retour je vous ai assez négligée pour que la moindre prévenance de ma part vous étonne... Mais, patience, j'ai ma revanche à prendre... Ce n'est pas tout; on me croit un Othello; on croit que c'est par jalousie que je cache mon trésor à tous les yeux; je veux répondre à ces malveillants en conduisant mon trésor beaucoup dans le monde cet hiver, et prouver ainsi que vous m'inspirez autant d'orgueil que de confiance.

— Je ne puis répondre à des offres si gracieuses qu'en les acceptant, quoiqu'à regret et seulement pour vous obéir... car je préférerais beaucoup la solitude; et, si vous me le permettiez, Charles, je vivrais comme par le passé...

— Non, non, je vous l'ai dit; je serai aussi opiniâtre que vous...

— Eh bien! soit, je ferai ce que vous désirez; seulement soyez assez bon pour me promettre de ne pas me forcer de m'amuser trop, — dit Berthe en souriant tristement. — J'irai dans le monde, puisque vous le désirez vivement... mais pas trop souvent, n'est-ce pas?

— Soyez tranquille; lorsque vous y serez allée quelquefois, ce sera moi qui, j'en suis sûr, serai obligé de modérer vos désirs d'y retourner.

— Oh! ne craignez pas cela, Charles.

— Vous verrez, vous verrez.

— Je me trouve si gênée chez les personnes que je ne connaís pas; il me semble voir partout des regards malveillants.

— Vous êtes beaucoup trop jolie pour ne pas exciter l'envie et la malveillance des femmes; mais l'admiration des hommes vous vengera. Sans compter que parmi les personnes auxquelles je veux vous présenter, il en est de si hautement placées, de si exclusives même, que votre admission chez elles fera bien des jaloux.

— Que voulez-vous dire, Charles?

— Vous allez le savoir, ma chère amie, et je me fais une joie de vous l'apprendre. Je suis ravi de vous voir entrer si bien dans mes vues; je m'attendais, je vous l'avoue, à avoir plus de résistance à vaincre...

— Si j'ai cédé si vite... c'est par crainte de vous déplaire. Dites un mot, et vous verrez avec quelle facilité je renoncerai à des plaisirs sans doute bien enviés.

— Certes, je ne dirai pas ce mot, ma chère amie; loin de là, j'en dirai un qui, au contraire, vous empêcherait de renoncer à ces vaines joies du monde dont vous semblez faire si bon marché.

— Comment! ce mot...

— Vous souvenez-vous de cette première représentation aux Français?

— Oui, sans doute.

— Je veux dire, vous souvenez-vous des choses qui ont le plus attiré l'attention du public, non pas sur la scène, mais dans la salle?

— L'étrange coiffure de madame Girard, d'abord.

— Le sobieska, sans doute; mais ensuite...

Berthe était si loin de s'attendre à ce qu'allait lui dire son mari, qu'elle chercha un moment dans sa pensée et répondit:

— Je ne sais... Madame la marquise de Luceval?

— Vous approchez à la fois et de la vérité et de la loge de la personne dont je veux parler.

— Comment cela?

14.

— Dans la loge voisine de celle de madame de Luceval, n'y avait-il pas une belle princesse étrangère dont tout le monde parlait avec admiration?

— Une princesse étrangère! — répéta machinalement Berthe, dont le cœur se serra par un pressentiment indéfinissable.

— Oui, madame la princesse de Hansfeld.

— La princesse! comment! c'est à elle...

— Que je vous présenterai après-demain, je l'espère.

— Oh! jamais... jamais! — s'écria involontairement Berthe. Profiter de cette offre, qui lui donnait les moyens de revoir le prince, lui semblait une odieuse perfidie.

M. de Brévannes, quoique étonné de l'exclamation de sa femme, crut d'abord qu'elle refusait par timidité, et reprit:

— Allons, vous êtes une enfant. Bien que très grande dame, la princesse de Hansfeld est la personne la plus simple du monde; vous lui plairez beaucoup, j'en suis sûr.

— Mon ami, je vous en conjure, ne me conduisez pas chez la princesse; laissez-moi dans la retraite où j'ai vécu jusqu'ici.

— Ma chère amie, je vous en conjure à mon tour, — dit M. de Brévannes en se contenant, — n'ayez pas de caprices de mauvais goût. Tout à l'heure vous étiez décidée à ce que je désirais, et voici que maintenant vous revenez sur vos promesses! Soyez donc raisonnable.

— Mais c'est impossible... Non, non, Charles... je vous en supplie en grâce... n'exigez pas cela de moi...

— Ah çà! sérieusement, vous êtes folle! Vous refusez avec obstination ce que tant d'autres demanderaient comme une faveur inespérée!

— Je le sais, je le sais... Aussi croyez que si je refuse, c'est que j'ai des raisons pour cela.

— Des raisons, des raisons... Et lesquelles, s'il vous plaît?

— Mon Dieu! aucune de particulière; mais je désire ne pas aller dans le monde.

M. de Brévannes, stupéfait de cette résistance, en cherchait vainement la cause; il pressentait que le goût de la retraite ne dictait pas seul ce refus; un moment il crut sa femme jalouse de la princesse. Aussi reprit-il avec une certaine complaisance :

— Voyons, soyez franche, ne me cachez rien. N'y aurait-il pas un peu de jalousie sous jeu?

— De la jalousie?...

— Oui... ne seriez-vous pas assez folle pour vous imaginer que je m'occupe de la princesse?

— Non, non, je ne crois pas cela... je vous l'assure.

— Mais qu'est-ce donc alors? — s'écria M. de Brévannes avec une impatience longtemps contenue.

— Charles, soyez bon, soyez généreux...

— Je me lasse de l'être, madame; et puisque vous ne tenez aucun compte de mes prières, vous exécuterez mes ordres, et après-demain vous m'accompagnerez chez madame de Hansfeld, m'entendez-vous?

— Charles, un mot, de grâce... C'est pour m'être agréable, n'est-ce pas, que vous voulez me conduire chez la princesse?

— Sans doute; eh bien?

— Eh bien, puisque c'était pour moi que vous aviez formé ce projet... je vous en supplie, renoncez-y...

— Vous m'obéirez.

— Mon Dieu! mon Dieu! mais allez-y seul! Peu vous importe que, moi, je...

— Cela m'importe tellement que vous irez, est-ce clair?

— Il me coûte de vous refuser; mais comme vous ne pourrez me contraindre à cela...

— Eh bien?

— Je n'irai pas.

— Vous n'irez pas?

— Non.

— Voilà un bien stupide entêtement... Et vous croyez me faire la loi?

— J'agis comme je le dois.
— En refusant d'aller chez madame de Hansfeld?
— Oui, Charles.
— Je suis peu disposé à deviner des charades; aussi je terminerai notre entretien par deux mots : si vous persistez dans votre refus, de votre vie vous ne reverrez votre père... car dans huit jours vous partirez pour la Lorraine, d'où vous ne reviendrez pas... J'ai le droit de vous assigner le lieu de votre résidence... Vous le savez, ma volonté est inébranlable; ainsi réfléchissez.

Berthe baissa la tête sans répondre.

Son mari pouvait en effet l'envoyer en Lorraine, la séparer de son père, dont elle était alors l'unique ressource, puisque, par un juste sentiment de fierté, Pierre Raimond refusait la pension que lui avait faite M. de Brévannes.

Ce n'était pas tout ; en obéissant à son mari, Berthe devait cacher au graveur à quelle condition elle continuait de le voir, car celui-ci eût cent mille fois préféré laisser sa fille partir pour la Lorraine que de l'engager à obéir aux ordres de son mari, puisque ces ordres la rapprochaient d'Arnold.

Un moment elle voulut avouer à M. de Brévannes le motif de la résistance qu'elle lui opposait ; mais songeant à la jalousie féroce de son mari, à la colère qu'il ressentirait contre le graveur, dont il l'éloignerait peut-être encore, elle rejeta cette idée.

Il n'y avait, malheureusement pour Berthe, aucun moyen terme entre ces différentes alternatives. Son premier mouvement avait été de résister opiniâtrément aux désirs de son mari, parce que les larmes qu'elle versait au souvenir d'Arnold l'éclairaient sur le danger de cet amour jusqu'alors si calme; mais elle devait se courber devant une fatale nécessité.

Elle répondit à son mari avec accablement :
— Vous l'exigez... monsieur... je vous obéirai...
— C'est, en vérité, bien heureux, madame...

— Seulement… rappelez-vous toujours… que j'ai de toutes mes forces résisté à vos ordres… que je vous ai conjuré, supplié de me laisser vivre dans la retraite… et que c'est vous… vous qui avez voulu m'en tirer, pour me jeter au milieu du tourbillon du monde… — dit Berthe en s'animant; — du monde… où je n'aurai ni appui ni conseil, où je serai exposée à tous les dangers qui assiégent une jeune femme absolument isolée…

— Isolée !… mais moi, madame…

— Écoutez-moi, monsieur : j'ai vingt-deux ans à peine… vous m'avez accablée de chagrins… je ne vous aime plus… Je suis sans doute résolue de ne jamais oublier mes devoirs… mais, quoique sûre de moi… je préférerais ne pas affronter certains périls.

Berthe, cette fois, croyait avoir frappé juste en éveillant vaguement la jalousie forcenée de M. de Brévannes : elle espérait ainsi le faire réfléchir aux inconvénients de jeter au milieu des séductions du monde une jeune femme sans amour et sans confiance pour son mari.

En effet, M. de Brévannes, stupéfait de ce nouveau langage, regardait Berthe avec une irritation mêlée de surprise.

— Qu'est-ce à dire, madame ? — s'écria-t-il. — Voulez-vous me faire entendre que vous pourriez avoir l'indignité d'oublier ce que j'ai fait pour vous ?… Oh ! prenez garde, madame, prenez garde !… ne jouez pas avec ces idées-là, elles sont terribles… Songez bien que l'amour-propre est mille fois plus irritable et plus ardent à la vengeance que l'amour… Si jamais vous aviez seulement la pensée de me tromper… Mais, tenez, — dit-il en blêmissant de rage à cette seule idée, — ne soulevons pas une telle question… elle est sanglante…

— Et c'est parce qu'elle peut devenir un jour sanglante, monsieur, que je la soulève, moi, et qu'en honnête femme je vous supplie de me laisser dans ma retraite, de ne pas volontairement m'exposer à des périls que je n'aurais peut-être pas la force de surmonter. Je vous dois beaucoup, sans doute ; mais, croyez-moi, ne m'obligez pas à compter aussi les larmes que j'ai versées ; je pourrais me croire quitte...

— Quelle audace !...

— J'aime mieux être audacieuse avant d'avoir fait le mal qu'hypocrite après une faute. Encore une fois, pour votre repos et pour le mien, monsieur, laissez-moi vivre obscure et ignorée... A ce prix, je puis vous promettre de ne jamais faillir... sinon...

— Sinon ?...

— Vous m'aurez jetée presque désarmée au milieu des périls du monde... Je connais mes devoirs, j'essayerai de lutter... mais je vous le dis... il peut se rencontrer des circonstances où la force me manque.

Le bon sens, la franchise de ces paroles, faisaient bouillonner la jalousie de M. de Brévannes ; il connaissait trop ses torts envers Berthe pour ne pas prévoir qu'elle lutterait seulement et absolument par *devoir*, et le devoir sans affection est souvent impuissant contre les entraînements de la passion.

L'enfer de cet homme commençait. Placé entre sa jalousie et son amour, il hésitait entre le désir de nouer des relations suivies avec madame de Hansfeld, grâce à la présentation de Berthe, et la crainte de voir sa femme entourée d'adorateurs.

La pensée d'être jaloux du prince, qu'il ne connaissait que par le récit de ses bizarreries, ne lui vint pas un moment à l'esprit ; mais, à défaut du prince, il se créa les fantômes les plus effrayants, c'est-à-dire les plus charmants. Déjà il se voyait moqué, montré du doigt ; lui qui avait fait un mariage d'amour, mariage ridicule s'il en est, pensait-il, lui qui avait sacrifié sa vanité, son ambition, sa cupidité, à une pauvre fille obscure, ne serait-il donc pas à l'abri du mauvais sort ? Serait-il donc aux yeux du monde toujours dupe, avant et après son mariage ? A ces pensées, M. de Brévannes tressaillait de fureur.

Tantôt il voyait dans la franchise de Berthe une garantie pour l'avenir, tantôt, au contraire, il y voyait une sorte de cynique défi, tantôt, enfin, il s'effrayait de ce langage d'une honnête femme qui, dédaignée de son mari qu'elle n'aime plus, ne s'abuse pas sur la fragilité humaine, et préfère fuir le danger que de l'affronter.

Pourtant ne pas présenter Berthe à la princesse, c'était renoncer à l'avenir qu'il entrevoyait si brillant.

Ce sacrifice lui fut impossible; comme ceux qui, renonçant à se faire aimer, espèrent se faire craindre, il essaya d'intimider Berthe, et lui dit brutalement :

— Lorsqu'on a l'effronterie de professer ouvertement de tels principes, madame, on n'a pas besoin d'aller dans le monde pour tromper son mari.

— Assez, monsieur... assez, — dit fièrement Berthe ; — puisque vous me comprenez ainsi, je n'ai rien à ajouter... Je vous accompagnerai quand vous le voudrez chez madame la princesse de Hansfeld.

— Et prenez bien garde à ce que vous ferez... au moins... Rappelez-vous bien ceci... je vous le répète à dessein... l'amour peut être indulgent, généreux... l'orgueil, jamais... Ainsi je serais pour vous impitoyable... si vous aviez le malheur de vous mal conduire, je vous briserais, je vous écraserais sans pitié, entendez-vous? ajouta-t-il, les lèvres contractées par la colère en saisissant rudement le bras de Berthe.

Celle-ci, très calme, se dégagea doucement et lui répondit :

— Avec toute autre que moi, monsieur, vous auriez peut-être tort de joindre l'attrait du danger... à l'attrait que peut offrir l'amour... Croyez-moi, lorsque le devoir est impuissant, la terreur est vaine...

En disant ces mots, Berthe rentra chez elle et laissa M. de Brévannes dans une irritation et dans une anxiété profondes.

CHAPITRE XIII

CORRESPONDANCE

Madame de Hansfeld revint assez satisfaite de son entretien avec M. de Brévannes. En songeant à la proposition qu'il lui avait faite de lui présenter Berthe, Paula éprouvait des ressentiments étranges : d'abord, sachant l'amour d'Arnold pour madame de Brévannes, elle avait voulu jouer un perfide et méchant tour à M. de Brévannes, espérant jouir ensuite de la confusion de M. de Hansfeld lorsqu'il serait reconnu par Berthe (Paula ignorait qu'Arnold eût révélé son véritable nom à Pierre Raimond).

Lorsqu'elle avait fait part à Iris de la prochaine présentation de madame de Brévannes à l'hôtel Lambert, la bohémienne s'était écriée en tressaillant de joie :

— Maintenant... vous n'avez plus rien à désirer... vos vœux seront comblés quand il vous plaira de me faire un signe.

En vain Paula avait voulu forcer Iris à s'expliquer davantage; celle-ci s'était renfermée dans un silence absolu après avoir seulement ajouté :

— Réfléchissez bien, marraine... vous me comprendrez.

La princesse avait réfléchi.

En arrêtant d'abord sa pensée sur M. de Hansfeld, elle s'était demandé ce qu'il lui inspirait depuis qu'il l'avait soupçonnée des crimes les plus horribles... Elle ressentait autant de haine que de mépris contre lui, haine contre l'homme capable de concevoir de tels soupçons, mépris pour l'homme assez faible pour ne pas accuser hardiment celle qu'il soupçonnait.

Paula était doublement injuste; elle oubliait qu'Arnold l'avait passionnément aimée, et qu'il n'avait tant souffert que par suite de cette lutte entre son amour et ses méfiances...

Chose étrange, elle n'avait jamais aimé son mari d'amour : elle était passionnément éprise de M. de Morville, et pourtant elle se trouvait blessée de l'amour du prince pour Berthe; rien de plus absurde, mais de plus commun que la jalousie d'orgueil.

Si la pensée de madame de Hansfeld se reportait sur M. de Morville, à l'instant ces trois mots sinistres flamboyaient à sa vue :

— *Si j'étais veuve!...*

Et elle n'osait pas s'avouer qu'elle eût été satisfaite si l'une des tentatives d'Iris avait réussi.

Nous l'avons dit, rien de plus fatal que de familiariser sa pensée avec de simples suppositions qui, réalisées, seraient des crimes; si monstrueuses qu'elles paraissent d'abord, peu à peu l'esprit les admet d'autant plus facilement qu'elles flattent davantage et incessamment les intérêts qu'elles serviraient.

Cela est funeste... la vue continuelle d'une proie facile éveille les appétits sanguinaires les plus endormis.

Rentrée chez elle, Paula réfléchit longtemps aux paroles mystérieuses d'Iris, à propos de la présentation de Berthe à l'hôtel Lambert.

« Maintenant vous n'avez plus rien à désirer... quand il vous plaira, vos vœux seront comblés. »

Un secret instinct lui disait que du rapprochement du prince, de M. de Brévannes et de Berthe, il pouvait résulter de graves complications; mais que pouvait y gagner son amour, à elle, pour M. de Morville?

A ce moment, madame de Hansfeld fut interrompue par Iris.

— Que voulez-vous? — lui dit-elle brusquement.

— Marraine, un commissionnaire vient de m'apporter une enveloppe à mon adresse; dans cette enveloppe était une lettre pour vous.

Paula prit la lettre et tressaillit.

Elle reconnut l'écriture de M. de Morville.

Ce billet contenait seulement ces mots :

« Les circonstances, madame, me forcent à un parti extrême... J'adresse à tout hasard ce billet à votre demoiselle de compagnie... Un affreux et dernier coup accable le malheureux auquel vous avez déjà daigné tendre la main... il n'a pas désespéré de votre pitié... aujourd'hui même, avec ces paroles magiques : *Faust et Manfred*, vous pourrez sinon le rendre à la vie... du moins adoucir son agonie. »

Un moment madame de Hansfeld ne comprit pas la signification de cette lettre. Puis tout à coup s'adressant à Iris :

— Quel jour sommes-nous aujourd'hui ?

— Jeudi, marraine.

— Jeudi... non, ce n'est pas cela... — se dit madame de Hansfeld, — j'avais cru... mais... — reprit-elle avec anxiété, — n'est-ce pas aujourd'hui la mi-carême ?

— Oui, marraine... quelques masques ont passé dans la rue.

— Oh ! je comprends... je comprends, — s'écria madame de Hansfeld, — et courant à son secrétaire elle écrivit ces mots à la hâte :

« Ce soir, à minuit et demi, à l'Opéra, au même endroit que la dernière fois, *Faust et Manfred!*... un ruban vert au camail du domino. »

Puis, cachetant et donnant cette lettre à Iris, elle lui dit

— Voici la réponse, remettez-la...

Iris sortit.

. . . .

Le soir, à minuit et demi, au bal de l'Opéra, Léon de Morville et madame de Hansfeld, tous deux masqués comme ils l'étaient lors de leur première entrevue, se rencontrèrent au fond du corridor des secondes loges à gauche du spectateur, et entrèrent dans le salon de l'avant-scène où avait eu lieu leur premier et dernier entretien.

CHAPITRE XIV

LE MARIAGE

Madame de Hansfeld fut épouvantée du changement des traits de M. de Morville et de l'expression de douleur désespérée qui les contractait.

— Qu'y a-t-il donc, mon Dieu? — s'écria-t-elle en jetant son masque à ses pieds.

— Un mot... d'abord, — dit M. de Morville. — Je ne m'étais pas trompé ; cette mystérieuse amie... qui m'écrivait sans se faire connaître...

— C'était moi... oui, oui, votre cœur avait deviné juste... mais au nom du ciel, qu'y a-t-il? votre vie est-elle menacée?

— Tout est menacé, ma vie, ma raison, mon amour, mon honneur.

— Que dites-vous?...

— Je dis que je me tuerai... je dis que les passions les plus mauvaises germent en moi... je dis que je ne me reconnais plus... je dis qu'à mon amour pour vous je veux sacrifier tout ce qu'il y a de plus saint, de plus sacré parmi les hommes... dussé-je être parjure et parricide.

— Mon Dieu! vous m'effrayez...

— Paula... m'aimez-vous... comme je vous aime?...

— Ne suis-je pas ici?...

— Vous m'aimez?...

— Oui... oh! oui...

— Paula... fuyons... Venez... venez...

— Et vos serments?...

— Qu'importe!

— Et votre mère?

— Qu'importe!

— Ah!... que dites-vous?...

— Venez, vous dis-je... Cet amour est fatal... Notre destinée s'accomplira...

— En grâce, calmez-vous... Songez à ce que vous m'écriviez encore il y a peu de jours : *Un obstacle insurmontable nous sépare...*

— Je ne veux songer à rien... je vous aime... je vous aime... je vous aime... Cet amour a subi toutes les épreuves, il a grandi dans le silence, il a résisté à votre indifférence affectée, il a pénétré votre tendresse cachée, il m'a rendu insouciant de ce que j'adorais, dédaigneux de ce que j'honorais... Il brûle mon sang, il égare ma raison, il déborde mon cœur. Paula, si vous m'aimez, fuyons, ou je meurs!...

— Mon Dieu! mon ami, croyez-vous être seul à souffrir ainsi?... Souffrir... oh! non, maintenant je puis défier une vie de tourments... je puis mourir... j'ai été aimée... comme j'avais rêvé d'être aimée... aimée avec délire; aimée sans réflexion, sans scrupule, sans remords; aimée avec tant d'aveuglement, que vous ne soupçonnez pas l'énormité des sacrifices que vous m'offrez, la profondeur de l'abîme où vous voulez nous précipiter...

— Paula, Paula, ne me parlez pas ainsi, vous me rendez fou; vous ne savez pas... non, vous ne savez pas ce que c'est que l'entraînement d'une seule pensée qui engloutit toutes les autres dans son courant toujours plus large, plus rapide, plus profond... Moi qui jusqu'ici pouvais marcher le front haut... je ne l'ose plus... il y a des regards que j'évite.

— Vous?... vous?...

— Savez-vous ce que je me suis dit bien souvent... depuis qu'un serment dont je ne veux plus tenir compte maintenant m'a tenu éloigné de vous?

— Ne parlez pas ainsi.

— Eh bien! d'abord en songeant à la frêle santé de votre mari, je me suis dit : M. de Hansfeld mourrait... je n'en serais pas affligé... puis... sa vie... dépendrait de moi... que je le laisserais périr... Puis j'ai été plus loin... j'ai... Mais non, non, je n'ose vous dire cela... même à vous... je vous ferais horreur... Ah! maudit soit le jour... où pour la première fois cette pensée m'est venue.

Et M. de Morville cacha sa tête dans ses mains.

Les derniers mots qu'il venait de prononcer devaient retentir longtemps dans le cœur de Paula.

Elle était à la fois épouvantée, et pourtant presque heureuse de l'étrange complicité morale qui faisait partager ses vœux homicides contre le prince par M. de Morville, lui, jusqu'alors si loyal et si généreux. Dans ce bouleversement complet des principes de l'homme dont elle était adorée, elle vit une nouvelle preuve de l'influence qu'elle exerçait.

Mais par une de ces contradictions, un de ces dévouements si familiers aux femmes, madame de Hansfeld se promit de tout faire pour éloigner désormais, et pour toujours, des pensées pareilles de l'esprit de M. de Morville, et cela parce que peut-être, de ce moment même, elle prenait les résolutions les plus criminelles; quoi qu'il arrivât, elle ne voulait pas que M. de Morville pût se reprocher un jour les vœux qu'il avait faits dans un moment d'égarement.

M. de Morville était tombé la tête dans ses mains avec accablement; madame de Hansfeld lui dit d'un ton doux et ferme :

— J'aurai du courage pour vous et pour moi... je vous rappellerai des serments autrefois si puissants sur vous; la violence de votre amour même ne doit pas vous les faire oublier. De grâce, revenez à vous... vous parlez de nouveaux chagrins... quels sont-ils? votre mère est-elle plus souffrante?

— Eh! qu'importe!...

— Ah! de grâce, ne parlez pas ainsi. Croyez-moi... Une femme peut être fière de voir son influence un moment supérieure aux plus nobles principes... mais c'est à condition que ces principes reprendront leur cours... J'aurais horreur de vous et de moi si, au lieu du cœur généreux que j'ai surtout chéri, je ne retrouvais maintenant qu'un cœur égoïste et desséché... Serait-ce donc là le fruit de notre amour?

M. de Morville secoua tristement la tête.

— Hélas! je le crains, — dit-il d'une voix sourde, — je n'ai plus la force de résister au courant qui m'emporte... Rien de ce que je vénérais autrefois n'est plus capable maintenant de m'arrêter... Avant tout, votre amour... Périsse le reste...

— Heureusement... j'aurai le courage qui vous manque...

— Ah! vous ne m'aimez pas...

— Je ne vous aime pas?... Mais laissons cela; dites-moi sous quelle exaltation vous étiez lorsque vous m'avez écrit ce billet qui m'a si fort alarmée et qui m'a fait venir ici... ce soir...

— Ne sachant comment vous l'adresser, j'ai compté sur la fidélité de votre demoiselle de compagnie... D'ailleurs ce billet n'était compréhensible que pour vous seule... Eût-il tombé entre les mains de M. de Hansfeld, il ne vous eût pas compromise.

— J'ai reconnu là votre tact habituel... Mais la cause de ce billet?...

— Votre sang-froid me fait honte... Moi aussi j'aurai du courage... Je vous sais gré de me rappeler à moi-même... Eh bien! voici ce qui vient de nouveau m'accabler... Hier, ma mère m'a fait appeler... Elle était plus faible et plus souffrante qu'à l'ordinaire... Je n'ose penser que depuis quelque temps je suis moins soigneux pour elle...

— Ah! vous ne savez pas le mal que vous me faites en parlant ainsi...

— Elle me dit, après quelque hésitation, qu'elle sentait ses forces s'épuiser... qu'il lui restait peu de temps à vivre... Elle attendait de moi une preuve suprême de soumission à ses volontés... Il s'agissait de la tranquillité de ses derniers instants; je la priai de s'expliquer; elle me dit qu'un de nos alliés, qu'elle me nomma, un de ses plus anciens amis, avait une fille charmante et accomplie...

— Je comprends tout... — dit madame de Hansfeld avec fermeté. — En grâce, continuez.

— Continuer... Et que vous dirais-je de plus? Ma mère a voulu me faire promettre que mon mariage se ferait de son vivant, c'est-à-dire très prochainement; j'ai refusé. Elle m'a demandé si j'avais à faire la moindre objection sur la beauté, la naissance, les qualités de cette jeune fille; j'ai reconnu, ce qui est vrai, qu'elle était accomplie de tous points; mais j'ai signifié à ma mère que je ne voulais pas absolument me marier... Alors... elle s'est prise à pleurer; les émotions vives lui sont tellement funestes, faible comme elle est... qu'elle s'est évanouie... J'ai cru, mon Dieu, que j'allais la perdre... et j'ai retrouvé ma tendresse d'autrefois... En revenant à elle, ma mère m'a serré la main, et, avec une bonté navrante, elle m'a demandé pardon de m'avoir contrarié par ses désirs... dont elle ne me reparlerait plus... Mais je le sais, je lui ai porté par mon refus un coup douloureux... Je n'ose en prévoir les suites... Elle avait fondé de si grandes espérances sur ce mariage!

Hier, son état a empiré; je l'ai trouvée profondément abattue; elle ne m'a pas dit un mot relatif à cette union... Mais, malgré son doux et triste sourire, j'ai lu son chagrin dans son regard, je l'ai quittée le cœur déchiré. Sa santé défaillante ne résistera pas peut-être à de si violentes secousses. Eh bien! dites, Paula, est-il un sort plus malheureux que le mien? J'ai la tête perdue. N'était-ce pas assez d'être séparé de vous par un serment solennel? Il m'interdisait le présent, mais il me laissait au moins l'avenir. Maintenant il faut, pour rendre l'agonie de ma mère plus douce, il faut que je me résigne à ce mariage odieux, impossible, car il détruirait jusqu'aux faibles espérances qui me restent... Encore une fois, cela ne sera pas; non, non, mille fois non. Paula, si vous m'aimez, si vous êtes capable de sacrifier autant que je vous sacrifie, nous n'aurons pas à rougir l'un de l'autre.

— Non, car tous deux nous aurons foulé aux pieds nos serments et nos devoirs, — dit Paula en interrompant M. de Morville.

— Nous fuirons au bout du monde, et...

— Et la première effervescence de l'amour passée, la haine, le mépris que nous ressentirons l'un pour l'autre vengeront ceux que nous aurons sacrifiés. Mon pauvre ami, votre raison s'égare.

— Mais que voulez-vous que je fasse?

— Que vous ne soyez pas parjure... que vous ne hâtiez pas la mort de votre mère.

— Renoncer à vous, me marier... Jamais! jamais!

— Écoutez-moi bien. Je vous déclare que je ne pourrais pas aimer un homme lâche et parjure, lors même que ce serait pour moi qu'il se parjurerait lâchement. Mon amour-propre de femme est satisfait de ce que chez vous, pendant quelques moments, la passion a vaincu le devoir; c'est assez. Vous avez juré de ne jamais me dire un mot qui pût m'engager à oublier mes devoirs, vous tiendrez ce serment.

— Mais...

— Je le tiendrai pour vous si vous êtes tenté d'y manquer.

— Et ce mariage? — dit M. de Morville avec amertume; — ce mariage, vous me conseillez sans doute d'y consentir?

— Non.

— Non? Ah! je n'en doute plus... vous m'aimez!

— Si je vous aime! Ah! croyez-moi, ce mariage me porterait un coup encore plus cruel qu'à vous, — dit Paula avec émotion; — mais, — ajouta-t-elle, — il faut ménager votre pauvre mère, ne pas refuser positivement de lui obéir... temporiser... lui dire que vous êtes revenu sur votre première résolution...; mais que vous voulez réfléchir à loisir avant de prendre une détermination aussi grave... Gagnez du temps, enfin.

— Mais ensuite, ensuite?

— Ah! savons-nous ce qui appartient à l'avenir? Remercions le sort de l'heure, de la minute présente; demain n'est pas à nous.

— Mais quand pourrai-je vous écrire, vous revoir ? Quelle sera l'issue de cet amour ? il me brûle, il me dévore, il me tue.

— Et moi aussi il me brûle, il me dévore, il me tue ; vous ne souffrez pas seul... n'est-ce pas assez ?

— Mais qu'espérer ?

— Que sais-je ! Aimer pour aimer, n'est-ce donc rien ?

— Mais que je puisse au moins vous voir quelquefois chez vous, vous rencontrer dans le monde.

— Chez moi, non ; dans le monde, votre serment s'y oppose.

— Ah ! vous êtes sans pitié.

— Calmez votre mère, non par des promesses, mais par des temporisations. Dans huit jours je vous écrirai.

— Pour me dire ?...

— Vous le verrez... peut-être serez-vous plus heureux que vous ne vous y attendez.

— Il se pourrait ? Ah ! parlez, parlez.

— Ne vous hâtez pas de bâtir de folles espérances sur mes paroles. Rappelez-vous bien ceci : jamais je ne souffrirai que vous manquiez à la foi jurée... mais comme je vous aime passionnément...

— Eh bien ?

— Le reste est mon secret.

— Oh ! que vous êtes cruelle !

— Oh ! bien cruelle, car je veux que demain vous m'écriviez que votre mère est moins souffrante, que vous l'avez un peu tranquillisée ; j'en serai si heureuse !... car je me reproche amèrement ses chagrins ; n'est-ce pas moi qui les cause involontairement ?

— Je vous le promets. Et vous, à votre tour ?...

— Dans huit jours vous saurez mon secret. Je regrette moins de ne pas vous recevoir chez moi. Nous allons, je le crains, rompre nos habitudes de retraite. M. de Hansfeld m'a priée de recevoir plusieurs personnes, entre autres M. et madame de Brévannes. Les connaissez-vous ?

15.

—Je rencontre quelquefois M. de Brévannes ; on dit sa femme charmante.

— Charmante, et je crains pour le repos de mon mari qu'il ne s'en aperçoive.

— Que dites-vous !

— Je le crois sérieusement occupé de madame de Brévannes.

— Le prince ?

— Il est parfaitement libre de ses actions, autant que je le suis des miennes.

— Et vous refusez de me recevoir chez vous... lorsque votre mari...

Paula interrompit M. de Morville.

— Je vous refuse cela, d'abord parce que vous avez juré de ne jamais vous présenter chez moi ; et puis, condamnable ou non, la conduite de mon mari ne doit en rien influencer la mienne ; il est des délicatesses de position que vous devez apprécier mieux que personne... Dans huit jours vous en saurez davantage.

— Dans huit jours... pas avant ?...

— Non.

— Que je suis malheureux !

— Bien malheureux, en effet ! Vous venez ici accablé, désespéré, vous reprochant votre dureté avec votre mère, oubliant tout ce qu'un homme comme vous ne doit jamais oublier ; je vous calme, je vous console, je vous offre le moyen de ménager à la fois les volontés de votre mère et nos propres intérêts...

— Oui, oui, vous avez raison... Pardon, j'étais venu ici avec des pensées misérables ; vous m'avez fait rougir, vous m'avez relevé à mes propres yeux, vous m'avez rappelé à l'honneur, à la foi jurée, à ce que je dois à ma mère. Merci, merci ; vous avez raison, pourquoi songer à demain quand l'heure présente est heureuse ? Merci d'être venue à moi dès que je vous ai dit que j'étais accablé par la douleur, par le désespoir. Tout à l'heure j'étais désolé, maintenant je me sens rempli de force et d'espoir; le cœur me bat noblement; vous m'avez sauvé la vie, vous m'avez sauvé l'honneur; mon courage est retrempé au feu de votre amour, je me sens aimé! Je ferme les yeux, je me laisse conduire par vous; ordonnez, j'obéis, je n'ai plus de volonté; je vous confie le sort de cet amour qui est toute ma vie, qui est toute la vôtre.

— Oh! oui, toute ma vie! — s'écria madame de Hansfeld avec une exaltation contenue. — En ayant en moi une confiance aveugle, vous verrez ce que peut une femme qui sait aimer. Demain écrivez-moi des nouvelles de votre mère, et dans huit jours vous saurez mon secret... Jusque-là, sauf la lettre de demain, pas un mot... je l'exige.

— Pas un mot! et pourquoi?

— Vous le saurez; mais promettez-moi ce que je vous demande... dans l'intérêt de notre amour...

— Je vous le promets.

— Maintenant, adieu.

— Déjà?

— Il le faut. N'est-il pas bien imprudent que je sois ici?

— Adieu, Paula. Votre main... un baiser... un seul.

— Et votre serment! — dit Paula en remettant son masque et refusant de se déganter.

Elle sortit de la loge, traversa la foule et quitta le théâtre.

Iris l'attendait dans le fiacre comme la dernière fois.

Pendant tout le temps du trajet, madame de Hansfeld fut sombre et taciturne; elle revint à l'hôtel Lambert par la petite porte secrète, elle monta chez elle accompagnée d'Iris.

L'amour passionné de Paula pour M. de Morville était arrivé à son paroxysme; elle se sentait capable des déterminations les plus funestes; sa raison était presque égarée; elle craignait surtout que M. de Morville, malgré sa répugnance pour le mariage qu'on lui proposait, ne s'y décidât, vaincu par les sollicitations de sa mère mourante. Il pourrait peut-être gagner quelque temps; mais avant huit jours tout devait être décidé pour Paula.

Iris, voyant la sombre préoccupation de sa maîtresse, en devina la cause et lui dit, après un assez long silence, en lui montrant une épingle à tête d'or constellée de turquoises, et fichée à une pelote recouverte de dentelle :

— Marraine, souvenez-vous de mes paroles... Lorsque vous voudrez que la pensée que vous n'osez vous avouer se réalise sans que vous ou moi prenions la moindre part à son exécution, remettez-moi cette épingle; peu de jours après, vous n'aurez plus rien à désirer... Depuis que je vous ai parlé, l'idée a germé dans le cœur où je l'avais semée; elle a grandi, elle sera bientôt mûre. Encore une fois, cette épingle, et vous pourrez épouser M. de Morville.

— Cette épingle? — dit madame de Hansfeld en pâlissant et en prenant sur la pelote le bijou et le contemplant pendant quelques moments avec une effrayante anxiété.

— Cette épingle, — dit Iris en avançant la main pour la saisir, le regard brillant d'un éclat sauvage.

Madame de Hansfeld, sans lever les yeux, dit d'une voix basse et tremblante :

— Ce que vous dites, Iris, est une sinistre plaisanterie, n'est-ce pas? Cela est impossible... Comment pourrez-vous...

— Donnez-moi l'épingle... ne vous inquiétez pas du reste.

— Je serais folle de vous croire. Par quel miracle...

En parlant ainsi, Paula, accoudée sur la cheminée et tenant toujours l'épingle, l'avait machinalement et comme en se jouant approchée de la main d'Iris, étendue sur le marbre.

La bohémienne saisit vivement l'épingle.

La princesse, épouvantée, la lui retira des mains avec force en s'écriant :

— Non, non; ce serait horrible... Oh! jamais, jamais!... meurent plutôt toutes mes espérances.

CHAPITRE XV

LE LIVRE NOIR

Deux jours après la seconde entrevue de madame de Hansfeld et de M. de Morville au bal de l'Opéra, Iris avait apporté, selon sa promesse, le livre noir à M. de Brévannes ; celui-ci y avait lu les lignes suivantes, attribuées à la princesse :

« Je suis si troublée de cet entretien, que je puis à peine rassembler mes souvenirs ; j'ai peur de me rappeler ce que j'ai promis à M. de Brévannes, ce que je lui ai laissé deviner, peut-être...

» Quelle est donc la puissance de cet homme ? J'étais allée là bien résolue d'être pour lui d'une froideur impitoyable ; à peine l'ai-je vu... que j'ai oublié tout... jusqu'à ses menaces...

» Quelle fatalité l'a donc, pour mon malheur, ramené ici ?...

» Non, non, je ne l'aimerai pas...

» Je me fais horreur à moi-même... Comment ! en présence du meurtrier de Raphaël... je n'ai ressenti ni haine ni fureur... Oh ! honte sur moi ! il a remarqué ma faiblesse...

» Hélas ! que faire ?... Lorsque j'entends sa voix, lorsque son ardent regard... s'attache sur moi... mes résolutions les plus fermes m'abandonnent... je ne pense qu'à l'écouter... qu'à le contempler...

» Il est si beau de cette beauté virile et hardie qui, la première fois que je l'ai vu, m'a laissé une impression profonde... ineffaçable... Tout en lui annonce un de ces hommes passionnément énergiques qui aiment... comme je saurais aimer... comme je n'ai jamais été aimée... Oh ! si ma volonté et la sienne étaient unies... à quel terme de félicité n'arriverions-nous pas !...

» Béni soit ce livre... je puis lui dire ce que je n'oserais dire à aucune créature humaine... ce que je n'oserais même relire tout haut...

» Il m'a demandé de me présenter sa femme... D'avance, je la hais... c'est pourtant à elle que je devrai de recevoir un jour son mari... mais cette obligation m'irrite contre elle; c'est son bonheur que j'envie... elle porte le nom de cet homme qui exerce sur moi une si incroyable influence... ce nom que maintenant je ne puis entendre sans trouble... Oh! cette femme, je la hais, je la hais... elle est trop heureuse!

» Après tout, pourquoi rougir de mon amour? Il ne sera jamais coupable... car il ne sera jamais heureux...

» Mon ambition de cœur est trop grande... jamais *lui* ne saura ce qu'il aurait pu être pour moi, si tous deux nous eussions été libres! Oh! quel rêve! quel paradis!

» La passion que j'éprouve est trop puissante, trop immense, pour descendre jusqu'aux mensonges auxquels nous serions réduits, lui et moi, si nous cherchions les plaisirs d'un amour vulgaire... Non, non... lui appartenir au grand jour, à la face de tous, porter noblement et fièrement son nom... ou ensevelir mon malheureux amour au plus profond de mon cœur... aucune puissance humaine ne me fera sortir de l'une de ces deux alternatives...

» Or, comme lui et moi portons les chaînes du mariage... chaînes bien lourdes!... or, comme le hasard, en libérant l'un de nous deux, ne libérerait pas l'autre... ma vie ne sera qu'un long regret, qu'un long supplice... Ce que je dis est vrai; je n'ai aucun intérêt à me mentir à moi-même... Je connais assez la fermeté de mon caractère pour être sûre de ma résolution...

» Et puis, *lui* aussi a tant de volonté, tant d'énergie, que c'est être digne de lui que de l'imiter dans son énergie, dans sa volonté, lors même qu'elles seraient employées à lui résister...

» Oh! il ne sait pas ce que c'est de pouvoir se dire qu'on a résisté à un homme comme lui.

» J'éprouve un charme étrange à me rendre ainsi compte

des pensées qu'il ignorera toujours, à être dans ces confidences muettes aussi tendre, aussi passionnée pour lui que je serai froide, réservée en sa présence; je suis contente de ma dernière épreuve à ce sujet... De quel air glacial je l'ai reçu!

» Mais aussi quel courage il m'a fallu!... Sans la présence d'Iris, j'eusse été plus froide encore; mais, la sachant là, j'étais rassurée contre moi-même.

» Cette jeune fille m'inquiète; elle m'entoure de soins, pourtant je ne sais quel vague pressentiment me dit qu'il y a de l'hypocrisie dans sa conduite. Elle est sombre, distraite, préoccupée; que lui ai-je fait? Quelquefois, il est vrai, dans un accès de tristesse et de morosité, je la rudoie... J'y songerai... je la surveillerai.

» Que viens-je d'apprendre?... Non, non, c'est impossible... l'enfer n'a pas voulu cela...

» Sa femme... Berthe de Brévannes, lui serait infidèle!...

» Si les preuves qu'on vient de m'apporter étaient vraies...

» Oh! il est indignement joué... La misérable!... avec son air doux et candide... elle ne sent donc pas ce que c'est que d'être assez heureuse, assez honorée pour porter son nom? Lui!... lui trompé... comme le dernier des hommes... lui raillé, moqué peut-être... Je ne sais ce que je ressens à cette idée, qui ne m'était jamais venue.

» Oh! je suis folle... folle... ce n'est pas de l'amour, c'est de l'*idolâtrie*. »

Le memento supposé de madame de Hausfeld avait été perfidement interrompu à cet endroit.

En lisant les derniers mots, qui avaient rapport à une prétendue infidélité de Berthe, M. de Brévannes bondit de douleur et de rage.

Par cela même que la lecture de la première partie de ce journal l'avait plongé dans tous les ravissements de l'orgueil, et de l'orgueil exalté jusqu'à sa dernière puissance, ce contre-coup lui fut plus douloureux encore; il ne se posséda pas de fureur en pensant qu'il jouait peut-être un rôle ridicule aux yeux de Paula; il connaissait assez les femmes pour savoir que s'il leur est doux, très doux, d'enlever un mari ou un amant à un cœur fidèle, elles se soucient médiocrement de servir de vengeance, de représailles à un homme qu'on a trompé.

Iris elle-même avait été effrayée de l'expression de colère et de haine qui contracta les traits de M. de Brévannes lorsqu'il eut lu ce passage du livre noir; elle quitta le mari de Berthe, bien certaine d'avoir frappé où elle voulait frapper.

En effet, elle laissa M. de Brévannes dans un état d'exaltation impossible à décrire.

D'un côté, il se flattait d'être aimé par madame de Hansfeld avec une incroyable énergie; mais il avait presque la certitude de ne pouvoir rien obtenir d'une femme si résolue, qui puisait dans la violence même de son amour la force de résistance qu'elle comptait déployer, voulant et croyant fermement prouver sa passion par des refus opiniâtres dont elle se glorifiait.

D'un autre côté, son sang bouillonnait de courroux en songeant que Berthe le trompait, qu'il était peut-être déjà l'objet des sarcasmes du monde. Les moindres circonstances de son entretien avec sa femme lui revinrent à l'esprit, il y trouva la confirmation des soupçons que quelques lignes du livre noir venaient d'éveiller.

Il ne savait que résoudre. Le lendemain il devait présenter sa femme chez madame de Hansfeld; il lui fallait donc ménager Berthe jusqu'après cette présentation, qu'il regardait comme si importante pour l'avenir de son amour; mais comment se contraindrait-il jusque-là, lui toujours habitué de faire sous le moindre prétexte supporter à sa femme ses accès d'humeur?

Il s'épuisait à chercher quel pouvait être le complice de madame de Brévannes; après de mûres réflexions, se souvenant des goûts retirés que Berthe avait récemment affectés, il se persuada que celle-ci s'abandonnait à quelque obscur et vulgaire amour.

Iris, avec une infernale sagacité, avait justement dans le livre noir fait insister Paula sur le bonheur et sur l'orgueil qu'elle aurait à porter le nom de M. de Brévannes... Et c'était ce nom que Berthe déshonorait.

Le piège était trop habilement tendu pour que cet homme vain, jaloux, orgueilleux, et d'une méchanceté cruelle lorsqu'on blessait son amour-propre, pour que cet homme, disons-nous, n'y tombât pas, et n'entrât pas ainsi dans un ordre d'idées nécessaires au plan diabolique d'Iris...

En effet, après avoir passé par tous les degrés de la colère et s'être mentalement abandonné aux menaces les plus violentes contre Berthe et son complice inconnu, tout à coup M. de Brévannes sourit avec une sorte de joie féroce; il se calma, s'apaisa, plus que satisfait de la trahison de Berthe; il n'eut plus qu'une crainte... celle de ne pas pouvoir se procurer des preuves flagrantes de son déshonneur.

. . . .

Il jugea nécessaire à ses projets de cacher à madame de Brévannes la dénonciation qu'il avait reçue, pour épier ses moindres démarches; il voulait l'endormir dans la plus profonde sécurité.

Aussi, le lendemain (jour de la présentation de Berthe à madame de Hansfeld) M. de Brévannes entra chez sa femme, après s'être fait précéder d'un énorme bouquet et d'une charmante parure de fleurs naturelles.

CHAPITRE XVI

CONVERSATION

Berthe, peu accoutumée à de telles prévenances de la part de M. de Brévannes, fut doublement surprise de ce cadeau de fleurs, surtout après la scène de la veille, scène dans laquelle son mari s'était montré si grossier.

Elle fut non moins étonnée de son air contrit et doucereux; mais dans son ingénuité elle se laissa bientôt prendre au faux sourire de bonté qui tempérait à ce moment la rudesse habituelle des traits de M. de Brévannes.

Quoiqu'elle eût fait son possible pour ne pas aller à l'hôtel Lambert dans la crainte d'y rencontrer M. de Hansfeld, Berthe se sentait intérieurement coupable de cacher à son mari les entrevues qu'elle avait eues chez Pierre Raimond avec Arnold; aussi s'exagérait-elle encore ses torts à la moindre bonne parole de M. de Brévannes.

Ce fut donc presque avec confusion qu'elle le remercia des fleurs qu'il lui avait envoyées.

— En vérité, Charles, — lui dit-elle, — vous êtes mille fois bon, vous me gâtez... ce bouquet était magnifique, cette parure de camélias est de trop.

— Vous avez raison, ma chère amie, vous n'avez pas besoin de tout cela pour être charmante... mais je n'ai pu résister au désir de vous envoyer ces fleurs, malgré leur inutilité; je suis ravi que cette légère attention vous ait fait plaisir... J'ai tant à me faire pardonner...

— Que voulez-vous dire?

— Sans doute : hier, n'ai-je pas été brusque, grondeur?... n'ai-je pas enfin fait tout ce qu'il fallait faire pour être exécré? Mais les maris sont toujours ainsi.

— Je vous assure, Charles, que j'avais complétement oublié...

— Vous êtes si bonne et si généreuse... Vraiment, quelquefois je ne sais comment j'ai pu méconnaître tant de précieuses qualités...

— Charles... de grâce...

— Non vraiment... cela m'explique l'incroyable, l'aveugle confiance que j'ai toujours eue en vous, à part quelques accès de jalousie sans motif, bien entendu... Tenez, vous ne sauriez croire combien surtout notre conversation d'hier a augmenté ma confiance en vous.

— Mon ami...

— Dans le premier moment, je l'avoue... la franchise de vos craintes m'a un peu effrayé; mais depuis, en y réfléchissant, j'y ai trouvé au contraire les plus sérieuses garanties pour l'avenir, et une preuve de plus de votre excellente conduite...

— Je vous en prie, ne parlons plus de cela, — dit Berthe avec un embarras qui n'échappa pas à son mari.

— Au contraire, parlons-en beaucoup, ce sera ma punition, car j'avoue mes torts... J'étais stupide de me fâcher de votre loyauté ! Pourquoi n'aurait-on pas la modestie de l'honneur comme la modestie du talent ? Si je vous avais priée de chanter dans un salon, devant un nombreux public, m'auriez-vous dit : « Je suis certaine de chanter admirablement bien ?... » Non, vous eussiez manifesté toutes sortes de craintes... Et pourtant il est certain que peu de talents égalent le vôtre... Eh bien, vous m'avez parlé avec la même modestie de votre future condition dans le monde où je vous oblige d'aller, vous m'avez dit avec raison : « J'ai le désir de rester fidèle à mes devoirs, mais je redoute les séductions et les périls qui entourent ordinairement une jeune femme, et j'aime mieux fuir ces dangers que les combattre... »

— Encore une fois, je vous en prie, oublions tout ceci, — dit Berthe véritablement émue et touchée de la bonté de son mari.

— Oh ! je ne vous céderai pas sur ce point, — reprit celui-ci,

— je vous prouverai que je m'obstine dans le bien comme dans le mal ; ma franchise égalera votre loyauté... ce qui n'est pas peu dire, et vous saurez aujourd'hui ce que je vous ai tu hier.

— Quoi donc ?

— Je vous parle rarement de mes affaires... mais cette fois vous m'excuserez si j'entre dans quelques détails.

— Mon Dieu... je vous prie...

— Un des parents de madame la princesse de Hansfeld est très haut placé en Autriche et peut me servir beaucoup en faisant obtenir d'importants priviléges à une compagnie industrielle qui se forme à Vienne et dans laquelle j'ai des capitaux engagés. En me faisant présenter à la princesse, en vous priant d'être aimable pour elle, vous le voyez, j'agis un peu par intérêt... mais cet intérêt est le vôtre... puisqu'il s'agit de notre fortune.

— Mon Dieu, pourquoi ne m'avoir pas dit cela hier ?

— Je vous l'aurais dit probablement ; mais la persistance de vos refus à propos de cette présentation m'a contrarié. Vous savez que j'ai un très mauvais caractère ; ma tête est partie... nous nous sommes séparés presque fâchés, et je n'ai pas eu l'occasion de vous apprendre ce que je voulais vous dire.

— S'il en est ainsi, Charles, croyez que je ferai tout mon possible pour être agréable à la princesse, puisqu'il s'agit de vos intérêts ; j'aurai de la sorte un but en allant chez elle, et je redouterai beaucoup moins les périls que j'ai la vanité de craindre.

— Voyez, ma chère enfant, ce que c'est que de s'entendre, comme toutes les difficultés s'aplanissent... Oh ! que je m'en veux de ma vivacité ; on s'explique si mal quand on est fâché ! Mais tenez, puisque nous sommes en confiance, laissez-moi vous parler à cœur ouvert.

— Je vous en prie... si vous saviez combien je suis touchée de ce langage si nouveau pour moi.

— C'est que le sentiment que j'éprouve pour vous est aussi presque nouveau pour moi.

— Charles, je ne vous comprends pas.

Après un moment de silence, M. de Brévannes reprit :

— Écoutez-moi, ma chère enfant. On aime sa femme de deux façons, comme maîtresse ou comme amie. Pendant longtemps je vous ai aimée de la première façon. Des torts que je ne veux pas nier, mais que vous avez punis par une décision irrévocable, ne me permettent plus de vous aimer que comme amie ; mais pour passer de l'un à l'autre de ces deux sentiments, la transition est pénible... surtout lorsqu'il faut renoncer à une aussi charmante maîtresse.

— De grâce...

— Le sacrifice est fait... c'est à mon amie, à ma sincère amie que je parle, que je parlerai désormais.

M. de Brévannes dissimula si parfaitement ses mauvais desseins, et dit ces mots d'une voix si pénétrante, qu'une larme roula dans les yeux de Berthe ; un aveu de ses torts lui vint aux lèvres. Elle prit la main de son mari, la serra cordialement entre les siennes et répondit :

— Et désormais votre amie fera tout au monde pour être digne de...

— Assez, ma chère enfant, — dit M. de Brévannes en interrompant Berthe ; — je sais tout ce que vous valez... et qu'on est toujours sûr d'être entendu lorsqu'on s'adresse à votre délicatesse... Mais permettez-moi de terminer ce que j'ai à vous dire... Par cela même qu'il y a deux manières d'aimer sa femme, il y a deux manières d'en être jaloux...

— Je ne vous comprends pas, mon ami.

— C'est ce que je crains, surtout à propos de quelques-unes de mes paroles d'hier que vous avez peut-être mal interprétées.

— Comment ?

— Sans doute ; malheureusement notre entretien est monté

tout à coup sur un ton si haut que tout s'est élevé en proportion ; quand je vous parlais de la différence de la jalousie, de l'amour et de l'amour-propre, je voulais dire que l'on n'est pas jaloux de la même façon lorsque votre femme est votre amie au lieu d'être votre maîtresse ; dans le premier cas, le cœur souffre ; dans le second, c'est l'orgueil ; et malheureusement l'orgueil n'a pas, comme l'amour, de ces retours de tendresse qui calment et adoucissent les blessures les plus douloureuses... me comprenez-vous ?

— Mais...

— Pas encore, je le vois. Je voudrais vous parler plus franchement... mais je crains de mal m'expliquer et de vous choquer peut-être.

— Parlez... ne craignez rien.

— Eh bien, écoutez-moi, ma chère enfant. Depuis longtemps vous n'êtes plus pour moi qu'une amie ; mais vous avez à peine vingt-deux ans. Ces séductions dont vous parlez, vous avez raison de les craindre ; personne plus que vous ne peut y être exposée... car ma conduite envers vous, je ne le nie pas, pourrait sinon autoriser, du moins excuser vos fautes.

— Ah ! monsieur... pouvez-vous penser...

— Laissez-moi achever... Si j'ai toujours le droit d'être, comme je le suis, horriblement jaloux par orgueil, c'est-à-dire jaloux des dehors, des apparences de votre conduite, j'ai malheureusement perdu le droit d'être jaloux de votre cœur ; j'ai seul causé votre refroidissement par mes infidélités, par mes duretés. Il serait donc souverainement injuste et absurde de ma part, je ne dirai pas d'exiger, mais d'espérer qu'à votre âge votre cœur soit à tout jamais mort pour l'amour.

Berthe regarda son mari avec stupeur.

— Tout ce que je demande, tout ce que j'ai le droit d'attendre de mon amie, — reprit-il, — et à ce sujet elle me trouverait inexorable, c'est, par sa conduite extérieure, de respecter aussi scrupuleusement l'honneur de mon nom que si elle m'aimait comme le plus aimé des amants; en un mot, ma chère enfant, votre vie publique m'appartient parce que vous portez mon nom... la vie de votre cœur doit être murée pour moi, puisque j'ai perdu le droit d'y être intéressé. Tout ce que je vous dis semble vous étonner; pourtant, réfléchissez bien; souvenez-vous de notre conversation d'hier, et vous verrez que je vous dis à peu près les mêmes choses... le ton seul diffère... Pour me résumer en deux mots, de ce jour vous avez votre liberté complète, absolue; vous vous appartenez tout entière... nous sommes séparés sinon de droit, du moins de fait. Mais par cela même que cette liberté intime est plus absolue, vous devez pousser jusqu'au dernier scrupule la stricte observation de vos devoirs apparents; et, je vous le répète, autant vous me trouverez tolérant ou plutôt ignorant à propos de vos intérêts de cœur, autant vous me trouverez rigoureux, impitoyable à l'endroit du respect des convenances. Méditez bien ceci, ma chère enfant; dès aujourd'hui nos positions sont nettement tranchées. J'aurai sans doute plutôt besoin que vous de cette tolérance mutuelle à laquelle nous venons de nous engager pour nos affaires de cœur... mais je n'en suis pas encore aux confidences; et plus tard j'aurai peut-être à solliciter l'indulgence de mon amie. A propos d'indulgence, je vous demanderai bientôt la permission de vous quitter et de vous laisser seule... D'ici à peu de jours je partirai pour un voyage très court, mais très important.

— Vous partez... vous partez... dans ce moment?...

— Pour très peu de temps, vous dis-je, une ou deux semaines au plus... Des affaires urgentes... Mais pendant ce temps je vous confierai mes intérêts auprès de madame de Hansfeld, bien certain qu'ils ne peuvent être mieux placés qu'entre vos mains... Allons, ma chère enfant, à tantôt. Faites-vous bien belle, car si je n'ai plus ma vanité d'amant, j'ai ma vanité de mari.

Ce disant, M. de Brévannes baisa Berthe au front et sortit.

Quelques moments de plus, sa haine et sa rage éclataient malgré lui.

Les mille émotions qui s'étaient peintes sur la candide physionomie de Berthe pendant que son mari parlait, l'espèce de joie involontaire dont elle avait eu honte un moment après, mais qu'elle n'avait d'abord pu cacher lorsqu'il lui avait rendu sa liberté; son inquiétude vague, ses espérances tour à tour éveillées et contenues, tout avait éclairé M. de Brévannes sur la position du cœur de Berthe.

Il n'en doutait plus, elle aimait; il était trop sagace pour s'y tromper.

Il avait un rival... sa femme le trompait.

Ce fut donc avec une secrète et sombre satisfaction qu'il s'applaudit d'avoir plongé madame de Brévannes dans la plus complète, dans la plus profonde sécurité.

TROISIÈME PARTIE

CHAPITRE PREMIER

RÉSOLUTION

La passion de madame de Hansfeld pour M. de Morville avait encore augmenté depuis sa dernière entrevue au bal de l'Opéra.

Cet amour était chez Paula un bizarre mélange de nobles exaltations et de funestes arrière-pensées. Elle aurait cru avilir l'homme qu'elle aimait, en souffrant qu'il se parjurât, et elle était résolue sinon d'ourdir, du moins de laisser tramer par Iris un complot infernal contre les jours de son mari, pour pouvoir épouser M. de Morville, sans que celui-ci faillît à son serment.

En vain Paula restait étrangère à cette machination, dont elle entrevoyait à peine les résultats; elle sentait, à la violence même de ses hésitations, de ses craintes, de ses remords anticipés, quelle part criminelle elle prenait dans cette épouvantable action, uniquement conçue dans l'intérêt de son amour.

Chose étrange pourtant!... Si les révélations d'Iris avaient eu lieu quelques mois plus tôt, alors que le prince éprouvait toute la première ardeur de sa passion pour Paula, passion à la fois si aveugle et si clairvoyante, qu'elle ne pouvait s'affaiblir par l'apparente évidence des crimes de sa femme, dont il pressentait l'innocence; si les révélations d'Iris, disons-nous, avaient eu lieu lorsque le seul obstacle que Paula pût opposer à l'amour du prince était le souvenir de Raphaël... Raphaël toujours regretté, toujours adoré; qu'arrivait-il?

Arnold apprenait l'innocence de Paula; Paula, l'indigne tromperie de Raphaël.

Que de chances alors pour que madame de Hansfeld partageât l'amour du prince, qui méritait tant d'être aimé, qui s'était montré si vaillamment épris! A force de soins, de tendresse, il se serait fait pardonner des soupçons dont il avait le premier si généreusement souffert; Paula eût reconnu combien il avait, en effet, fallu de passion, d'opiniâtre passion à son mari, pour continuer de l'aimer malgré de si funestes apparences : la vie la plus heureuse se fût alors ouverte devant elle, devant lui.

Malheureusement, les révélations d'Iris avaient été trop tardivement forcées; plus malheureusement encore, M. de Hansfeld aimait Berthe, et madame de Hansfeld M. de Morville. Ce double et fatal amour rendait leur position intolérable.

Madame de Hansfeld devait rester à jamais enchaînée à un homme qui ne l'aimait plus; cet homme aimait une autre femme; et pour faire oublier à Paula les odieux soupçons dont elle avait été victime, il ne pouvait que l'entourer d'égards froids et contraints.

Et séparée de lui par un obstacle insurmontable, elle voyait à travers le prisme enchanteur de l'amour un homme jeune, beau, spirituel, passionné... si passionné, qu'il avait voulu lui sacrifier ces deux religions de toute sa vie : *sa parole! sa mère!* et Paula n'avait pas même la consolation de songer que l'accomplissement de ses devoirs ferait au moins le bonheur de M. de Hansfeld.

Celui-ci, trouvant de son côté réunies chez Berthe les grâces et les qualités les plus séduisantes, se livrait sans remords à cet amour, Paula lui ayant toujours manifesté son indifférence.

Telle était la position de M. et de madame de Hansfeld, au moment où celle-ci, pour ménager M. de Brévannes, qui pouvait la calomnier si dangereusement, allait le recevoir à l'hôtel Lambert, ainsi que Berthe.

L'exaltation de Paula était arrivée à ce point qu'elle ne pouvait supporter plus longtemps sa position. Elle avait fixé à M. de

Morville le terme de huit jours pour lui faire part de sa résolution suprême, parce qu'elle voulait qu'avant huit jours le sort de sa vie entière fût décidé.

Ou elle aurait le courage de profiter des offres d'Iris, ou elle se tuerait... si le projet de la jeune fille lui semblait exiger une complicité pour ainsi dire trop directe, trop personnelle.

Rien ne semble plus étrange, et rien n'est pourtant plus réel que ces compositions, que ces atermoiements avec le crime. Les juges ne sont pas les seuls à y trouver des *circonstances atténuantes*.

Madame de Hansfeld venait de faire demander Iris : celle-ci entra.

CHAPITRE II

L'ÉPINGLE

— Vous m'avez demandée, marraine ? — dit Iris.

— Oui... Fermez la porte... et voyez si personne ne peut nous entendre. — Iris sortit un instant et revint.

— Personne, marraine.

Le cœur de Paula battait d'une façon étrange ; elle baissait les yeux devant le regard pénétrant de la bohémienne ; enfin elle lui dit avec effort :

— Écoutez bien ; la conversation que je vais avoir avec vous sera la dernière que nous aurons au sujet de... ce que vous savez. Vous m'avez dit, il y a quelques jours : Un mot, un signe de vous... cette épingle... je suppose, et...

Paula ne put achever.

Iris reprit :

— Et vous êtes libre !...

— Vous m'avez dit cela...

— Je le répète..

— Vous prétendez m'être dévouée?

— Autrefois, maintenant, toujours.

— Donnez-m'en une preuve.

— Parlez, marraine.

— Dites-moi par quel moyen vous prétendez *me rendre libre...*

La voix de madame de Hansfeld s'altéra; elle reprit aussitôt et plus vivement : — Sans que ni vous ni moi soyons complices de... ce... ce qu'il faut faire pour cela.

Ces mots semblèrent brûler les lèvres de madame de Hansfeld.

— Pourquoi cette question?

— Je ne crois pas à la possibilité de ce que vous m'avez proposé; je ne songe pas à en profiter; mais je veux connaître par quels moyens... vous prétendez... enfin, vous me comprenez...

— A quoi bon vous en instruire?...

— S'ils me paraissent moins horribles que je ne le suppose... peut-être... je ne sais... — Puis la princesse, épouvantée de ce qu'elle venait de dire, mit la main sur ses yeux et s'écria : — Non, non, laissez-moi... allez-vous-en, ne revenez plus, je ne veux plus vous voir... sortez...

— Marraine, en grâce!...

— Non... sortez, vous dis-je...

— Eh bien! je vais vous dire par quels moyens...

Et Iris baissa la voix, attendant avec anxiété une nouvelle injonction de sortir.

Paula resta muette.

Iris continua :

— Oui, je puis, si vous l'exigez, vous dire par quels moyens vous pouvez être libre... Mais prenez garde... prenez garde...

Madame de Hansfeld regarda fixement Iris.

— Que je prenne garde?

— Oui... vous pourrez amèrement regretter de m'avoir interrogée à ce sujet... Vous avez des scrupules, ils deviendront plus grands encore si vous êtes instruite de mes desseins...

Sans la parole que vous m'avez fait donner de ne pas agir à votre insu... je vous aurais épargné ces angoisses... Quelquefois même je me demande s'il n'est pas insensé à moi de vous obéir pour cela... Je n'ai d'autre but que votre bonheur... L'odieux du parjure ne retomberait que sur moi... peu importe... vous seriez heureuse.

— Oseriez-vous manquer à ce que vous m'avez promis?

— Malheureusement je ne l'ose pas; un mot de vous est une loi pour moi... Au moins que cette soumission à vos volontés vous donne une foi profonde, aveugle, dans ma parole...

— Dans votre parole? — dit amèrement Paula.

— Oui... et je vous jure que les événements ont marché de telle sorte, sans que vous y soyez mêlée en rien, vous le savez mieux que personne... qu'avant huit jours... vous serez peut-être libre... et non-seulement aucun soupçon ne vous atteindra, mais l'intérêt, mais les sympathies du monde seront pour vous...

Madame de Hansfeld regarda Iris avec surprise, presque avec stupeur.

— Mais, s'il en est ainsi, pourquoi ne pas me faire part de ces événements, puisque j'y suis, dites-vous, absolument étrangère?

— A cause de vos scrupules, marraine.

— De mes scrupules! pourquoi en aurais-je? Ne suis-je pas innocente de ce qui se passe?

— Vos scrupules naîtront... quoique insensés... Ils naîtront, vous dis-je, et vous les écouterez.

— Comment cela?

— Supposez-vous instruite, par je ne sais quel prodige, de l'avenir d'une personne qui vous soit absolument indifférente... que vous ne connaissez même pas... Cette prescience vous apprend que cette personne doit mourir dans huit jours... mourir fatalement, sans que vous soyez pour rien dans les causes de cette mort, sans qu'elle vous profite en rien... sans que

16.

vous puissiez changer le cours des événements qui l'amènent... N'éprouverez-vous pas une sorte d'angoisse à cette révélation? ne vous regarderez-vous pas pour ainsi dire comme complice du destin en voyant cette personne ignorante du sort terrible qui l'attend, tandis que vous en êtes instruite... vous?

— Je ne me croirais pas complice de cette mort, mais j'éprouverais de la terreur en voyant cette personne marcher, confiante et paisible, vers un abîme qu'elle ignore.

— Eh bien! cette terreur ne deviendra-t-elle pas un remords s'il s'agit de votre mari, si sa mort comble tous vos vœux, réalise toutes vos espérances?

— Que dites-vous?

— Quelque innocente que vous fussiez d'une telle catastrophe, ne vous regarderiez-vous pas presque comme criminelle... seulement parce que vous étiez instruite à l'avance? Encore une fois, ne m'interrogez pas davantage... ne me forcez pas à parler... vous vous en repentiriez, il serait trop tard. Confiez-vous à moi.

— Me confier à vous... non, non, je sais ce dont vous êtes capable... J'étais certainement innocente de vos affreuses tentatives sur M. de Hansfeld... et les apparences me condamnaient. Pourtant je vous dis que je veux tout savoir.

— Êtes-vous décidée à renoncer à M. de Morville?

— Que vous importe?...

— Il faut que je le sache... dans ce cas seulement je dois parler... Il serait cruel de laisser périr pour rien... deux créatures de Dieu...

— La vie de deux personnes serait donc en danger? — s'écria madame de Hansfeld.

— Malheur sur moi! malheur sur vous! — dit Iris désolée ou paraissant l'être de l'indiscrétion qui lui échappait. — Vous me faites dire ce que je ne voulais pas dire. Eh bien! oui, à cette heure, la vie de deux personnes est en danger...

— Béni soit Dieu qui t'a fait parler; jamais je n'achèterai

le bonheur de ma vie entière à un tel prix... Je renonce à M. de Morville, et que je sois maudite si jamais...

— Arrêtez... marraine. Je sais la puissance de vos scrupules... mais je sais aussi la puissance de votre amour... Quoiqu'il s'agisse de la vie de deux personnes... vous pourriez être maudite...

— Malheureuse !...

— Tenez, marraine, laissons les événements suivre leur cours... ce qui sera... sera...

— Maintenant que tu m'as rempli l'âme de terreur, car je sais ce dont tu es capable, tu veux te taire... Non, non, parle... je l'exige.

— Eh bien donc, puisque vous m'y forcez, apprenez tout... Le prince aime Berthe et il en est aimé... Vous savez la jalousie féroce de M. de Brévannes... Il hait déjà le prince parce qu'il est votre mari... Maintenant qu'il le sait aimé de sa femme, il le hait à la mort... Supposez Berthe assez imprudente pour accorder un rendez-vous à M. de Hansfeld, rendez-vous innocent ou coupable, volontaire ou forcé, peu importe; M. de Brévannes en est instruit, il les surprend tous deux par la ruse : les apparences sont contre eux... Que fait-il? dites, que fait-il?

— Mon Dieu !... mon Dieu !...

— Que fait-il? Il se croit aimé de vous, il croit qu'en vous rendant libres, vous et lui, par le double meurtre qu'il peut commettre impunément, il obtiendra votre main...

— Mais c'est une machination infernale...

— Mais seriez-vous libre... ou non?... et en quoi auriez-vous participé à tout ceci?... Votre mari vous trompe... pour la femme d'un homme que vous haïssez... Qu'y pouvez-vous?... Cet homme les tue tous les deux... Êtes-vous sa complice? Qui vous empêche ensuite d'épouser M. de Morville?... En quoi lui-même peut-il jamais vous soupçonner d'avoir trempé dans cette machination?... Bien plus, ainsi que je vous le disais, l'intérêt, les sympathies du monde ne seront-ils pas pour vous?...

— Vous êtes folle... A peine M. de Brévannes se porterait-il à une si terrible extrémité s'il se croyait aimé de moi, et encore il n'oserait pas m'offrir une main... teinte du sang de mon mari...

— Cet homme est d'une jalousie d'orgueil si sauvage, que dans aucune circonstance il n'aurait hésité à tuer sa femme et son séducteur; mais il vous aime avec d'autant plus d'ardeur qu'il se croit follement aimé de vous, il ne doute pas que vous ne braviez les convenances jusqu'à lui donner votre main, et il se hâte à cette heure de tendre le piége où sa femme et votre mari doivent infailliblement périr.

— Mais vous perdez la raison. Cet homme, si vaniteux qu'il soit, ne se croira jamais aimé de moi. A peine lui ai-je dit quelques paroles bienveillantes pour conjurer le mal qu'il pouvait me faire.

— Mais... j'ai parlé pour vous... moi!

— Vous avez parlé pour moi?

Et Iris raconta à madame de Hansfeld l'histoire du livre noir.

Paula resta muette, anéantie, à cette révélation.

Elle ne pouvait croire à tant d'audace, à une combinaison si diabolique.

— Mais c'est épouvantable! — s'écria-t-elle.

Iris regarda sa maîtresse en souriant d'un air étrange, et lui dit :

— Vous m'aviez jusqu'ici reproché d'agir sans votre consentement... j'ai eu tort... Je voulais vous cacher le fil des événements qui se préparaient, vous m'avez forcée de vous le découvrir... Vous devez vous en repentir, maintenant que vous savez tout... Ignorante de cette trame, son succès était pour vous un coup du hasard, vous en profitiez sans remords; maintenant vous en êtes instruite... si vous ne la dévoilez pas, vous en êtes complice.

— Et pourquoi m'avez-vous obéi? — s'écria machinalement madame de Hansfeld. — Pourquoi m'avez-vous appris ces horreurs?

Ce mot était odieux, il révélait la secrète et homicide pensée de Paula.

— Je vous ai obéi, — reprit amèrement Iris, — parce que j'attendais cet ordre avec impatience, et que si vous ne me l'aviez pas donné, je vous aurais de moi-même instruite de tout ceci...

— Que dit-elle?

— Je ne m'abuse pas; en travaillant à votre bonheur, c'est à ma perte que je cours : lorsque vous aurez épousé M. de Morville, je ne serai plus pour vous qu'un objet de mépris et d'horreur... Certes, j'aurais pu agir en silence, sans vous prévenir, et vous laisser recueillir innocemment le fruit de cette sanglante combinaison. Mais je l'avoue... je n'ai pas eu ce courage; je veux bien mourir pour vous, mais à condition que vous me disiez au moins : — Meurs pour moi!

— Étrange et abominable créature!

— Votre bonheur causera ma perte, je le sais; mais au moins, au sein de votre heureux amour, peut-être aurez-vous un souvenir pour moi...

— Si vous vous sacrifiiez ainsi dans mon intérêt, vous eussiez attendu que ce que vous appelez mon bonheur fût assuré pour me faire cette nouvelle révélation...

— Non, marraine; il se peut que vous ayez plus de vertu que d'amour, et alors votre bonheur eût été à tout jamais empoisonné. A cette heure, au contraire, en apprenant à quel prix vous auriez épousé M. de Morville, vous pouvez choisir, vous avez entre vos mains l'avenir de votre amour pour M. de Morville, le sort de Berthe de Brévannes et de votre mari... Un mot de vous à M. de Brévannes au sujet du livre noir... et il sait que vous ne l'aimez pas, qu'il est dupe d'une fourberie dont je suis l'auteur, et qu'au lieu de conduire sa femme à l'hôtel Lambert pour la faire plus sûrement tomber dans le piége qu'il lui tend ainsi qu'à M. de Hansfeld, il doit arracher Berthe à cet amour innocent encore... puisque la mort de sa femme et du prince lui est inutile ; tel est votre devoir, marraine, faites-le. Sans doute, M. de Brévannes, furieux, répandra contre vous les plus atroces calomnies... Que vous importe ?... ce sont des calomnies... Sans doute, M. de Morville pourra s'en affliger, y croire, et sourire amèrement en songeant à l'amour idéal et romanesque qu'il avait pour vous ; cela est triste ; que vous importe ?... pendant la longue vie qu'il vous reste à passer auprès du prince que vous n'aimez pas, et qui ne vous aime plus... vous pourrez vous répéter glorieusement chaque jour : J'ai fait mon devoir.

— Oh ! maudite sois-tu, démon vomi par l'enfer !... — s'écria madame de Hansfeld avec égarement ; — laisse-moi... laisse-moi... Pourquoi viens-tu m'enfermer dans un cercle affreux dont je ne puis sortir sans causer la mort de deux infortunés, ou sans me jeter dans l'abîme d'un désespoir sans fin ?

— Vous assombrissez bien les couleurs du tableau, marraine ; vous pouvez sortir du cercle affreux dont vous parlez... mais pour aller le front haut et fier à l'autel avec M. de Morville, pour passer auprès de lui la vie la plus belle et la plus honorée.

— Oh ! tais-toi... tais-toi !

— Et cela sans lui faire parjurer ses serments, et cela sans le rendre coupable envers sa mère, car elle bénirait ce mariage, que vous pouvez contracter avec joie... sans honte, sans crime, en restant paisible à attendre les événements... ne provoquant rien, ne faisant rien, ne sachant rien...

— Tais-toi ! oh ! tais-toi !

— N'encourageant pas même par un mot hypocrite la vengeance féroce et intéressée de M. de Brévannes, en étant toujours avec lui froidement polie... Tout est prévu... Le livre noir parlera pour vous : le livre noir dira que, pour rendre plus tard votre mariage possible, il ne faut pas qu'on soupçonne M. de Brévannes de vous aimer et d'avoir calculé la vengeance qu'il aura tirée du prince et de Berthe... Cela vous épargne encore une assiduité qui, remarquée dans le monde, aurait pu éveiller la jalousie de M. de Morville... Je vous dis que tout était prévu... soigneusement prévu, marraine.

— Mon Dieu !... mon Dieu, délivrez-moi de l'obsession de cette créature !

— De sorte qu'après le tragique événement, — reprit imperturbablement Iris, — M. de Brévannes n'a aucun reproche à vous faire, et vous lui fermez votre porte sans un mot d'explication. Brévannes éclatera... que pourra-t-il faire ou dire? Le livre noir est entre mes mains, il n'a pas une lettre de vous ; d'ailleurs, pour se plaindre, il lui faudrait avouer l'infâme calcul qui lui a presque fait provoquer son déshonneur pour avoir le droit de tuer sa femme et votre mari... Mais il n'oserait, car il inspirerait autant de mépris que d'horreur, qu'en dites-vous, marraine ?

— Laisse-moi... te dis-je.... va-t'en... va-t'en... tu m'épouvantes !

— Mon Dieu ! que fais-je autre chose que de vous exposer le bien et le mal ?... Maintenant vous êtes libre... choisissez !

— Monstre !... tu sais bien la portée de tes paroles... et des criminelles espérances que tu évoques à ma pensée.

— Suis-je un monstre... pour vous dire de choisir entre le bien et le mal ? La vertu est donc une terrible chose à pratiquer, qu'elle coûte autant de larmes que le crime ?...

— Seigneur, ayez pitié de moi !

— Un dernier mot, marraine. J'ai pu mettre en jeu certaines passions, préparer certains événements... mais il ne dépend plus de moi de modérer leur marche ; car... ils semblent se précipiter... demain, peut-être, il serait trop tard... Si vous êtes décidée au *bien*... c'est-à-dire à prévenir votre mari du danger qu'il va courir, et M. de Brévannes de la mystification dont il est dupe... agissez sans délai, aujourd'hui même, à l'instant... Une heure de retard peut tout perdre... c'est-à-dire tout gagner dans l'intérêt de votre amour...

A ce moment, un valet de chambre entra, après avoir frappé, chez Paula.

— Qu'est-ce? — dit-elle à cet homme.

— Ne sachant pas si madame la princesse recevait, j'ai prié M. et madame de Brévannes d'attendre.

— Ils sont là? — s'écria madame de Hansfeld en tressaillant.

— Oui, princesse.

— Madame a oublié qu'elle avait donné rendez-vous à M. et madame de Brévannes ce matin... — dit Iris.

— En effet, — reprit Paula d'une voix émue, — je... oui... sans doute...

— La princesse reçoit, — se hâta de dire Iris. — Priez seulement M. et madame de Brévannes d'attendre... un moment.

Le valet de chambre sortit.

CHAPITRE III

DÉCISION

— Jamais... jamais... je n'aurai le courage de recevoir M. et madame de Brévannes, — s'écria la princesse avec désespoir, — car...

La voix du prince interrompit Paula.

Le salon où elle se trouvait était séparé des autres appartements par une longue galerie semblable à celle que M. de Hansfeld occupait à l'étage supérieur.

Des portières de velours remplaçaient les portes ; Paula entendit son mari demander au valet de chambre, qui se tenait à l'extrémité de cette galerie, si la princesse était chez elle.

— C'est le prince ! — s'écria Iris.

— Il va se rencontrer avec cette jeune femme... — dit Paula. — Tous deux ignorent que M. de Brévannes est instruit de leur amour, et que par un affreux calcul il doit feindre d'ignorer cet amour... Oh ! c'est horrible... les laisser dans cette funeste confiance...

Iris se hâta de lui dire :

— Vous voulez épargner ces malheureux et renoncer à M. de Morville ? soit ; tout à l'heure, au moment où M. de Brévannes sortira de l'hôtel, je trouverai moyen de lui parler, et en deux mots je lui apprends la fourberie du livre noir.

Paula fit un mouvement.

— N'est-ce pas là votre volonté, marraine ?

— Oui, oui.

— Pourtant, si par hasard cette volonté changeait, si vous vouliez profiter des événements que cette rencontre du prince et de Berthe chez vous va précipiter encore... à moins que vous ne vous y opposiez lorsque vous me verrez me lever pour aller attendre M. de Brévannes, donnez-moi cette épingle en me disant de la serrer... cela voudra dire que M. de Brévannes doit rester dans son erreur...

— Mais...

— Voici le prince... Tout à l'heure donnez-moi cette épingle... et dans huit jours vous êtes libre, sinon... renoncez à jamais à M. de Morville.

M. de Hansfeld entra chez sa femme.

Iris avait l'habitude de rester auprès de sa maîtresse, lors même que celle-ci recevait des visites. Sa présence à la scène suivante parut donc au prince fort naturelle.

CHAPITRE IV

LA CHASSE AU MARAIS

M. de Hansfeld était à la fois surpris, ému, troublé.

Il venait de voir Berthe descendre de voiture avec M. de Brévannes, Berthe à qui il avait cru dire à tout jamais adieu lors de sa dernière entrevue avec elle chez Pierre Raimond.

Ayant toujours ignoré que Paula connaissait M. de Brévannes, Arnold ne pouvait concevoir pourquoi celui-ci conduisait sa femme à l'hôtel Lambert, et comment madame de Hansfeld s'était liée avec Berthe, dont elle le savait épris. Paula, pour échapper au voyage d'Allemagne dont son mari la menaçait, ne l'avait-elle pas menacé à son tour de révéler les entrevues qu'il avait avec Berthe chez le graveur, de les révéler, disons-nous, à M. de Brévannes?

Quel était donc le but de Paula en recevant Berthe à l'hôtel Lambert? Était-ce affectation, indifférence?

Arnold se perdait en conjectures; en songeant qu'il allait revoir Berthe, l'étonnement, le bonheur, la crainte, l'agitaient malgré lui. Il dit à Paula, d'une voix légèrement émue :

— Il me semble que je viens de voir entrer une visite pour vous?

— Oui... — répondit madame de Hansfeld avec embarras. — Une femme de mes amies m'a présenté dans le monde madame de Brévannes, que l'on dit charmante et que vous trouvez telle... — ajouta-t-elle en riant d'un air forcé. — Madame de Brévannes m'a demandé quand je restais chez moi, je lui ai dit aujourd'hui, et je l'avais oublié... On l'a fait un moment attendre avec son mari... Ne vous ayant pas vu, il m'a été impossible de vous prévenir de cette visite... qui, je le crois, ne pouvait d'ailleurs vous être désagréable.

— Ma marraine me permettra-t-elle de lui faire observer que voilà déjà bien longtemps que les personnes attendent ? — dit Iris avec une sorte de familiarité respectueuse à laquelle on était habitué.

— Elle a raison, — dit M. de Hansfeld, imprudemment entraîné par le désir de revoir Berthe ; il sonna.

Un laquais parut.

— Faites entrer, — dit le prince.

Le laquais sortit.

Iris et Paula échangèrent un regard.

Pour l'intelligence de la scène suivante, nous dirons que quelques lignes du livre noir, toujours écrites au nom de Paula et communiquées le matin même par Iris à M. de Brévannes, apprenaient à celui-ci que l'objet de l'amour de Berthe était le prince de Hansfeld, et que très souvent elle avait eu des entrevues avec lui, sous un nom supposé, chez Pierre Raimond.

Quelques mots expressifs indiquaient le parti terrible que M. de Brévannes pouvait tirer de cet amour, dont la punition, s'il devenait coupable et flagrant, pouvait assurer la liberté de M. de Brévannes et de Paula.

Après cette découverte, M. de Brévannes redoubla d'hypocrisie afin d'augmenter encore la sécurité de sa femme, qu'il se promit néanmoins d'observer attentivement, quoiqu'il ne doutât pas qu'elle aimât le prince.

Le premier refus de Berthe de se rendre à l'hôtel Lambert, son émotion croissante en approchant des lieux où elle allait revoir Arnold, étaient des preuves convaincantes de cet amour. M. de Brévannes s'étant d'ailleurs informé auprès du portier de Pierre Raimond des visites que recevait le graveur, M. de Hansfeld lui avait été si exactement dépeint qu'il n'attendait que l'occasion de voir le prince pour s'assurer de son identité avec le visiteur assidu de Pierre Raimond.

Paula, assise auprès de la cheminée, avait à côté d'elle une petite table sur laquelle était placée la fatale épingle qui, remise à Iris, devait l'empêcher de dévoiler à M. de Brévannes la fourberie dont il était dupe, et le laisser dans la créance qu'en se débarrassant de sa femme et du prince il pourrait épouser Paula.

La bohémienne, occupée d'un travail de tapisserie, était demi-cachée par les rideaux de la fenêtre auprès de laquelle elle se tenait ; mais elle pouvait néanmoins ne pas quitter sa maîtresse du regard.

Et il faut le dire, ce regard semblait quelquefois exercer sur Paula une sorte de fascination.

Enfin M. de Hansfeld, debout devant la cheminée, dissimulait à peine son émotion.

La porte s'ouvre, un valet de chambre annonce :

— M. et madame de Brévannes.

Peut-être trouvera-t-on un contraste assez dramatique entre la conversation futile, oiseuse, désintéressée des quatre acteurs de cette scène, et les anxiétés, les passions diverses et profondes qui les agitaient.

Madame de Hansfeld se leva, fit quelques pas au-devant de Berthe, et lui dit avec grâce :

— Vous êtes, madame, mille fois aimable d'avoir bien voulu vous rappeler que je restais chez moi aujourd'hui.

— Madame... vous... êtes bien bonne, — balbutia Berthe, en baissant les yeux de peur de rencontrer ceux d'Arnold.

La malheureuse femme se sentait défaillir.

La princesse ajouta :

— Voulez-vous me permettre, madame, de vous présenter M. de Hansfeld, qui n'a pas eu, jusqu'à présent, l'honneur de vous rencontrer ?

Arnold s'avança, salua profondément et dit à Berthe :

— Je regrette toujours de ne pas accompagner madame de Hansfeld dans le monde aussi souvent que je le désirerais ; mais après la bonne fortune qu'elle vous a due, madame, je le regrette doublement ; pourtant je me console, puisque je suis assez heureux pour pouvoir vous présenter mes... hommages.

Voulant venir au secours de Berthe, qui de plus en plus troublée ne trouvait pas un mot à répondre à Arnold, madame de Hansfeld dit à celui-ci en lui présentant M. de Brévannes d'un geste :

— Monsieur de Brévannes...

Ce dernier salua.

Le prince lui rendit ce salut et lui dit avec affabilité :

— Je serai toujours enchanté, monsieur, de vous rencontrer chez madame de Hansfeld, et j'espère que j'aurai le plaisir de vous y voir souvent.

— Aussi souvent, monsieur, qu'il me sera possible de profiter d'une offre si aimable sans en abuser...

Après ces préliminaires indispensables, les quatre personnages s'assirent, Paula à sa place, à droite de la cheminée, Berthe à gauche, M. de Brévannes à côté de madame de Hansfeld, et Arnold auprès de la fille du graveur.

Le prince, sentant la nécessité de vaincre son émotion, faisait les honneurs de chez lui avec la plus parfaite dignité.

Berthe, de son côté, se rassurait peu à peu ; Paula tâchait de ne pas céder aux terribles préoccupations que devait lui causer son dernier entretien avec Iris.

M. de Brévannes, qui avait toujours entendu parler du prince de Hansfeld comme d'une sorte d'original, farouche, bizarre, à demi insensé, et qui s'était demandé comment sa femme avait pu s'éprendre d'un tel homme, M. de Brévannes resta stupéfait de la distinction et de la gracieuse urbanité du prince, dont la figure juvénile et douce était des plus charmantes.

Alors il comprit parfaitement l'amour de Berthe, et sa rage s'en augmenta contre elle et contre M. de Hansfeld. Aussi, jetait-il quelquefois sur celui-ci à la dérobée des regards de tigre ; puis il cherchait les yeux de Paula avec un air d'intelligence tour à tour sombre et passionné qui prouva à madame de Hansfeld qu'Iris ne l'avait pas trompée au sujet du livre noir.

Un silence assez embarrassant avait succédé aux premières banalités de la conversation.

Le prince le rompit en disant à Berthe :

— Vous avez dû, madame, avoir bien de la peine à trouver cette demeure isolée au milieu de ce quartier désert ?

— Non, monsieur, — répondit Berthe en rougissant jusqu'aux yeux ; — mon père... habite très près d'ici.

Cette réponse, que la jeune femme avait, pour ainsi dire, faite involontairement, redoubla sa confusion en lui rappelant les premiers temps de son amour pour Arnold. Celui-ci se hâta d'ajouter :

— C'est différent, madame; mais venir à l'île Saint-Louis, c'est toujours une espèce de voyage pour les véritables Parisiens.

— Du moins, — dit M. de Brévannes, — on est bien dédommagé de ce voyage... comme vous dites, monsieur, en pouvant admirer cet hôtel... un véritable palais !...

— En effet, — dit Paula pour prendre part à la conversation, — dans le faubourg Saint-Germain, ce quartier des beaux hôtels que nous avons habité pendant quelque temps, on ne trouve rien de comparable à cette demeure véritablement grandiose.

— On ne peut plus bâtir des palais maintenant, — dit M. de Brévannes, — les fortunes sont beaucoup trop divisées... Vous avez beaucoup plus de bon sens que nous, messieurs les étrangers ; en Angleterre, en Russie, en Allemagne aussi, je le suppose, le droit d'aînesse a sagement maintenu le principe de la grande propriété.

— Je suis sûr, monsieur, — dit en souriant M. de Hansfeld, — que vous n'avez jamais eu de frère ou de sœur?

— C'est vrai, monsieur ; mais qui vous donne cette certitude ?

— Votre admiration pour l'excellence du droit d'aînesse.

M. de Brévannes ne comprit pas ce qu'il y avait d'aimable dans les paroles du prince, et il répondit :

— Vous croyez, monsieur, que si je n'étais pas fils unique j'aurais eu d'autres manières de voir à ce sujet ?

— Je crois, monsieur, que votre manière d'aimer vos frères et vos sœurs aurait complétement changé votre manière de voir à ce sujet. Mais, pardonnez-nous, madame, — dit le prince en s'adressant à Berthe, — de parler pour ainsi dire politique ; ainsi, sans transition aucune, je vous demanderai ce que vous pensez de la nouvelle comédie... donnée au Théâtre-Français. Madame de Hansfeld et moi, nous avons eu le plaisir de vous y voir, je n'ose dire de vous y remarquer.

— Cela ne pouvait guère être autrement, — dit Berthe en reprenant un peu d'assurance, — j'étais à côté de madame Girard, qui avait une coiffure si singulière qu'elle attirait tous les regards.

— Je vous assure, madame, — reprit Paula, — qu'en jetant les yeux dans votre loge nous n'avons vu le singulier bonnet... le sobieska de madame Girard, que par hasard.

— Cette comédie m'a paru charmante et remplie d'intérêt, — dit Berthe, — et, sans connaître l'auteur, M. de Gercourt, j'ai été enchantée de son succès... il avait tant d'envieux !

— L'auteur, M. de Gercourt, est tout à fait un homme du monde ?... — demanda madame de Hansfeld.

— Oui, madame, — reprit M. de Brévannes, — il a été l'un des cinq ou six hommes des plus à la mode de Paris ; on le classait même immédiatement après le *beau* Morville, cet astre qui a longtemps brillé d'un éclat sans égal ; entre nous, je ne sais pas trop pourquoi ; c'était un engouement ridicule, rien de plus, car Gercourt et beaucoup d'autres ont mille fois plus d'agréments que ce prétentieux M. de Morville.

Paula tressaillit en entendant prononcer un nom si cher à son cœur.

Le regard de la princesse rencontra le regard d'Iris... ce regard lui pesa sur le cœur comme du plomb.

Ignorant complétement l'amour de Paula pour M. de Morville, et croyant d'un bon effet aux yeux de madame de Hansfeld, de faire montre de dédain à l'endroit d'un des hommes les plus recherchés de Paris ; cédant d'ailleurs à un sentiment d'envie et à une habitude de dénigrement qu'il avait depuis longtemps prise à l'égard de M. de Morville, qu'il détestait, sans autre motif qu'une basse jalousie, M. de Brévannes continua :

— Ce M. de Morville a une jolie figure, si l'on veut ; mais il a l'air si stupidement satisfait de lui-même, qu'il en fait mal au cœur. On parle de ses succès ; après tout, il n'a jamais réussi qu'auprès de ces femmes faciles auxquelles on peut prétendre, pourvu qu'on soit du monde dont elles sont... On a fait beaucoup de bruit de sa liaison avec cette Anglaise : il en était fort épris, soit ; mais elle se moquait de lui, comme fera toute femme de bon goût ; car ne trouvez-vous pas, madame, qu'on peut toujours à peu près juger de la valeur d'une femme par la valeur de l'homme qu'elle distingue ?

— C'est généralement vrai, monsieur, — dit Paula en se contenant.

— Eh bien ! madame, vous venez d'apprécier les sots et ridicules enthousiastes de ce sot et ridicule Morville.

Rien de plus vulgaire que ce dicton : Les petites causes produisent souvent de grands effets ; mais aussi rien de plus vrai que cette vulgarité.

En voici une nouvelle preuve :

M. de Hansfeld ne connaissait pas M. de Morville, il lui était donc indifférent d'en entendre parler en mal ou en bien ; mais cédant, malgré lui sans doute, à un vague désir de se mettre bien avec M. de Brévannes, il crut lui être agréable en partageant son avis au sujet de M. de Morville.

Enfin, la pauvre Berthe elle-même, autant par envie de

complaire à son mari que par suite de cette déférence, de cet acquiescement involontaire qu'une femme accorde toujours au jugement de celui qu'elle aime, la pauvre Berthe, disons-nous, fut, pour ainsi dire, le naïf et timide écho du prince dans la conversation suivante.

Cette conversation fut la *cause ;* nous dirons tout à l'heure l'*effet.*

M. de Hansfeld reprit donc :

— Je ne connais pas M. de Morville, je l'ai aperçu deux ou trois fois ; il m'a paru beau, mais d'une affectation presque ridicule, et j'ai entendu dire que l'on exagérait beaucoup son mérite...

— C'est aussi ce que j'ai entendu dire... — ajouta la malheureuse Berthe ; — il a, ce me semble, une figure très régulière... mais peut-être un peu insignifiante.

Paula ne dit pas un mot ; elle prit sur la petite table l'épingle fatale et se mit à jouer avec ce bijou.

Iris ne quittait pas sa maîtresse du regard.

Elle tressaillit d'une sombre joie au mouvement de sa maîtresse.

On le voit, la petite *cause* commençait à produire son *effet.*

— Je suis enchanté de voir une personne de goût comme vous, monsieur, — dit M. de Brévannes au prince, — rendre mon jugement décisif en l'approuvant.

Arnold, pour achever de se mettre tout à fait dans les bonnes grâces du mari de Berthe, hasarda un léger mensonge et reprit :

— Je me souviens même d'avoir un jour écouté sa conversation, et je l'ai trouvée au-dessous du médiocre...

— Il est vrai que M. de Morville ne passe pas, dit-on, pour avoir infiniment d'esprit... — ajouta le doux et tendre écho en baissant ses grands yeux bleus, et en rougissant à la fois et de mentir et de faire une sorte de *bassesse* pour être agréable à M. de Brévannes.

17.

La petite cause continuait de produire son effet.

Tenant dans sa main droite l'épingle constellée, madame de Hansfeld battait pour ainsi dire sur sa main gauche la mesure du crescendo de colère qui l'agitait, et qui enveloppait Berthe, M. de Brévannes et le prince.

Dans ce moment elle rencontra les yeux d'Iris, et, au lieu de détourner son regard de celui de la bohémienne, elle la regarda un moment d'un air tellement significatif, qu'Iris crut qu'elle allait lui donner l'épingle.

M. de Brévannes reprit, en s'adressant à madame de Hansfeld :

— Mais vous-même, madame, que pensez-vous de M. de Morville? N'avons-nous pas raison de nous révolter un peu contre l'admiration moutonnière qui fait une idole d'un homme nul?

— Certainement, monsieur, — dit Paula, — il est très bien de ne pas accepter des renommées par cela seulement qu'elles sont des renommées...

— C'est qu'aussi jamais renommée ne fut moins méritée; et je ne suis pas le seul, je vous le jure, qui proteste contre elle... Beaucoup de personnes pensent comme moi; et ce qui indispose contre ce M. de Morville, c'est qu'il prétend à tous les succès. A l'entendre, il monte à cheval mieux que personne, il fait des armes mieux que personne, il tire à la chasse mieux que personne...

— Est-ce que M. de Morville est grand chasseur? — dit Arnold.

— Il en a du moins la prétention, car il les a toutes; mais je suis sûr qu'il justifie aussi peu celle-là que les autres, et qu'il chasse par ton et non par plaisir.

— Il a tort, — dit Ardold, — car c'est un des plus vifs plaisirs que je connaisse...

— Vous êtes chasseur, monsieur? — dit M. de Brévannes.

— Nous avons de si belles chasses en Allemagne, qu'il est impossible de ne pas avoir ce goût. Il est surtout une chasse que j'aimais beaucoup, et qui n'est peut-être pas très connue en France...

— Quelle chasse, monsieur?... Je puis vous renseigner, car j'ai aimé, j'aime encore passionnément la chasse...

— La chasse au marais. Nous avons en Allemagne d'admirables passages d'oiseaux aquatiques.

— Vous aimez la chasse au marais!... — s'écria M. de Brévannes après un moment de réflexion, et comme éclairé par une idée subite.

— A la folie, monsieur... Mais avez-vous en France beaucoup de ces chasses?

— Nous en avons, et je puis même dire que j'en ai une chez moi, en Lorraine, des plus belles de la province...

— Certainement, — dit naïvement Berthe, — ce matin même encore le régisseur de M. de Brévannes lui a annoncé qu'il y avait en ce moment un passage extraordinaire de... je ne me rappelle pas le nom de ces oiseaux, — dit Berthe en souriant.

— Un passage de halbrans; ils sont venus s'abattre sur nos étangs par nuées... et, tenez, monsieur, — dit M. de Brévannes avec une expression de franche cordialité, — si je ne craignais pas de passer pour un vrai paysan du Danube... pour un homme par trop sans façon...

Le prince regardait M. de Brévannes avec surprise.

— En vérité, monsieur, — lui dit-il, — je ne comprends pas...

— Eh bien, ma foi, arrière la honte! entre chasseurs, la franchise avant tout. Le passage des halbrans est magnifique cette année, il dure toujours au moins une huitaine. J'ai quatre cents arpents d'étangs; ma maison est confortablement arrangée pour l'hiver... Permettez-moi de vous offrir d'y venir tirer quelques coups de fusil; en trente-six heures nous serons chez moi... Et si, par un hasard inespéré, madame de Hansfeld n'avait pas trop d'aversion pour la campagne pendant quelques jours d'hiver, madame de Brévannes tâcherait de lui en rendre le séjour le moins désagréable possible. Vous le voyez, monsieur, lorsque je me mets à être indiscret, je ne le suis pas à demi...

A cette proposition si brusque, si inattendue, si en dehors des habitudes et des usages reçus, et qui, acceptée par M. de Hansfeld, pouvait avoir de si terribles résultats, la princesse tressaillit.

Berthe rougit et frissonna.

Iris bondit sur sa chaise. M. de Hansfeld put à peine dissimuler sa joie; pourtant, avant d'accepter, il tâcha, mais en vain, de rencontrer le regard de Berthe. La jeune femme n'osait lever les yeux.

Arnold interpréta cette expression négative en sa faveur, et répondit :

— En vérité, monsieur, cette offre est si aimable et faite avec tant de bonne grâce... que je craindrais de vous laisser voir tout le plaisir qu'elle me fait, si, comme vous le dites, entre chasseurs on ne devait pas avant tout accepter franchement ce qu'on vous offre franchement.

— Vous acceptez donc, monsieur ! — s'écria M. de Brévannes. Puis, s'adressant à Paula : — Puis-je espérer, madame, que l'exemple de M. de Hansfeld vous encouragera, si sauvage que soit mon invitation, si insolite que soit en plein hiver, je n'ose dire... une telle partie de plaisir? Je suis sûr que madame de Brévannes ferait de son mieux pour vous faire trouver moins longs ces quelques jours de solitude au milieu de nos bois.

— Croyez, madame, — dit Berthe d'une voix altérée, — que je serais bien heureuse si vous daigniez nous accorder cette faveur.

— Vous êtes mille fois aimable, madame; mais je crains de vous causer un tel dérangement... — dit Paula dans une inexprimable angoisse. Elle sentait que de son consentement allait dépendre son avenir, celui de M. de Morville, celui de Berthe et d'Arnold; car, ainsi que l'avait prévu Iris, sans s'attendre pourtant à cet incident si peu prévu, elle sentait que les événements allaient se précipiter d'une manière effrayante.

— Soyez généreuse, madame, — dit M. de Brévannes ; — nous tâcherons de vous distraire... nous organiserons pour vous de véritables chasses de demoiselles ; j'ai des furets excellents... Si vous ne connaissez pas le divertissement du furetage, cela vous amusera, je le crois... Le temps est assez doux cet hiver... je puis vous promettre une pêche aux flambeaux... Enfin, j'ai une réserve bien peuplée de daims et de chevreuils ; vous en verrez prendre quelques-uns dans les toiles. Je me hâte de vous dire que cette chasse n'a rien de barbare, car les victimes restent vivantes. Je sais, madame, que ce sont là de rustiques et simples amusements ; mais le contraste même qu'ils offrent avec la ville de Paris pendant l'hiver peut leur donner quelque piquant... de même qu'après les avoir goûtés vous trouverez peut-être plus de saveur aux brillants plaisirs du monde.

— Croyez, monsieur, — répondit Paula, dans une anxiété de plus en plus profonde, — que cette partie de plaisir improvisée me serait extrêmement agréable par la seule présence de madame de Brévannes ; mais je crains vraiment qu'elle ne consente à ce voyage impromptu que par considération pour moi.

— Oh ! non, madame, j'y trouverai, je vous assure, le plus grand charme... le plus grand plaisir...

Encore un effet important causé par une petite cause.

Ces paroles furent prononcées par Berthe avec une si naïve expression de bonheur et de joie... le regard qu'elle échangea en ce moment avec Arnold (regard rapidement intercepté par Paula) trahissait une passion si profonde, si ineffable, si radieuse, que tous les serpents de l'envie et de la rage mordirent madame de Hansfeld au cœur.

Paula aussi aimait avec passion, avec enivrement... et cet amour ne devait jamais être heureux. La vue d'un bonheur qui lui était interdit redoubla sa colère ; elle se souvint de la malveillance presque méprisante avec laquelle M. de Brévannes, M. de Hansfeld et Berthe avaient parlé de M. de Morville; elle les enveloppa tous trois dans le même sentiment de haine; dans ce moment d'exaspération, d'autant plus violente qu'elle était plus contrainte, elle accepta l'offre de M. de Brévannes, et dit à Berthe d'une voix dont elle sut parfaitement dissimuler l'émotion :

— Eh bien, madame, au risque d'être véritablement fâcheuse en me rendant à votre aimable insistance... j'accepte.

— Oh! que vous êtes bonne, madame! — s'écria Berthe.

— Et quand partons-nous, monsieur de Brévannes? — dit le prince sans pouvoir dissimuler sa joie; — je me fais une fête de cette chasse.

— Je serai aux ordres de madame de Hansfeld, — dit M. de Brévannes; — seulement je lui ferai observer que le séjour des oiseaux de passage est ordinairement assez court, et que nous devrions nous rendre chez moi le plus tôt possible.

— Qu'en pensez-vous, madame? — dit M. de Hansfeld à sa femme.

— Mais si demain... convient à madame de Brévannes...

— A merveille, — dit M. de Brévannes. — Moi et ma femme, nous partirons ce soir pour vous précéder de quelques heures, et avoir au moins le plaisir de vous attendre.

A ce moment, Iris se leva.

Ce mouvement rappela à madame de Hansfeld toute la terrible réalité de sa position.

Un nuage lui passa devant les yeux, sa respiration se suspendit un moment sous la violence des battements de son cœur; elle frissonna comme si une main de glace eût passé dans ses cheveux.

Le moment fatal était arrivé.

Il s'agissait pour elle de faire le premier pas dans la voie du crime.

Si elle laissait sortir Iris sans lui donner l'épingle, Iris allait tout révéler à M. de Brévannes, et Paula renonçait à l'espoir alors si prochain, si probable, d'épouser M. de Morville, en profitant d'un double meurtre dont elle serait toujours complétement innocente aux yeux du monde.

Iris rangea assez bruyamment quelques objets sur sa table, pour donner un avertissement à sa maîtresse.

Paula hésitait encore...

Iris fit un pas vers la porte...

Une lutte terrible s'engagea dans l'âme de madame de Hansfeld entre son bon et son mauvais ange.

Iris fit encore un pas, atteignit la porte, leva lentement la main pour la poser sur le bouton de la serrure.

Le pêne cria...

Le mauvais ange de Paula eut le dessus dans la lutte; madame de Hansfeld dit d'une voix si basse, si basse : — Iris!... — qu'il fallut toute l'attention que prêtait la bohémienne à cette scène pour que ce mot parvînt jusqu'à elle.

Iris fut en deux pas auprès de sa maîtresse.

— Tenez... allez, je vous en prie, serrer cette épingle... — dit Paula d'une voix défaillante...

Et elle remit l'épingle à la bohémienne.

Iris, en touchant la main de sa maîtresse pour prendre ce bijou, la sentit humide et glacée.

CHAPITRE V

LE CHATEAU DE BRÉVANNES

La terre de M. de Brévannes, située en Lorraine, près de Longueville, à quelques lieues de Bar-le-Duc, était une confortable résidence. Beau parc, belles réserves de bois, magnifiques étangs alimentés par quelques effluvions de l'Ornain, maison d'habitation vaste et commode, tout, dans cette propriété, répondait au tableau que M. de Brévannes en avait tracé à M. de Hansfeld.

Depuis trois jours, Berthe, son mari, le prince et Paula sont arrivés au château; Iris a été nécessairement comprise dans l'invitation de M. de Brévannes, invitation que chacun de nos personnages avait de trop puissantes raisons d'accepter pour s'arrêter à la singularité d'un tel voyage dans cette saison.

Paula avait continuellement évité toute occasion de se rencontrer seule avec M. de Brévannes. Ce dernier, selon les prévisions d'Iris, avait imité madame de Hansfeld, afin de ne pas donner une apparence de préméditation à la vengeance qu'il calculait avec un atroce sang-froid.

Berthe était pourtant agitée de sinistres pressentiments. Pendant toute la route de Paris à Brévannes, son mari avait été tour à tour d'une gaieté forcée et d'une si obséquieuse prévenance, que la défiance de Berthe s'était vaguement éveillée.

Un moment elle avait songé à prier son mari de la laisser à Paris; mais après l'engagement formel pris avec le prince et la princesse de Hansfeld, elle abandonna cette idée.

En arrivant à Brévannes, elle s'occupa des soins de la réception de ses hôtes. Chose étrange! il ne lui vint pas un moment à la pensée que son mari pût être épris de madame de Hansfeld; cette conviction l'eût peut-être rassurée. Quoique la manière dont cette partie de campagne s'était engagée eût été assez naturelle, un secret instinct disait à Berthe que ce voyage avait un autre but que la chasse au marais.

La seule personne complétement heureuse, et heureuse sans crainte et sans arrière-pensée, était Arnold. Un hasard inattendu servait si bien son amour naguère inespéré, qu'il se laissait aller au bonheur de passer quelques jours avec Berthe dans une intimité de chaque instant.

Iris observait tout et épiait surtout les moindres démarches d'Arnold et de madame de Brévannes. Malheureusement pour la bohémienne, ces derniers, malgré les soins incessants que

M. de Brévannes avait mis à leur ménager des occasions de tête-à-tête, les avaient constamment évitées.

Il restait à Iris un dernier et immanquable moyen de forcer Berthe et M. de Hansfeld à une entrevue secrète et d'une apparence compromettante : dès que la nuit approcherait, elle irait dire à Berthe que son père, horriblement inquiet de son départ précipité, s'était mis en route, et que, pour ne pas rencontrer M. de Brévannes, il priait Berthe d'aller l'attendre dans le chalet où, l'été, celle-ci passait ordinairement ses journées. Cette maisonnette, située au milieu d'un massif de bois, était proche de la grille du parc; rien de plus vraisemblable que l'arrivée de Pierre Raimond; Berthe irait l'attendre au pavillon : au lieu du vieux graveur, elle verrait arriver Arnold; puis... prévenu par Iris, M. de Brévannes surviendrait... Le reste se devine.

Le troisième jour de son arrivée à Brévannes, la bohémienne, lassée d'épier en vain, cherchait Berthe pour la rendre victime de la machination qu'elle avait méditée, lorsqu'elle aperçut celle-ci venant du côté du pavillon dont il est question, et un peu plus loin, derrière elle, M. de Hansfeld.

Iris se glissa dans un fourré de houx et de buis énormes qui ombrageaient le parc en cet endroit et formaient une allée sinueuse qui, longeant les murs, allait de la grille au chalet.

Il est bon de dire que cette fabrique, située à l'angle des murs du parc, se composait de deux pièces de rez-de-chaussée.

Il était quatre heures environ, le jour très bas, le ciel pluvieux et menaçant. Au moment où Iris se cacha dans les buis, Arnold rejoignait Berthe.

Celle-ci tressaillit à la vue du prince et fit quelques pas pour retourner au château; mais Arnold, la prenant par la main d'un air suppliant, lui dit :

— Enfin... je puis avoir un moment d'entretien avec vous... depuis deux jours! On dirait, en vérité, que vous me fuyez...

moi, si heureux de ce voyage improvisé... Tenez, Berthe, j'ai peine à croire à mon bonheur...

— Je vous en supplie... laissez-moi... Je vous évite parce que j'ai peur...

— Peur... et de quoi, mon Dieu?...

— Tenez, monsieur de Hansfeld... vous m'aimez, n'est-ce pas? — s'écria tout à coup Berthe.

— Si je vous aime!...

— Eh bien!... ne me refusez pas la seule grâce que je vous aie demandée...

— Que voulez-vous dire?...

— Partez...

— Partir... à peine arrivé... lorsque...

— Je vous dis que si vous m'aimez vous prendrez, bon ou mauvais, le premier prétexte venu.... et vous quitterez cette maison.

— Mais je ne vous comprends pas... Pourquoi... lorsque votre mari...

— Ah! ici... ne prononcez pas son nom...

— Rassurez-vous... Je partage vos scrupules... Je suis ici chez lui... Je ne vous parlerai pas d'amour; je ne vous dirai rien que votre père ne pût entendre s'il était là. Ce que je vous demande, Berthe, ce sont quelques-unes de ces bonnes et tendres paroles que vous adressiez à votre frère Arnold dans ces longues causeries que nous faisions en tiers avec votre père.

— Silence... quelqu'un a marché dans le taillis... — dit Berthe avec inquiétude.

— Que vous êtes enfant... C'est le vent qui agite les arbres. Tenez! voilà le givre et la pluie qui tombent... et vous sortez sans votre manteau africain; c'est un double tort; ce burnous à capuchon vous rend si jolie...

— Je l'ai laissé dans le vestibule... Mais je vous en prie, rentrons au château...

— Il est trop loin, la pluie tombe... pourquoi ne pas aller

dans le chalet, là-bas, attendre que cette averse soit passée?

— Non, non...

— Oubliez-vous votre promesse de me faire visiter ce pavillon, votre retraite chérie? Oh! je n'abandonne pas cette bonne occasion de vous forcer à remplir votre promesse... Tenez, la pluie augmente; venez... de grâce! Mais qu'avez-vous donc? vous me répondez à peine... Vous tremblez, c'est de froid, sans doute... imprudente!...

— Je ne puis vous dire ce que j'éprouve, mais je ressens une terreur vague, involontaire... Je vous en supplie, malgré la pluie, retournons au château.

— Mais c'est un enfantillage auquel je ne consentirai pas. Vous vous trouvez un peu souffrante, il ne faut donc pas vous exposer davantage... Cette pluie est glacée, le chalet est à vingt pas.

— Eh bien, promettez-moi de partir demain.

— Encore?

— Oui... Ne me demandez pas pourquoi; j'ai peur pour vous, pour moi; je ne serai tranquille que lorsque vous serez éloigné d'ici. Je ne m'explique pas ces craintes... mais je les éprouve cruellement.

— Mais enfin... admettez que votre mari soit jaloux... qu'avez-vous à redouter? quel mal faisons-nous? Il est d'ailleurs plein d'attentions pour vous, il ne soupçonne rien.

— Ce sont justement ses bontés... si nouvelles pour moi... et sa douceur hypocrite qui m'épouvantent... Lui, autrefois si brusque... Et un jour... — Berthe tressaillit et s'écria en s'interrompant et en mettant une main tremblante sur le bras d'Arnold : — Encore!!! je vous assure qu'on marche dans ce taillis... On nous suit.

Arnold prêta l'oreille, entendit en effet quelques branches crier dans l'épais fourré de buis et de houx; malgré la difficulté de pénétrer dans ce massif inextricable, Arnold allait s'y enfoncer, lorsque le bruit augmenta, le feuillage frémit, et à quelques pas un chevreuil bondit et sauta sur la route.

Arnold ne put retenir un éclat de rire, et dit à Berthe.

— Voyez-vous votre espion ?

La jeune femme, un peu rassurée, reprit le bras d'Arnold, ils n'étaient plus qu'à quelques pas du chalet.

— Eh bien, pauvre peureuse, — dit Arnold.

— Je vous en supplie, ne plaisantez pas, je crois aux pressentiments, Dieu nous les envoie.

— Mais comment, parce que votre mari semble revenir envers vous à de meilleurs sentiments, vous vous effrayez ? Admettez même qu'il feigne cette bienveillance hypocrite pour vous tendre un piége, qu'avez-vous à redouter ? que peut-il surprendre ? Après tout, que demandé-je, sinon de jouir loyalement de ce qu'il m'a offert loyalement, de passer quelques jours auprès de vous ? Je vous le jure, je ne sais pas quels seront mes vœux dans l'avenir... mais je me trouve à cette heure le plus heureux des hommes, je ne veux rien de plus ; le présent est si beau, si doux, que ce serait le profaner que de songer à autre chose...

La pluie redoublait de violence.

Le jour, très sombre, commençait à baisser.

Berthe et le prince entrèrent dans le chalet.

CHAPITRE VI

LE CHALET

Berthe, pour faire honneur à ses hôtes, avait fait disposer ce petit pavillon de la même manière que lorsqu'elle l'habitait.

Sur les murs on voyait quelques gravures dues au burin de son père, des aquarelles peintes par Berthe, ses livres, son piano. Un bon feu flamboyait dans la cheminée, ses vives lueurs luttaient contre l'obscurité croissante... Une fenêtre carrée, semblable à celle des chaumières suisses, garnie de plomb et composée de petits carreaux verdâtres, grands comme la paume de la main, laissait voir l'allée du bois qui conduisait de la grille au chalet ; la porte était restée entr'ouverte ; Berthe, debout près de la cheminée, appuyait son front sur sa main, ne pouvant vaincre l'émotion qui l'accablait. Arnold, plein d'une joie d'enfant, ou plutôt d'amant, examinait avec une sorte de tendre curiosité tous les objets dont Berthe s'entourait habituellement.

— Quel bonheur pour moi, — lui dit-il, — de pouvoir emporter ce souvenir des lieux que vous habitez ! et ce tableau sera toujours vivant dans ma pensée... Voilà votre piano, cet ami des longues heures de rêverie et de tristesse... ces belles gravures, œuvres de votre père, où vous avez dû souvent attacher vos yeux attendris, en vous reportant par la pensée auprès de lui, dans sa modeste retraite...

— Oui, sans doute, — dit Berthe avec distraction. — Mais, mon Dieu ! qu'ai-je donc ? je ne sais pourquoi mes idées roulent dans un cercle sinistre. Savez-vous à quoi je pense à toute heure ? aux tentatives de meurtre auxquelles vous avez si miraculeusement échappé... Ne savez-vous donc rien de nouveau ? avez-vous pu découvrir l'auteur de ces criminelles tentatives ?

M. de Hansfeld tenait à ce moment un volume des *Ballades* de Victor Hugo et ouvrait curieusement le livre à une page marquée par Berthe.

Il retourna à demi la tête, sans fermer le livre, et dit à la jeune femme avec un sourire d'une étrange sérénité :

— Je crois connaître ce... meurtrier... — Et il ajouta : — Quel plaisir de lire les lignes où vos yeux se sont arrêtés... ma sœur !

— Vous le connaissez ?... — s'écria Berthe.

— Je le crois... Vous avez passé la journée d'hier et celle d'aujourd'hui avec cette homicide personne. — Puis s'interrompant encore : — Que je suis aise que vous partagiez mon admiration pour cette ravissante ballade la *Grand'mère*... une des plus touchantes inspirations de l'illustre poëte... Vous avez, entre autres, souligné ces vers, d'une naïveté enchanteresse, que j'aime autant que vous les aimez...

Berthe croyait rêver en voyant le sang-froid du prince. — Que dites-vous ? — reprit-elle, — j'ai passé la journée d'hier et d'aujourd'hui avec...

— Avec une meurtrière... oui... Mais écoutez, que ces vers sont adorables... Pauvres petits enfants !

> Tu nous trouveras morts près de la lampe éteinte ;
> Alors que diras-tu ? Quand tu t'éveilleras,
> Tes enfants à leur tour seront sourds à ta plainte.
> Pour nous rendre la vie...

— Grand Dieu ! — s'écria Berthe, en interrompant Arnold; mais c'est donc votre femme qui est coupable de ces tentatives de meurtre ? Pourtant vous nous aviez dit...

— Ce n'est pas ma femme, — reprit le prince en replaçant le livre sur la tablette ; mais c'est, si je ne me trompe... son âme damnée... cette jeune fille au teint cuivré...

— Iris !...

— Iris... j'en suis même à peu près sûr.

— Et votre femme ?

— Ignorait tout... j'aime à le croire.

— Et vous gardez ce monstre auprès de vous, dans votre maison ? Mais si elle renouvelait ses tentatives ?

— Eh bien ! — dit Arnold avec un sourire à la fois si mélancolique, si calme et si doux, que les yeux de Berthe se mouillèrent de larmes.

— Comment, eh bien ! — s'écria-t-elle ; — et si... mais cette idée est horrible...

— Si elle recommençait ses expériences, ma chère sœur... et qu'elle réussit, je lui en saurais gré.

— Que dites-vous ?

— Franchement, quelle est ma vie désormais? Pendant ces quelques jours passés près de vous, l'ivresse du présent m'empêchera de songer à l'avenir; mais après? De deux choses l'une... ou nous serons heureux... et, malgré votre indifférence pour votre mari, mon bonheur vous coûtera tant de larmes... tant de remords... noble et loyale comme vous l'êtes, que mon amour vous causera autant de chagrins que les cruautés de votre mari... Si, au contraire, les circonstances nous forcent de nous séparer, que restera-t-il? l'oubli!!! Malgré les serments de se souvenir toujours, hélas! il y a quelque chose de plus horrible que la mort de ceux que nous aimons... c'est l'oubli de cette mort! Vous le voyez... quel avenir! Avec vous, il n'y en aurait eu qu'un de possible pour votre bonheur et pour le mien... c'était de vous épouser... Mais c'est un rêve! eh bien, ne vaut-il pas mieux que cette bonne et prévoyante bohémienne soit là comme une providence mortuaire, et qu'elle fasse de moi ce que, je l'avoue, je n'aurais peut-être pas le courage de faire moi-même... quelque chose qui a vécu!...

— Oh! ce que vous dites est affreux; mais dans quel but, mon Dieu, commettrait-elle ce crime?

— Que sais-je? je ne lui ai jamais fait de mal... je l'ai toujours comblée... Mais les bohémiens sont si bizarres!... Une superstition... un rien... que sais-je! La pauvre enfant se donne bien du mal peut-être pour machiner son coup, tandis qu'après ces huit jours, bien entendu, je serais très disposé à faire la moitié du chemin.

A ce moment, la porte se ferma brusquement.

Berthe poussa un cri de frayeur.

— Cette porte... qui la ferme?

— Le vent... — dit Arnold.

La clef tourna deux fois dans la serrure.

— On nous enferme, — s'écria Berthe.

Arnold courut à la porte, l'ébranla; ce fut en vain.

— Mon Dieu! je suis perdue... La nuit est presque venue... et enfermée avec vous au bout de ce parc...

— Mais la fenêtre... — s'écria Arnold.

Il y courut.

Il regarda. Il ne vit personne.

Il voulut la briser... Impossible. Le treillis de plomb était si serré qu'il courbait, mais qu'il ne cassait pas; et puis cette fenêtre était à châssis fixe et immobile. Celle qui éclairait la porte du fond avait le même inconvénient.

— Mon Dieu! ayez pitié de moi! — dit Berthe en tombant agenouillée.

CHAPITRE VII

LE DOUBLE MEURTRE

Iris, cachée dans le taillis, avait suivi Berthe et Arnold depuis le commencement de leur entretien jusqu'à leur entrée dans le chalet.

De grands massifs de buis et de houx dérobaient la bohémienne aux regards de ceux qu'elle épiait. C'était elle qui avait mis sur pied et fait bondir le chevreuil qui avait franchi l'allée devant Berthe. Après s'être approchée peu à peu du pavillon, Iris ferma la porte à double tour, et triomphante alla retrouver M. de Brévannes, qui l'attendait à une assez grande distance.

Si le hasard n'eût pas servi le détestable dessein d'Iris en réunissant Berthe et Arnold, elle se servait de la ruse qu'elle avait projetée en attirant la jeune femme dans le pavillon sous le prétexte de lui faire rencontrer Pierre Raimond.

M. de Brévannes était armé d'un fusil à deux coups et vêtu d'un costume de chasse; le choix de son arme éloignait toute idée de préméditation, rien de plus naturel que sa conduite. En rentrant de la chasse, il surprenait *chez lui* sa femme et

M. de Hansfeld, renfermés dans un pavillon écarté à la nuit tombante. Il les tuait.

Qui pourrait dire qu'il n'y avait rien de coupable dans leur entretien?

Personne...

Qui pourrait dire que la porte était fermée en dehors?

Personne...

Malgré sa résolution, M. de Brévannes frémit à la vue d'Iris.

Le moment décisif était venu.

La bohémienne dissimula sa joie féroce, et lui dit avec un accent de douleur profonde :

— Je les ai suivis à leur insu, ainsi que je faisais d'après vos ordres depuis leur arrivée ici. Ils se parlaient bas; leurs lèvres se touchaient presque... *Lui* avait un bras passé autour de la taille de votre femme. Tout à l'heure ils sont entrés ainsi dans le chalet; alors j'ai fermé la porte... et je suis venue...

M. de Brévannes ne répondit rien.

On entendit seulement le bruit sec des deux batteries de son fusil qu'il arma, et ses pas précipités qui bruirent sur les feuilles sèches dont l'allée était jonchée.

La nuit était sombre.

Il lui fallait environ un quart d'heure pour arriver au pavillon.

Nous devons dire qu'à ce moment cet homme était autant poussé au meurtre par les fureurs de la jalousie que par le calcul atroce et insensé de tuer M. de Hansfeld afin d'épouser ensuite sa veuve... Il croyait Berthe et le prince coupables.

En ce moment M. de Brévannes était ivre de rage; le sang lui battait aux tempes.

Après une assez longue marche, il aperçut au bout de l'allée les faibles lueurs que jetait le feu allumé dans la cheminée du chalet à travers la fenêtre treillagée de plomb.

Il hâta le pas.

La pluie et le givre tombaient à torrents.

A mesure qu'il approchait du pavillon, il se sentait tour à

tour baigné d'une sueur froide ou brûlant de tous les feux de la fièvre.

Enfin... il arriva, marchant légèrement et avec précaution : il approcha l'œil des carreaux verdâtres.

A la lueur expirante du foyer, il reconnut l'espèce de manteau blanc à capuchon que Berthe portait ordinairement.

Assise sur un divan, la jeune femme lui tournait le dos, elle appuyait ses lèvres sur le front d'un homme agenouillé à ses pieds qui l'entourait de ses deux bras.

Par un mouvement plus rapide que la pensée, M. de Brévannes ouvrit la porte, entra, appuya le canon de son fusil entre les deux épaules de sa victime et tira.

Elle tomba sans pousser un cri sur l'épaule de celui qui la tenait embrassée.

— Maintenant à vous, beau prince, coup double!... — s'écria M. de Brévannes en dirigeant le canon de son fusil sur le crâne de l'homme qui tâchait de se relever.

Au moment où il allait tirer, la porte de la seconde chambre du chalet s'ouvrit violemment derrière lui.

Quelqu'un qu'il ne voyait pas lui saisit le bras, détourna le fusil et l'empêcha de commettre un second crime. M. de Brévannes se retourna et vit... M. de Hansfeld !

A ce moment, l'homme agenouillé devant la femme se releva, se précipita sur M. de Brévannes en criant :

— Assassin !

— Monsieur de Morville ! — s'écria M. de Brévannes, en reconnaissant ce dernier à la lueur d'un jet de flammes.

— Tu as tué madame de Hansfeld, assassin ! — répéta M. de Morville.

M. de Brévannes recula d'un pas, tenant toujours son fusil à la main : ses cheveux se dressaient de terreur. Il se précipita vers la femme dont le corps avait glissé à terre, mais dont la tête reposait sur le sofa...

Il reconnut Paula.

En s'apercevant de cette sanglante méprise, qui le rendait coupable d'un assassinat que rien ne pouvait excuser, en trouvant M. de Morville auprès de la femme dont il se croyait passionnément aimé, un vertige furieux saisit M. de Brévannes; il poussa un éclat de rire féroce et disparut.

Le prince, M. de Morville, bouleversés par cette scène horrible, ne s'opposèrent pas à son départ.

Quelques secondes après, on entendit une détonation.

M. de Brévannes venait de se tuer.

CHAPITRE VIII

EXPLICATION

Il nous reste à expliquer l'arrivée de M. de Morville au château de Brévannes, et sa présence ainsi que celle de Paula dans le chalet, où se trouvaient Berthe et Arnold un quart d'heure auparavant.

M. de Morville avait appris par madame de Lormoy, sa tante, que Paula était subitement partie avec son mari pour la Lorraine, au milieu de l'hiver, pour aller passer quelque temps chez M. de Brévannes.

M. de Morville ignorait complétement que Paula connût M. de Brévannes; ce départ si subit, si extraordinaire en cette saison, annonçait une intimité bien grande. De plus, il se souvenait de quelques mots, de quelques réticences de Paula, lors de sa dernière entrevue avec elle au bal masqué. Il se crut sacrifié, trahi, ou plutôt il ne put trouver une raison plausible au départ de Paula; sa raison se perdit. Au risque de compromettre Paula par l'invraisemblance du prétexte de son voyage, il partit pour la Lorraine, décidé à parler à tout prix à madame de Hansfeld et à éclaircir ce mystère.

Il arriva en effet sur les quatre heures du soir, fit arrêter sa voiture à la grille du parc qui avoisinait le chalet, ainsi que nous l'avons dit, et envoya son domestique à madame de Hansfeld avec ces mots :

« Madame,

» Par suite d'un pari avec ma tante, madame de Lormoy, qui, surprise de votre brusque départ et assez inquiète sur votre santé, désirait vivement savoir de vos nouvelles, j'ai gagé que je viendrais m'en informer auprès de vous, et que je retournerais à l'instant à Paris rassurer madame de Lormoy. Si vous êtes assez bonne pour vous intéresser à mon pari, veuillez me le faire savoir. N'ayant pas l'honneur de connaître M. de Brévannes, et ayant promis de ne pas même descendre de voiture, j'attends votre réponse à la grille du parc. »

Paula reçut ce billet au moment où elle rentrait de la promenade. Il pleuvait. Prendre à l'instant le premier manteau venu (ce fut celui de Berthe, il se trouvait dans un vestibule), courir auprès de M. de Morville, tel fut le premier mouvement de Paula.

Au milieu de ses terribles angoisses, elle voulait à tout prix éloigner M. de Morville d'un lieu où pourrait se passer un événement si tragique.

M. de Morville descendit de voiture à la vue de Paula, entra dans le parc, prit son bras et lui fit de tendres reproches sur son départ si brusque, la suppliant de lui expliquer cette détermination si bizarre.

Craignant d'être rencontrés dans le parc, quoique la nuit commençât à venir, Paula conduisit, tout en marchant, M. de Morville vers le pavillon où se trouvaient enfermés Berthe et M. de Hansfeld.

En entendant ouvrir la porte, Berthe, par un mouvement de frayeur involontaire, se réfugia dans la seconde pièce du pavillon; Arnold la suivit et put, en entendant le rapide entretien de M. de Morville et de Paula, s'assurer que du moins Paula n'avait jamais oublié ses devoirs.

M. de Morville, rassuré par les plus tendres protestations de Paula qui le pressait de partir, venait de lui demander un seul baiser sur le front... lorsque M. de Brévannes la tua, trompé par l'obscurité, par le manteau de Berthe, et surtout par la conviction qu'il avait de la présence de celle-ci dans le pavillon.

On retrouva, le lendemain, le châle d'Iris flottant sur un des étangs.

On se souvient que M. de Morville avait dit à Paula qu'un serment sacré le forçait de fuir toutes les occasions de la voir.

C'était encore une machination d'Iris.

Jalouse de ce nouvel attachement de sa maîtresse, elle était allée trouver madame de Morville, lui avait fait un effrayant tableau de la jalousie cruelle et soupçonneuse du prince de Hansfeld, capable, dit-elle, de faire tomber M. de Morville dans un sanglant guet-apens s'il s'occupait plus longtemps de la princesse.

Madame de Morville, épouvantée des dangers que courait son fils, lui fit jurer, sans lui découvrir la cause de son effroi, de ne plus songer à madame de Hansfeld à moins que celle-ci ne devînt veuve. M. de Morville, quoique ce serment lui coûtât beaucoup, vit sa mère qu'il adorait, si émue, si suppliante, elle était d'une santé si chancelante, qu'il sentit que la refuser serait lui porter un coup terrible, peut-être mortel. Il céda... il promit.

. . . .

Dix-huit mois après ces événements, Berthe Raimond, princesse de Hansfeld, partit avec Arnold et le vieux graveur pour habiter l'Allemagne, où ils se fixèrent tous trois.

FIN DE PAULA MONTI

TABLE DES CHAPITRES

PREMIÈRE PARTIE.

Pag

- Chapitre Ier. Le bal de l'Opéra.
- — II. Une intrigue.
- — III. Le domino.
- — IV. Paula Monti.
- — V. L'aveu.
- — VI. M. de Brévannes.
- — VII. Madame de Brévannes.
- — VIII. Le retour.
- — IX. Le récit.
- — X. Le prince de Hansfeld.
- — XI. Le père et la fille.
- — XII. Le beau-père et le gendre.
- — XIII. Une première représentation.
- — XIV. Premières loges, n° 7.
- — XV. Loge de première, n° 29.
- — XVI Les stalles d'amis.
- — XVII. Entr'actes. Loge n° 7.
- — XVIII. La sortie.
- — XIX. La poste restante.
- — XX. L'émissaire.
- — XXI. L'entretien.
- — XXII. Rencontre.
- — XXIII. Chagrins.
- — XXIV. Découverte.
- — XXV. Douleur.

TABLE DES CHAPITRES

DEUXIÈME PARTIE.

			Pages
Chapitre	Ier	Le livre noir.	165
—	II.	Pensées détachées.	171
—	III.	Arnold et Berthe.	178
—	IV.	Intimité.	182
—	V.	Récit.	189
—	VI.	Menaces.	202
—	VII.	Réflexions.	212
—	VIII.	Interrogatoire.	215
—	IX.	Révélations.	221
—	X.	Aveux.	226
—	XI.	Le rendez-vous.	235
—	XII.	Propositions.	241
—	XIII.	Correspondance.	252
—	XIV.	Le mariage.	255
—	XV.	Le livre noir.	265
—	XVI.	Conversation.	270

TROISIÈME PARTIE.

Chapitre	Ier.	Résolution.	277
—	II.	L'épingle.	279
—	III.	Décision.	288
—	IV.	La chasse au marais.	290
—	V.	Le château de Brévannes.	303
—	VI.	Le chalet.	308
—	VII.	Le double meurtre.	312
—	VIII.	Explication.	315

FIN DE LA TABLE

Imprimerie Eugène Heutte et Cie, à Saint-Germain.

CHEZ LES MÊMES ÉDITEURS

PRINCIPAUX ROMANS
Format grand in-18 jésus (Charpentier)

I. — PRINCIPAUX AUTEURS FRANÇAIS

Victor Hugo. — Les Misérables. 10 vol.	35 fr. »
— Les Travailleurs de la mer. 2 vol.	7 fr. »
L'Abbé ***. — Le Maudit. 3 vol.	9 fr. »
— La Religieuse. 2 vol.	6 fr. »
— Le Moine. 1 vol.	3 fr. »
— Le Curé de campagne. 2 vol.	6 fr. »
— Le Jésuite. 2 vol.	6 fr. »
— Le Confesseur. 2 vol.	6 fr. »
Robert Halt. — La Cure du docteur Pontalais. 1 vol.	3 fr. »
— Madame Frainex. 1 vol.	3 fr. »
Ponson du Terrail. — La Bohémienne du grand monde. 3 vol.	9 fr. »
— La Dame au Collier rouge. 1 vol.	3 fr. »
— La Femme immortelle. 2 vol.	6 fr. »
— Diane de Lancy. 1 vol.	3 fr. »
— Le Page Fleur-de-Mai. 1 vol.	3 fr. »
— L'Héritage de la Maltôte. 1 vol.	3 fr. »
De Goncourt. — Manette Salomon. 2 vol.	6 fr. »
— Charles Demailly. 1 vol.	3 fr. »
Aurélien Scholl. — Les Nouveaux mystères de Paris. 3 vol.	9 fr. »
André Léo. — Le Divorce. 1 vol.	3 fr. »
— Aline-Ali. 1 vol.	3 fr. »
Gagneur. — Les Forçats du mariage. 1 vol.	3 fr. »
Ranc. — Le Roman d'une conspiration. 1 vol.	3 fr. »
Emile Zola. — La Confession de Claude. 1 vol.	3 fr. »
— Thérèse Raquin. 1 vol.	3 fr. »
— Madeleine Férat. 1 vol.	3 fr. »
Mallefille. — La Confession du Gaucho. 1 vol.	3 fr. »
Eugène Sue. — OEuvres anciennes. 39 volumes à 1 fr. 25 ci.	48 fr. 75
— OEuvres posthumes. 5 volumes à 2 fr. ci.	10 fr. »
Mme Ratazzi. — Les Mariages de la créole. 2 vol.	7 fr. »
— La Chanteuse. 2 vol.	7 fr. »
Alexandre Dumas. — Les Crimes célèbres. 4 vol.	8 fr. »
Barbara. — Anne-Marie. 1 vol.	3 fr. »
— Mademoiselle de Sainte-Luce. 1 vol.	3 fr. »
Champfleury. — La Belle Paule. 1 vol.	3 fr. »
D'Alton Shée. — Mémoires du vicomte d'Aulnis. 1 vol.	3 fr. »
Erckmann-Chatrian. — Maître Daniel Rock. 1 vol.	3 fr. »
— L'illustre docteur Mathéus. 1 vol.	3 fr. »
Arsène Houssaye. — Le Roman d'une duchesse. 1 vol.	3 fr. »
Daudet. — La Succession Chavanet. 2 vol.	6 fr. »
— Les 12 danseuses du château de la Môle. 1 vol.	3 fr. »
Alf. Assollant. — La Confession de l'abbé Passereau. 1 vol.	3 fr. »
Ch. Joliet. — L'Occupation. — La Frontière (Romans patriotiques). 1 v.	3 fr. 50
— Romans microscopiques. 1 vol.	3 fr. 50
— Le Roman de deux jeunes mariés. 1 vol.	3 fr. »
— Les Petits Romans. 1 vol.	3 fr. »

II. — PRINCIPAUX AUTEURS ÉTRANGERS (Traductions).

Auerbach. — Au village et à la cour. 2 vol.	7 fr. »
Longfellow. — Hypérion. — Kavanagh. 2 vol.	6 fr. »
Miss Trollope. — La Petite maison d'Allington. 2 vol.	7 fr. »
Ch. Read. — Fatal argent. 2 vol.	7 fr. »
Gonzalez y Fernandez. — La Dame de nuit. 2 vol.	7 fr. »
Biagio Miraglia. — Cinq nouvelles calabraises. 1 vol.	3 fr. 50
Alarcon. — Le Finale de Norma. 1 vol.	3 fr. »
Mayne Reid. — La Fête des chasseurs (scènes du bivac). 2 vol. in-32.	2 fr. 50

Imprimerie Eugène Heutte et Cᵉ, à Saint-Germain

www.ingramcontent.com/pod-product-compliance
Lightning Source LLC
Chambersburg PA
CBHW062007180426
43199CB00033B/1436